야훼밑글씨

성령님과함께쓰는

은혜로운 필사성경

6

욥기 – 아가

MERCIFUL WRITING BIBLE

필 사 자 : ____________

시작한 날 : ____________

끝 난 날 : ____________

서울말씀사

일러두기

1. 성경 각 권의 서론을 수록하여 성경의 이해를 도왔습니다.

2. 성경의 장과 절이 인쇄되어 있어 보기 쉽고 쓰기 쉽습니다. 또한 밑글씨가 인쇄되어 있어, 성경 없이 누구나 쉽게 필사할 수 있습니다.

3. 성경의 순서에 관계없이 자유롭게 필사할 수 있습니다.

4. 성경과 같이 2단 편집으로 되어 있어 쓰기 쉽고, 여백 활용을 최대화하였습니다.

5. [성령님과함께쓰는 은혜로운 필사성경](개정)은 총 10권으로 구성되어 있습니다.

   1 : 구약 1 _ 율법서 1 (창세기 ~ 출애굽기)
   2 : 구약 2 _ 율법서 2 (레위기 ~ 신명기)
   3 : 구약 3 _ 역사서 1 (여호수아 ~ 룻기)
   4 : 구약 4 _ 역사서 2 (사무엘상 ~ 열왕기하)
   5 : 구약 5 _ 역사서 3 (역대상 ~ 에스더)
   6 : 구약 6 _ 시가서 (욥기 ~ 아가)
   7 : 구약 7 _ 예언서 1 (이사야 ~ 예레미야애가)
   8 : 구약 8 _ 예언서 2 (에스겔 ~ 말라기)
   9 : 신약 1 _ 마태복음 ~ 사도행전
   10 : 신약 2 _ 로마서 ~ 요한계시록

머리말

지식의 홍수 속에서 살아가는 현대인들의 영혼에 가장 필요한 지식은 무엇일까요? 그것은 바로 '하나님을 아는 지식'입니다. 하나님께서는 호세아 6장 6절에서 "나는 인애를 원하고 제사를 원하지 아니하며 번제보다 하나님을 아는 것을 원하노라"라고 말씀하셨습니다. 이처럼 하나님께서 가장 원하시는 것은 우리가 하나님을 알고 하나님의 뜻대로 사는 것입니다.

하나님을 알아가는 가장 좋은 방법은 하나님의 말씀인 성경을 가까이하는 것이며, 성경을 가까이하는 가장 좋은 방법들 중 하나는 성경을 직접 쓰는 것입니다. 성경을 필사하는 시간은 성경을 읽고 묵상하는 시간과 더불어 또 하나의 은혜의 시간, 축복의 시간이 될 것입니다. 이렇게 귀한 성경 필사에 도움이 되고자 이번에 『성령님과 함께 쓰는 은혜로운 필사성경』을 펴내게 되었습니다. 이 책은 말씀을 읽는 것에서 더 나아가 말씀을 직접 기록하며 하나님을 더욱 알기를 원하는 모든 분들에게 큰 유익이 될 것입니다. 인내와 정성이 깃든 성경 필사를 통해 성령님의 음성을 듣고 하나님 말씀의 더 깊은 세계로 나아가는 은혜를 체험하게 되시기를 간절히 바랍니다.

여의도순복음교회
위임목사 이영훈

JOB

욥기

저 자 미상

주 제 의인의 고난이 주는 교훈

기록목적 공의로운 하나님께서 불의를 방관하신 이유와 의인이 고난받는 의미에 대해 알게 하고, 이로써 성도가 고난 중에 더욱 하나님을 의지하도록 하기 위해 기록하였다.

기록배경 성경은 욥이 역사적으로 실재한 인물이며, 욥의 사건도 실재 사건임을 증거하고 있다겔 14:14,20; 약 5:11. 욥이 살았던 '우스'는 사해 남부이자 아라비아 북부인 에돔 지역이었다. 그리고 욥이 살았던 시대는 아브라함이 살았던 주전 2천 년경의 족장 시대(모세 이전 시대)였을 것으로 추정된다. 그 증거로 본서에 족장 시대 때 사용했던 '전능자'라는 하나님의 호칭이 쓰였다는 점과 욥이 아브라함, 이삭, 야곱처럼 가문의 대표로서 제사장 역할을 담당한 점 등을 들 수 있다.

특 징
- 욥기는 인간의 근원적인 문제를 다룬 지혜서이자, 시의 표현 형태를 가진 시가서다.
- 하나님, 인간, 창조, 사탄, 죄, 의, 고난, 정의, 회개, 믿음의 개념을 성경적으로 올바르게 가르쳐 준다.
- 욥의 고난을 그릇되게 해석하는 세 친구들의 변론을 통해서 의인의 고난을 보고 정죄하는 자들의 잘못을 지적해 준다.
- 의인을 정죄하는 사탄의 역할을 강조하고 있다.

나의 기도

욥기

1 우스 땅에 욥이라 불리는 사람이
있었는데 그 사람은 온전하고 정직
하여 하나님을 경외하며 악에서 떠
난 자더라
2 그에게 아들 일곱과 딸 셋이 태어
나니라
3 그의 소유물은 양이 칠천 마리요
낙타가 삼천 마리요 소가 오백 겨
리요 암나귀가 오백 마리이며 종도
많이 있었으니 이 사람은 동방 사
람 중에 가장 훌륭한 자라
4 그의 아들들이 자기 생일에 각각
자기의 집에서 잔치를 베풀고 그의
누이 세 명도 청하여 함께 먹고 마
시더라
5 그들이 차례대로 잔치를 끝내면 욥
이 그들을 불러다가 성결하게 하되
아침에 일어나서 그들의 명수대로
번제를 드렸으니 이는 욥이 말하기
를 혹시 내 아들들이 죄를 범하여
마음으로 하나님을 욕되게 하였을
까 함이라 욥의 행위가 항상 이러
하였더라
6 하루는 하나님의 아들들이 와서 야
훼 앞에 섰고 사탄도 그들 가운데
에 온지라
7 야훼께서 사탄에게 이르시되 네가
어디서 왔느냐 사탄이 야훼께 대답
하여 이르되 땅을 두루 돌아 여기
저기 다녀왔나이다
8 야훼께서 사탄에게 이르시되 네가
내 종 욥을 주의하여 보았느냐 그
와 같이 온전하고 정직하여 하나님
을 경외하며 악에서 떠난 자는 세
상에 없느니라
9 사탄이 야훼께 대답하여 이르되 욥
이 어찌 까닭 없이 하나님을 경외
하리이까
10 주께서 그와 그의 집과 그의 모든
소유물을 울타리로 두르심 때문이
아니니이까 주께서 그의 손으로 하
는 바를 복되게 하사 그의 소유물
이 땅에 넘치게 하셨음이니이다
11 이제 주의 손을 펴서 그의 모든 소
유물을 치소서 그리하시면 틀림없
이 주를 향하여 욕하지 않겠나이까
12 야훼께서 사탄에게 이르시되 내가
그의 소유물을 다 네 손에 맡기노
라 다만 그의 몸에는 네 손을 대지
말지니라 사탄이 곧 야훼 앞에서
물러가니라
13 하루는 욥의 자녀들이 그 맏아들의
집에서 음식을 먹으며 포도주를 마
실 때에
14 사환이 욥에게 와서 아뢰되 소는
밭을 갈고 나귀는 그 곁에서 풀을

기록일 : . . .

먹는데
15 스바 사람이 갑자기 이르러 그것들
을 빼앗고 칼로 종들을 죽였나이다
나만 홀로 피하였으므로 주인께 아
뢰러 왔나이다
16 그가 아직 말하는 동안에 또 한 사
람이 와서 아뢰되 하나님의 불이
하늘에서 떨어져서 양과 종들을 살
라 버렸나이다 나만 홀로 피하였으
므로 주인께 아뢰러 왔나이다
17 그가 아직 말하는 동안에 또 한 사
람이 와서 아뢰되 갈대아 사람이
세 무리를 지어 갑자기 낙타에게
달려들어 그것을 빼앗으며 칼로 종
들을 죽였나이다 나만 홀로 피하였
으므로 주인께 아뢰러 왔나이다
18 그가 아직 말하는 동안에 또 한 사
람이 와서 아뢰되 주인의 자녀들이
그들의 맏아들의 집에서 음식을 먹
으며 포도주를 마시는데
19 거친 들에서 큰 바람이 와서 집 네
모퉁이를 치매 그 청년들 위에 무
너지므로 그들이 죽었나이다 나만
홀로 피하였으므로 주인께 아뢰러
왔나이다 한지라
20 욥이 일어나 겉옷을 찢고 머리털을
밀고 땅에 엎드려 예배하며
21 이르되 내가 모태에서 알몸으로 나
왔사온즉 또한 알몸이 그리로 돌아
가올지라 주신 이도 야훼시요 거두
신 이도 야훼시오니 야훼의 이름이
찬송을 받으실지니이다 하고
22 이 모든 일에 욥이 범죄하지 아니하
고 하나님을 향하여 원망하지 아니
하니라

2 또 하루는 하나님의 아들들이 와
서 야훼 앞에 서고 사탄도 그들 가
운데에 와서 야훼 앞에 서니
2 야훼께서 사탄에게 이르시되 네가
어디서 왔느냐 사탄이 야훼께 대답
하여 이르되 땅을 두루 돌아 여기
저기 다녀 왔나이다
3 야훼께서 사탄에게 이르시되 네가
내 종 욥을 주의하여 보았느냐 그와
같이 온전하고 정직하여 하나님을 경
외하며 악에서 떠난 자가 세상에 없
느니라 네가 나를 충동하여 까닭 없
이 그를 치게 하였어도 그가 여전히
자기의 온전함을 굳게 지켰느니라
4 사탄이 야훼께 대답하여 이르되 가
죽으로 가죽을 바꾸오니 사람이 그
의 모든 소유물로 자기의 생명을
바꾸올지라
5 이제 주의 손을 펴서 그의 뼈와 살
을 치소서 그리하시면 틀림없이 주
를 향하여 욕하지 않겠나이까
6 야훼께서 사탄에게 이르시되 내가
그를 네 손에 맡기노라 다만 그의
생명은 해하지 말지니라
7 사탄이 이에 야훼 앞에서 물러가서

욥을 쳐서 그의 발바닥에서 정수리
까지 종기가 나게 한지라
8 욥이 재 가운데 앉아서 질그릇 조
각을 가져다가 몸을 긁고 있더니
9 그의 아내가 그에게 이르되 당신이
그래도 자기의 온전함을 굳게 지키
느냐 하나님을 욕하고 죽으라
10 그가 이르되 그대의 말이 한 어리
석은 여자의 말 같도다 우리가 하
나님께 복을 받았은즉 화도 받지
아니하겠느냐 하고 이 모든 일에
욥이 입술로 범죄하지 아니하니라
11 그 때에 욥의 친구 세 사람이 이 모
든 재앙이 그에게 내렸다 함을 듣
고 각각 자기 지역에서부터 이르렀
으니 곧 데만 사람 엘리바스와 수
아 사람 빌닷과 나아마 사람 소발
이라 그들이 욥을 위문하고 위로하
려 하여 서로 약속하고 오더니
12 눈을 들어 멀리 보매 그가 욥인 줄
알기 어렵게 되었으므로 그들이 일
제히 소리 질러 울며 각각 자기의
겉옷을 찢고 하늘을 향하여 티끌을
날려 자기 머리에 뿌리고
13 밤낮 칠 일 동안 그와 함께 땅에
앉았으나 욥의 고통이 심함을 보므
로 그에게 한마디도 말하는 자가
없었더라

3 그 후에 욥이 입을 열어 자기의
생일을 저주하니라
2 욥이 입을 열어 이르되
3 내가 난 날이 멸망하였더라면, 사내
아이를 배었다 하던 그 밤도 그러
하였더라면,
4 그 날이 캄캄하였더라면, 하나님이
위에서 돌아보지 않으셨더라면, 빛
도 그 날을 비추지 않았더라면,
5 어둠과 죽음의 그늘이 그 날을 자
기의 것이라 주장하였더라면, 구름
이 그 위에 덮였더라면, 흑암이 그
날을 덮었더라면,
6 그 밤이 캄캄한 어둠에 잡혔더라면,
해의 날 수와 달의 수에 들지 않았
더라면,
7 그 밤에 자식을 배지 못하였더라면,
그 밤에 즐거운 소리가 나지 않았
더라면,
8 날을 저주하는 자들 곧 리워야단을
격동시키기에 익숙한 자들이 그 밤
을 저주하였더라면,
9 그 밤에 새벽 별들이 어두웠더라
면, 그 밤이 광명을 바랄지라도 얻
지 못하며 동틀을 보지 못하였더라
면 좋았을 것을,
10 이는 내 모태의 문을 닫지 아니하
여 내 눈으로 환난을 보게 하였음
이로구나
11 어찌하여 내가 태에서 죽어 나오지
아니하였던가 어찌하여 내 어머니
가 해산할 때에 내가 숨지지 아니

기록일 : . . .

하였던가
12 어찌하여 무릎이 나를 받았던가 어
찌하여 내가 젖을 빨았던가
13 그렇지 아니하였던들 이제는 내가
평안히 누워서 자고 쉬었을 것이니
14 자기를 위하여 폐허를 일으킨 세상
임금들과 모사들과 함께 있었을 것
이요
15 혹시 금을 가지며 은으로 집을 채
운 고관들과 함께 있었을 것이며
16 또는 낙태되어 땅에 묻힌 아이처럼
나는 존재하지 않았겠고 빛을 보지
못한 아이들 같았을 것이라
17 거기서는 악한 자가 소요를 그치며
거기서는 피곤한 자가 쉼을 얻으며
18 거기서는 갇힌 자가 다 함께 평안
히 있어 감독자의 호통 소리를 듣
지 아니하며
19 거기서는 작은 자와 큰 자가 함께
있고 종이 상전에게서 놓이느니라
20 어찌하여 고난 당하는 자에게 빛을
주셨으며 마음이 아픈 자에게 생명
을 주셨는고
21 이러한 자는 죽기를 바라도 오지
아니하니 땅을 파고 숨긴 보배를
찾음보다 죽음을 구하는 것을 더하
다가
22 무덤을 찾아 얻으면 심히 기뻐하고
즐거워하나니
23 하나님에게 둘러 싸여 길이 아득한
사람에게 어찌하여 빛을 주셨는고
24 나는 음식 앞에서도 탄식이 나며
내가 앓는 소리는 물이 쏟아지는
소리 같구나
25 내가 두려워하는 그것이 내게 임하
고 내가 무서워하는 그것이 내 몸
에 미쳤구나
26 나에게는 평온도 없고 안일도 없고
휴식도 없고 다만 불안만이 있구나

4 데만 사람 엘리바스가 대답하여
이르되
2 누가 네게 말하면 네가 싫증을 내
겠느냐, 누가 참고 말하지 아니하
겠느냐
3 보라 전에 네가 여러 사람을 훈계
하였고 손이 늘어진 자를 강하게
하였고
4 넘어지는 자를 말로 붙들어 주었고
무릎이 약한 자를 강하게 하였거늘
5 이제 이 일이 네게 이르매 네가 힘
들어 하고 이 일이 네게 닥치매 네
가 놀라는구나
6 네 경외함이 네 자랑이 아니냐 네
소망이 네 온전한 길이 아니냐
7 생각하여 보라 죄 없이 망한 자가
누구인가 정직한 자의 끊어짐이 어
디 있는가
8 내가 보건대 악을 밭 갈고 독을 뿌
리는 자는 그대로 거두나니
9 다 하나님의 입 기운에 멸망하고

기록일 : . . .

그의 콧김에 사라지느니라
10 사자의 우는 소리와 젊은 사자의
소리가 그치고 어린 사자의 이가
부러지며
11 사자는 사냥한 것이 없어 죽어 가
고 암사자의 새끼는 흩어지느니라
12 어떤 말씀이 내게 가만히 이르고
그 가느다란 소리가 내 귀에 들렸
었나니
13 사람이 깊이 잠들 즈음 내가 그 밤
에 본 환상으로 말미암아 생각이
번거로울 때에
14 두려움과 떨림이 내게 이르러서 모
든 뼈마디가 흔들렸느니라
15 그 때에 영이 내 앞으로 지나매 내
몸에 털이 주뼛하였느니라
16 그 영이 서 있는데 나는 그 형상을
알아보지는 못하여도 오직 한 형상
이 내 눈 앞에 있었느니라 그 때에
내가 조용한 중에 한 목소리를 들
으니
17 사람이 어찌 하나님보다 의롭겠느
냐 사람이 어찌 그 창조하신 이보
다 깨끗하겠느냐
18 하나님은 그의 종이라도 그대로 믿
지 아니하시며 그의 천사라도 미련
하다 하시나니
19 하물며 흙 집에 살며 티끌로 터를
삼고 하루살이 앞에서라도 무너질
자이겠느냐
20 아침과 저녁 사이에 부스러져 가루
가 되며 영원히 사라지되 기억하는
자가 없으리라
21 장막 줄이 그들에게서 뽑히지 아니
하겠느냐 그들은 지혜가 없이 죽느
니라

5 너는 부르짖어 보라 네게 응답할
자가 있겠느냐 거룩한 자 중에 네
가 누구에게로 향하겠느냐
2 분노가 미련한 자를 죽이고 시기가
어리석은 자를 멸하느니라
3 내가 미련한 자가 뿌리 내리는 것
을 보고 그의 집을 당장에 저주하
였노라
4 그의 자식들은 구원에서 멀고 성문
에서 억눌리나 구하는 자가 없으며
5 그가 추수한 것은 주린 자가 먹되
덫에 걸린 것도 빼앗으며 올무가 그
의 재산을 향하여 입을 벌리느니라
6 재난은 티끌에서 일어나는 것이 아
니며 고생은 흙에서 나는 것이 아니
니라
7 사람은 고생을 위하여 났으니 불꽃
이 위로 날아 가는 것 같으니라
8 나라면 하나님을 찾겠고 내 일을
하나님께 의탁하리라
9 하나님은 헤아릴 수 없이 큰 일을
행하시며 기이한 일을 셀 수 없이
행하시나니
10 비를 땅에 내리시고 물을 밭에 보

기록일 : . . .

내시며
11 낮은 자를 높이 드시고 애곡하는
자를 일으키사 구원에 이르게 하시
느니라
12 하나님은 교활한 자의 계교를 꺾
으사 그들의 손이 성공하지 못하게
하시며
13 지혜로운 자가 자기의 계략에 빠지
게 하시며 간교한 자의 계략을 무
너뜨리시므로
14 그들은 낮에도 어두움을 만나고
대낮에도 더듬기를 밤과 같이 하
느니라
15 하나님은 가난한 자를 강한 자의
칼과 그 입에서, 또한 그들의 손에
서 구출하여 주시나니
16 그러므로 가난한 자가 희망이 있고
악행이 스스로 입을 다무느니라
17 볼지어다 하나님께 징계 받는 자에
게는 복이 있나니 그런즉 너는 전능
자의 징계를 업신여기지 말지니라
18 하나님은 아프게 하시다가 싸매시
며 상하게 하시다가 그의 손으로
고치시나니
19 여섯 가지 환난에서 너를 구원하시
며 일곱 가지 환난이라도 그 재앙
이 네게 미치지 않게 하시며
20 기근 때에 죽음에서, 전쟁 때에 칼
의 위협에서 너를 구원하실 터인즉
21 네가 혀의 채찍을 피하여 숨을 수
가 있고 멸망이 올 때에도 두려워
하지 아니할 것이라
22 너는 멸망과 기근을 비웃으며 들짐
승을 두려워하지 말라
23 들에 있는 돌이 너와 언약을 맺겠
고 들짐승이 너와 화목하게 살 것
이니라
24 네가 네 장막의 평안함을 알고 네
우리를 살펴도 잃은 것이 없을 것
이며
25 네 자손이 많아지며 네 후손이 땅의
풀과 같이 될 줄을 네가 알 것이라
26 네가 장수하다가 무덤에 이르리니
마치 곡식단을 제 때에 들어올림
같으니라
27 볼지어다 우리가 연구한 바가 이와
같으니 너는 들어 보라 그러면 네
가 알리라

6 욥이 대답하여 이르되
2 나의 괴로움을 달아 보며 나의 파
멸을 저울 위에 모두 놓을 수 있다면
3 바다의 모래보다도 무거울 것이라
그러므로 나의 말이 경솔하였구나
4 전능자의 화살이 내게 박히매 나의
영이 그 독을 마셨나니 하나님의
두려움이 나를 엄습하여 치는구나
5 들나귀가 풀이 있으면 어찌 울겠으
며 소가 꼴이 있으면 어찌 울겠느냐
6 싱거운 것이 소금 없이 먹히겠느냐
닭의 알 흰자위가 맛이 있겠느냐

기록일 : . . .

7 내 마음이 이런 것을 만지기도 싫어
하나니 꺼리는 음식물 같이 여김이
니라
8 나의 간구를 누가 들어 줄 것이며
나의 소원을 하나님이 허락하시랴
9 이는 곧 나를 멸하시기를 기뻐하사
하나님이 그의 손을 들어 나를 끊
어 버리실 것이라
10 그러할지라도 내가 오히려 위로를
받고 그칠 줄 모르는 고통 가운데서
도 기뻐하는 것은 내가 거룩하신 이
의 말씀을 거역하지 아니하였음이라
11 내가 무슨 기력이 있기에 기다리겠
느냐 내 마지막이 어떠하겠기에 그
저 참겠느냐
12 나의 기력이 어찌 돌의 기력이겠느
냐 나의 살이 어찌 놋쇠겠느냐
13 나의 도움이 내 속에 없지 아니하
냐 나의 능력이 내게서 쫓겨나지
아니하였느냐
14 낙심한 자가 비록 전능자를 경외하
기를 저버릴지라도 그의 친구로부
터 동정을 받느니라
15 내 형제들은 개울과 같이 변덕스럽
고 그들은 개울의 물살 같이 지나
가누나
16 얼음이 녹으면 물이 검어지며 눈이
그 속에 감추어질지라도
17 따뜻하면 마르고 더우면 그 자리에
서 아주 없어지나니
18 대상들은 그들의 길을 벗어나서 삭
막한 들에 들어가 멸망하느니라
19 데마의 떼들이 그것을 바라보고 스
바의 행인들도 그것을 사모하다가
20 거기 와서는 바라던 것을 부끄러워
하고 낙심하느니라
21 이제 너희는 아무것도 아니로구나
너희가 두려운 일을 본즉 겁내는
구나
22 내가 언제 너희에게 무엇을 달라고
말했더냐 나를 위하여 너희 재물을
선물로 달라고 하더냐
23 내가 언제 말하기를 원수의 손에서
나를 구원하라 하더냐 폭군의 손에
서 나를 구원하라 하더냐
24 내게 가르쳐서 나의 허물된 것을
깨닫게 하라 내가 잠잠하리라
25 옳은 말이 어찌 그리 고통스러운
고, 너희의 책망은 무엇을 책망함
이냐
26 너희가 남의 말을 꾸짖을 생각을
하나 실망한 자의 말은 바람에 날
아가느니라
27 너희는 고아를 제비 뽑으며 너희
친구를 팔아 넘기는구나
28 이제 원하건대 너희는 내게로 얼굴
을 돌리라 내가 너희를 대면하여
결코 거짓말하지 아니하리라
29 너희는 돌이켜 행악자가 되지 말라
아직도 나의 의가 건재하니 돌아

기록일 : . . .

오라
30 내 혀에 어찌 불의한 것이 있으랴
내 미각이 어찌 속임을 분간하지
못하랴

7

이 땅에 사는 인생에게 힘든 노
동이 있지 아니하겠느냐 그의 날이
품꾼의 날과 같지 아니하겠느냐
2 종은 저녁 그늘을 몹시 바라고 품
꾼은 그의 삯을 기다리나니
3 이와 같이 내가 여러 달째 고통을
받으니 고달픈 밤이 내게 작정되었
구나
4 내가 누울 때면 말하기를 언제나
일어날까, 언제나 밤이 갈까 하며
새벽까지 이리 뒤척, 저리 뒤척 하
는구나
5 내 살에는 구더기와 흙 덩이가 의
복처럼 입혀졌고 내 피부는 굳어졌
다가 터지는구나
6 나의 날은 베틀의 북보다 빠르니
희망 없이 보내는구나
7 내 생명이 한낱 바람 같음을 생각
하옵소서 나의 눈이 다시는 행복을
보지 못하리이다
8 나를 본 자의 눈이 다시는 나를 보
지 못할 것이고 주의 눈이 나를 향
하실지라도 내가 있지 아니하리이다
9 구름이 사라져 없어짐 같이 스올로
내려가는 자는 다시 올라오지 못할
것이오니
10 그는 다시 자기 집으로 돌아가지
못하겠고 자기 처소도 다시 그를
알지 못하리이다
11 그런즉 내가 내 입을 금하지 아니
하고 내 영혼의 아픔 때문에 말하
며 내 마음의 괴로움 때문에 불평
하리이다
12 내가 바다니이까 바다 괴물이니이
까 주께서 어찌하여 나를 지키시나
이까
13 혹시 내가 말하기를 내 잠자리가
나를 위로하고 내 침상이 내 수심
을 풀리라 할 때에
14 주께서 꿈으로 나를 놀라게 하시고
환상으로 나를 두렵게 하시나이다
15 이러므로 내 마음이 뼈를 깎는 고
통을 겪느니 차라리 숨이 막히는 것
과 죽는 것을 택하리이다
16 내가 생명을 싫어하고 영원히 살기
를 원하지 아니하오니 나를 놓으소
서 내 날은 헛 것이니이다
17 사람이 무엇이기에 주께서 그를 크
게 만드사 그에게 마음을 두시고
18 아침마다 권징하시며 순간마다 단
련하시나이까
19 주께서 내게서 눈을 돌이키지 아니
하시며 내가 침을 삼킬 동안도 나
를 놓지 아니하시기를 어느 때까지
하시리이까
20 사람을 감찰하시는 이여 내가 범죄

하였던들 주께 무슨 해가 되오리이
까 어찌하여 나를 당신의 과녁으로
삼으셔서 내게 무거운 짐이 되게
하셨나이까
21 주께서 어찌하여 내 허물을 사하여
주지 아니하시며 내 죄악을 제거하
여 버리지 아니하시나이까 내가 이
제 흙에 누우리니 주께서 나를 애
써 찾으실지라도 내가 남아 있지
아니하리이다

8

수아 사람 빌닷이 대답하여 이르되
2 네가 어느 때까지 이런 말을 하겠
으며 어느 때까지 네 입의 말이 거
센 바람과 같겠는가
3 하나님이 어찌 정의를 굽게 하시겠
으며 전능하신 이가 어찌 공의를
굽게 하시겠는가
4 네 자녀들이 주께 죄를 지었으므
로 주께서 그들을 그 죄에 버려두
셨나니
5 네가 만일 하나님을 찾으며 전능하
신 이에게 간구하고
6 또 청결하고 정직하면 반드시 너를
돌보시고 네 의로운 처소를 평안하
게 하실 것이라
7 네 시작은 미약하였으나 네 나중은
심히 창대하리라
8 청하건대 너는 옛 시대 사람에게
물으며 조상들이 터득한 일을 배울
지어다
9 (우리는 어제부터 있었을 뿐이라 우
리는 아는 것이 없으며 세상에 있는
날이 그림자와 같으니라)
10 그들이 네게 가르쳐 이르지 아니하
겠느냐 그 마음에서 나오는 말을
하지 아니하겠느냐
11 왕골이 진펄 아닌 데서 크게 자라
겠으며 갈대가 물 없는 데서 크게
자라겠느냐
12 이런 것은 새 순이 돋아 아직 뜯을
때가 되기 전에 다른 풀보다 일찍
이 마르느니라
13 하나님을 잊어버리는 자의 길은 다
이와 같고 저속한 자의 희망은 무
너지리니
14 그가 믿는 것이 끊어지고 그가 의지
하는 것이 거미줄 같은즉
15 그 집을 의지할지라도 집이 서지 못
하고 굳게 붙잡아 주어도 집이 보
존되지 못하리라
16 그는 햇빛을 받고 물이 올라 그 가
지가 동산에 뻗으며
17 그 뿌리가 돌무더기에 서리어서 돌
가운데로 들어갔을지라도
18 그 곳에서 뽑히면 그 자리도 모르
는 체하고 이르기를 내가 너를 보
지 못하였다 하리니
19 그 길의 기쁨은 이와 같고 그 후에
다른 것이 흙에서 나리라
20 하나님은 순전한 사람을 버리지 아

니하시고 악한 자를 붙들어 주지
아니하시므로
21 웃음을 네 입에, 즐거운 소리를 네
입술에 채우시리니
22 너를 미워하는 자는 부끄러움을
당할 것이라 악인의 장막은 없어
지리라

9

욥이 대답하여 이르되
2 진실로 내가 이 일이 그런 줄을
알거니와 인생이 어찌 하나님 앞에
의로우랴
3 사람이 하나님께 변론하기를 좋아
할지라도 천 마디에 한 마디도 대
답하지 못하리라
4 그는 마음이 지혜로우시고 힘이 강
하시니 그를 거슬러 스스로 완악하
게 행하고도 형통할 자가 누구이랴
5 그가 진노하심으로 산을 무너뜨리
시며 옮기실지라도 산이 깨닫지 못
하며
6 그가 땅을 그 자리에서 움직이시니
그 기둥들이 흔들리도다
7 그가 해를 명령하여 뜨지 못하게
하시며 별들을 가두시도다
8 그가 홀로 하늘을 펴시며 바다 물
결을 밟으시며
9 북두성과 삼성과 묘성과 남방의 밀
실을 만드셨으며
10 측량할 수 없는 큰 일을, 셀 수 없
는 기이한 일을 행하시느니라
11 그가 내 앞으로 지나시나 내가 보
지 못하며 그가 내 앞에서 움직이시
나 내가 깨닫지 못하느니라
12 하나님이 빼앗으시면 누가 막을 수
있으며 무엇을 하시나이까 하고 누
가 물을 수 있으랴
13 하나님이 진노를 돌이키지 아니하
시나니 라합을 돕는 자들이 그 밑
에 굴복하겠거든
14 하물며 내가 감히 대답하겠으며 그
앞에서 무슨 말을 택하랴
15 가령 내가 의로울지라도 대답하지
못하겠고 나를 심판하실 그에게 간
구할 뿐이며
16 가령 내가 그를 부르므로 그가 내
게 대답하셨을지라도 내 음성을 들
으셨다고는 내가 믿지 아니하리라
17 그가 폭풍으로 나를 치시고 까닭
없이 내 상처를 깊게 하시며
18 나를 숨 쉬지 못하게 하시며 괴로
움을 내게 채우시는구나
19 힘으로 말하면 그가 강하시고 심판
으로 말하면 누가 그를 소환하겠
느냐
20 가령 내가 의로울지라도 내 입이
나를 정죄하리니 가령 내가 온전할
지라도 나를 정죄하시리라
21 나는 온전하다마는 내가 나를 돌아
보지 아니하고 내 생명을 천히 여기
는구나

기록일 : . . .

22 일이 다 같은 것이라 그러므로 나
는 말하기를 하나님이 온전한 자나
악한 자나 멸망시키신다 하나니
23 갑자기 재난이 닥쳐 죽을지라도 무
죄한 자의 절망도 그가 비웃으시
리라
24 세상이 악인의 손에 넘어갔고 재판
관의 얼굴도 가려졌나니 그렇게 되
게 한 이가 그가 아니시면 누구냐
25 나의 날이 경주자보다 빨리 사라져
버리니 복을 볼 수 없구나
26 그 지나가는 것이 빠른 배 같고 먹
이에 날아 내리는 독수리와도 같
구나
27 가령 내가 말하기를 내 불평을 잊
고 얼굴 빛을 고쳐 즐거운 모양을
하자 할지라도
28 내 모든 고통을 두려워하오니 주께
서 나를 죄 없다고 여기지 않으실
줄을 아나이다
29 내가 정죄하심을 당할진대 어찌 헛
되이 수고하리이까
30 내가 눈 녹은 물로 몸을 씻고 잿물
로 손을 깨끗하게 할지라도
31 주께서 나를 개천에 빠지게 하시리
니 내 옷이라도 나를 싫어하리이다
32 하나님은 나처럼 사람이 아니신즉
내가 그에게 대답할 수 없으며 함
께 들어가 재판을 할 수도 없고
33 우리 사이에 손을 얹을 판결자도
없구나
34 주께서 그의 막대기를 내게서 떠나
게 하시고 그의 위엄이 나를 두렵
게 하지 아니하시기를 원하노라
35 그리하시면 내가 두려움 없이 말하
리라 나는 본래 그렇게 할 수 있는
자가 아니니라

10

내 영혼이 살기에 곤비하니 내 불
평을 토로하고 내 마음이 괴로운
대로 말하리라
2 내가 하나님께 아뢰오리니 나를 정
죄하지 마시옵고 무슨 까닭으로 나
와 더불어 변론하시는지 내게 알게
하옵소서
3 주께서 주의 손으로 지으신 것을 학
대하시며 멸시하시고 악인의 꾀에
빛을 비추시기를 선히 여기시나이까
4 주께도 육신의 눈이 있나이까 주께
서 사람처럼 보시나이까
5 주의 날이 어찌 사람의 날과 같으
며 주의 해가 어찌 인생의 해와 같
기로
6 나의 허물을 찾으시며 나의 죄를
들추어내시나이까
7 주께서는 내가 악하지 않은 줄을
아시나이다 주의 손에서 나를 벗어
나게 할 자도 없나이다
8 주의 손으로 나를 빚으셨으며 만드
셨는데 이제 나를 멸하시나이다
9 기억하옵소서 주께서 내 몸 지으시

기록일 : . . .

기를 흙을 뭉치듯 하셨거늘 다시 나
를 티끌로 돌려보내려 하시나이까
10 주께서 나를 젖과 같이 쏟으셨으며
엉긴 젖처럼 엉기게 하지 아니하셨
나이까
11 피부와 살을 내게 입히시며 뼈와
힘줄로 나를 엮으시고
12 생명과 은혜를 내게 주시고 나를 보
살피심으로 내 영을 지키셨나이다
13 그러한데 주께서 이것들을 마음에
품으셨나이다 이 뜻이 주께 있는
줄을 내가 아나이다
14 내가 범죄하면 주께서 나를 죄인
으로 인정하시고 내 죄악을 사하지
아니하시나이다
15 내가 악하면 화가 있을 것이오며
내가 의로울지라도 머리를 들지 못
하는 것은 내 속에 부끄러움이 가
득하고 내 환난을 내 눈이 보기 때
문이니이다
16 내가 머리를 높이 들면 주께서 젊은
사자처럼 나를 사냥하시며 내게 주
의 놀라움을 다시 나타내시나이다
17 주께서 자주자주 증거하는 자를 바
꾸어 나를 치시며 나를 향하여 진노
를 더하시니 군대가 번갈아서 치는
것 같으니이다
18 주께서 나를 태에서 나오게 하셨음
은 어찌함이니이까 그렇지 아니하
셨더라면 내가 기운이 끊어져 아무
눈에도 보이지 아니하였을 것이라
19 있어도 없던 것 같이 되어서 태에서
바로 무덤으로 옮겨졌으리이다
20 내 날은 적지 아니하니이까 그런즉
그치시고 나를 버려두사 잠시나마
평안하게 하시되
21 내가 돌아오지 못할 땅 곧 어둡고
죽음의 그늘진 땅으로 가기 전에
그리하옵소서
22 땅은 어두워서 흑암 같고 죽음의
그늘이 져서 아무 구별이 없고 광명
도 흑암 같으니이다

11 나아마 사람 소발이 대답하여 이
르되
2 말이 많으니 어찌 대답이 없으랴
말이 많은 사람이 어찌 의롭다 함
을 얻겠느냐
3 네 자랑하는 말이 어떻게 사람으로
잠잠하게 하겠으며 네가 비웃으면
어찌 너를 부끄럽게 할 사람이 없
겠느냐
4 네 말에 의하면 내 도는 정결하고
나는 주께서 보시기에 깨끗하다 하
는구나
5 하나님은 말씀을 내시며 너를 향하
여 입을 여시고
6 지혜의 오묘함으로 네게 보이시기
를 원하노니 이는 그의 지식이 광
대하심이라 하나님께서 너로 하여
금 너의 죄를 잊게 하여 주셨음을

기록일 : . . .

알라
7 네가 하나님의 오묘함을 어찌 능히
측량하며 전능자를 어찌 능히 완전
히 알겠느냐
8 하늘보다 높으시니 네가 무엇을 하
겠으며 스올보다 깊으시니 네가 어
찌 알겠느냐
9 그의 크심은 땅보다 길고 바다보다
넓으니라
10 하나님이 두루 다니시며 사람을 잡
아 가두시고 재판을 여시면 누가
능히 막을소냐
11 하나님은 허망한 사람을 아시나니
악한 일은 상관하지 않으시는 듯하
나 다 보시느니라
12 허망한 사람은 지각이 없나니 그의
출생함이 들나귀 새끼 같으니라
13 만일 네가 마음을 바로 정하고 주
를 향하여 손을 들 때에
14 네 손에 죄악이 있거든 멀리 버리라
불의가 네 장막에 있지 못하게 하라
15 그리하면 네가 반드시 흠 없는 얼
굴을 들게 되고 굳게 서서 두려움
이 없으리니
16 곧 네 환난을 잊을 것이라 네가 기
억할지라도 물이 흘러감 같을 것
이며
17 네 생명의 날이 대낮보다 밝으리니
어둠이 있다 할지라도 아침과 같이
될 것이요
18 네가 희망이 있으므로 안전할 것이
며 두루 살펴보고 평안히 쉬리라
19 네가 누워도 두렵게 할 자가 없겠고
많은 사람이 네게 은혜를 구하리라
20 그러나 악한 자들은 눈이 어두워서
도망할 곳을 찾지 못하리니 그들의
희망은 숨을 거두는 것이니라

12

욥이 대답하여 이르되
2 너희만 참으로 백성이로구나 너희
가 죽으면 지혜도 죽겠구나
3 나도 너희 같이 생각이 있어 너희만
못하지 아니하니 그같은 일을 누가
알지 못하겠느냐
4 하나님께 불러 아뢰어 들으심을 입
은 내가 이웃에게 웃음거리가 되었
으니 의롭고 온전한 자가 조롱거리
가 되었구나
5 평안한 자의 마음은 재앙을 멸시하
나 재앙이 실족하는 자를 기다리는
구나
6 강도의 장막은 형통하고 하나님을
진노하게 하는 자는 평안하니 하나
님이 그의 손에 후히 주심이니라
7 이제 모든 짐승에게 물어 보라 그
것들이 네게 가르치리라 공중의 새
에게 물어 보라 그것들이 또한 네
게 말하리라
8 땅에게 말하라 네게 가르치리라 바
다의 고기도 네게 설명하리라
9 이것들 중에 어느 것이 야훼의 손이

기록일 :   .   .   .

이를 행하신 줄을 알지 못하랴
10 모든 생물의 생명과 모든 사람의
육신의 목숨이 다 그의 손에 있느
니라
11 입이 음식의 맛을 구별함 같이 귀
가 말을 분간하지 아니하느냐
12 늙은 자에게는 지혜가 있고 장수하
는 자에게는 명철이 있느니라
13 지혜와 권능이 하나님께 있고 계략
과 명철도 그에게 속하였나니
14 그가 헐으신즉 다시 세울 수 없고
사람을 가두신즉 놓아주지 못하느
니라
15 그가 물을 막으신즉 곧 마르고 물
을 보내신즉 곧 땅을 뒤집나니
16 능력과 지혜가 그에게 있고 속은
자와 속이는 자가 다 그에게 속하
였으므로
17 모사를 벌거벗겨 끌어 가시며 재판
장을 어리석은 자가 되게 하시며
18 왕들이 맨 것을 풀어 그들의 허리
를 동이시며
19 제사장들을 벌거벗겨 끌어 가시고
권력이 있는 자를 넘어뜨리시며
20 충성된 사람들의 말을 물리치시며
늙은 자들의 판단을 빼앗으시며
21 귀인들에게 멸시를 쏟으시며 강한
자의 띠를 푸시며
22 어두운 가운데에서 은밀한 것을 드
러내시며 죽음의 그늘을 광명한 데
로 나오게 하시며
23 민족들을 커지게도 하시고 다시
멸하기도 하시며 민족들을 널리 퍼
지게도 하시고 다시 끌려가게도 하
시며
24 만민의 우두머리들의 총명을 빼앗
으시고 그들을 길 없는 거친 들에서
방황하게 하시며
25 빛 없이 캄캄한 데를 더듬게 하시며
취한 사람 같이 비틀거리게 하시느
니라

13 나의 눈이 이것을 다 보았고 나의
귀가 이것을 듣고 깨달았느니라
2 너희 아는 것을 나도 아노니 너희
만 못하지 않으니라
3 참으로 나는 전능자에게 말씀하려
하며 하나님과 변론하려 하노라
4 너희는 거짓말을 지어내는 자요 다
쓸모 없는 의원이니라
5 너희가 참으로 잠잠하면 그것이 너
희의 지혜일 것이니라
6 너희는 나의 변론을 들으며 내 입
술의 변명을 들어 보라
7 너희가 하나님을 위하여 불의를 말
하려느냐 그를 위하여 속임을 말하
려느냐
8 너희가 하나님의 낯을 따르려느냐
그를 위하여 변론하려느냐
9 하나님이 너희를 감찰하시면 좋겠
느냐 너희가 사람을 속임 같이 그

기록일 : . . .

를 속이려느냐
10 만일 너희가 몰래 낯을 따를진대
그가 반드시 책망하시리니
11 그의 존귀가 너희를 두렵게 하지
않겠으며 그의 두려움이 너희 위에
임하지 않겠느냐
12 너희의 격언은 재 같은 속담이요
너희가 방어하는 것은 토성이니라
13 너희는 잠잠하고 나를 버려두어 말
하게 하라 무슨 일이 닥치든지 내
가 당하리라
14 내가 어찌하여 내 살을 내 이로 물
고 내 생명을 내 손에 두겠느냐
15 그가 나를 죽이시리니 내가 희망이
없노라 그러나 그의 앞에서 내 행
위를 아뢰리라
16 경건하지 않은 자는 그 앞에 이르
지 못하나니 이것이 나의 구원이
되리라
17 너희들은 내 말을 분명히 들으라 내
가 너희 귀에 알려 줄 것이 있느니라
18 보라 내가 내 사정을 진술하였거니
와 내가 정의롭다 함을 얻을 줄 아
노라
19 나와 변론할 자가 누구이랴 그러면
내가 잠잠하고 기운이 끊어지리라
20 오직 내게 이 두 가지 일을 행하지
마옵소서 그리하시면 내가 주의 얼
굴을 피하여 숨지 아니하오리니
21 곧 주의 손을 내게 대지 마시오며
주의 위엄으로 나를 두렵게 하지
마실 것이니이다
22 그리하시고 주는 나를 부르소서 내
가 대답하리이다 혹 내가 말씀하게
하옵시고 주는 내게 대답하옵소서
23 나의 죄악이 얼마나 많으니이까 나
의 허물과 죄를 내게 알게 하옵소서
24 주께서 어찌하여 얼굴을 가리시고
나를 주의 원수로 여기시나이까
25 주께서 어찌하여 날리는 낙엽을 놀
라게 하시며 마른 검불을 뒤쫓으시
나이까
26 주께서 나를 대적하사 괴로운 일
들을 기록하시며 내가 젊었을 때에
지은 죄를 내가 받게 하시오며
27 내 발을 차꼬에 채우시며 나의 모
든 길을 살피사 내 발자취를 점검
하시나이다
28 나는 썩은 물건의 낡아짐 같으며
좀 먹은 의복 같으니이다

14 여인에게서 태어난 사람은 생애
가 짧고 걱정이 가득하며
2 그는 꽃과 같이 자라나서 시들며
그림자 같이 지나가며 머물지 아니
하거늘
3 이와 같은 자를 주께서 눈여겨 보
시나이까 나를 주 앞으로 이끌어서
재판하시나이까
4 누가 깨끗한 것을 더러운 것 가운
데에서 낼 수 있으리이까 하나도

기록일 : . . .

없나이다
5 그의 날을 정하셨고 그의 달 수도
주께 있으므로 그의 규례를 정하여
넘어가지 못하게 하셨사온즉
6 그에게서 눈을 돌이켜 그가 품꾼
같이 그의 날을 마칠 때까지 그를
홀로 있게 하옵소서
7 나무는 희망이 있나니 찍힐지라도
다시 움이 나서 연한 가지가 끊이지
아니하며
8 그 뿌리가 땅에서 늙고 줄기가 흙
에서 죽을지라도
9 물 기운에 움이 돋고 가지가 뻗어
서 새로 심은 것과 같거니와
10 장정이라도 죽으면 소멸되나니 인
생이 숨을 거두면 그가 어디 있느냐
11 물이 바다에서 줄어들고 강물이 잦
아서 마름 같이
12 사람이 누우면 다시 일어나지 못하
고 하늘이 없어지기까지 눈을 뜨지
못하며 잠을 깨지 못하느니라
13 주는 나를 스올에 감추시며 주의
진노를 돌이키실 때까지 나를 숨기
시고 나를 위하여 규례를 정하시고
나를 기억하옵소서
14 장정이라도 죽으면 어찌 다시 살리
이까 나는 나의 모든 고난의 날 동
안을 참으면서 풀려나기를 기다리
겠나이다
15 주께서는 나를 부르시겠고 나는 대
답하겠나이다 주께서는 주의 손으
로 지으신 것을 기다리시겠나이다
16 그러하온데 이제 주께서 나의 걸음
을 세시오니 나의 죄를 감찰하지
아니하시나이까
17 주는 내 허물을 주머니에 봉하시고
내 죄악을 싸매시나이다
18 무너지는 산은 반드시 흩어지고 바
위는 그 자리에서 옮겨가고
19 물은 돌을 닳게 하고 넘치는 물은
땅의 티끌을 씻어버리나이다 이와
같이 주께서는 사람의 희망을 끊으
시나이다
20 주께서 사람을 영원히 이기셔서 떠
나게 하시며 그의 얼굴 빛을 변하
게 하시고 쫓아보내시오니
21 그의 아들들이 존귀하게 되어도 그
가 알지 못하며 그들이 비천하게
되어도 그가 깨닫지 못하나이다
22 다만 그의 살이 아프고 그의 영혼
이 애곡할 뿐이니이다

15 데만 사람 엘리바스가 대답하여
이르되
2 지혜로운 자가 어찌 헛된 지식으로
대답하겠느냐 어찌 동풍을 그의 복
부에 채우겠느냐
3 어찌 도움이 되지 아니하는 이야기,
무익한 말로 변론하겠느냐
4 참으로 네가 하나님 경외하는 일을
그만두어 하나님 앞에 묵도하기를

기록일 : . . .

그치게 하는구나
5 네 죄악이 네 입을 가르치나니 네
가 간사한 자의 혀를 좋아하는구나
6 너를 정죄한 것은 내가 아니요 네
입이라 네 입술이 네게 불리하게
증언하느니라
7 네가 제일 먼저 난 사람이냐 산들
이 있기 전에 네가 출생하였느냐
8 하나님의 오묘하심을 네가 들었느
냐 지혜를 홀로 가졌느냐
9 네가 아는 것을 우리가 알지 못하
는 것이 무엇이냐 네가 깨달은 것
을 우리가 소유하지 못한 것이 무
엇이냐
10 우리 중에는 머리가 흰 사람도 있
고 연로한 사람도 있고 네 아버지
보다 나이가 많은 사람도 있느니라
11 하나님의 위로와 은밀하게 하시는
말씀이 네게 작은 것이냐
12 어찌하여 네 마음에 불만스러워하
며 네 눈을 번뜩거리며
13 네 영이 하나님께 분노를 터뜨리며
네 입을 놀리느냐
14 사람이 어찌 깨끗하겠느냐 여인에
게서 난 자가 어찌 의롭겠느냐
15 하나님은 거룩한 자들을 믿지 아니
하시나니 하늘이라도 그가 보시기
에 부정하거든
16 하물며 악을 저지르기를 물 마심
같이 하는 가증하고 부패한 사람을
용납하시겠느냐
17 내가 네게 보이리니 내게서 들으라
내가 본 것을 설명하리라
18 이는 곧 지혜로운 자들이 전하여
준 것이니 그들의 조상에게서 숨기
지 아니하였느니라
19 이 땅은 그들에게만 주셨으므로 외
인은 그들 중에 왕래하지 못하였느
니라
20 그 말에 이르기를 악인은 그의 일
평생에 고통을 당하며 포악자의 햇
수는 정해졌으므로
21 그의 귀에는 무서운 소리가 들리고
그가 평안할 때에 멸망시키는 자가
그에게 이르리니
22 그가 어두운 데서 나오기를 바라지
못하고 칼날이 숨어서 기다리느니라
23 그는 헤매며 음식을 구하여 이르기
를 어디 있느냐 하며 흑암의 날이
가까운 줄을 스스로 아느니라
24 환난과 역경이 그를 두렵게 하며
싸움을 준비한 왕처럼 그를 쳐서
이기리라
25 이는 그의 손을 들어 하나님을 대
적하며 교만하여 전능자에게 힘을
과시하였음이니라
26 그는 목을 세우고 방패를 들고 하
나님께 달려드니
27 그의 얼굴에는 살이 찌고 허리에는
기름이 엉기었고

기록일 : . . .

28 그는 황폐한 성읍, 사람이 살지 아
니하는 집, 돌무더기가 될 곳에 거
주하였음이니라
29 그는 부요하지 못하고 재산이 보존
되지 못하고 그의 소유가 땅에서
증식되지 못할 것이라
30 어두운 곳을 떠나지 못하리니 불꽃
이 그의 가지를 말릴 것이라 하나님
의 입김으로 그가 불려가리라
31 그가 스스로 속아 허무한 것을 믿
지 아니할 것은 허무한 것이 그의
보응이 될 것임이라
32 그의 날이 이르기 전에 그 일이 이
루어질 것인즉 그의 가지가 푸르지
못하리니
33 포도 열매가 익기 전에 떨어짐 같
고 감람 꽃이 곧 떨어짐 같으리라
34 경건하지 못한 무리는 자식을 낳지
못할 것이며 뇌물을 받는 자의 장
막은 불탈 것이라
35 그들은 재난을 잉태하고 죄악을 낳
으며 그들의 뱃속에 속임을 준비하
느니라

16 욥이 대답하여 이르되
2 이런 말은 내가 많이 들었나니 너
희는 다 재난을 주는 위로자들이로
구나
3 헛된 말이 어찌 끝이 있으랴 네가
무엇에 자극을 받아 이같이 대답하
는가
4 나도 너희처럼 말할 수 있나니 가
령 너희 마음이 내 마음 자리에 있
다 하자 나도 그럴 듯한 말로 너희
를 치며 너희를 향하여 머리를 흔들
수 있느니라
5 그래도 입으로 너희를 강하게 하며
입술의 위로로 너희의 근심을 풀었
으리라
6 내가 말하여도 내 근심이 풀리지
아니하고 잠잠하여도 내 아픔이 줄
어들지 않으리라
7 이제 주께서 나를 피로하게 하시
고 나의 온 집안을 패망하게 하셨
나이다
8 주께서 나를 시들게 하셨으니 이는
나를 향하여 증거를 삼으심이라 나
의 파리한 모습이 일어나서 대면하
여 내 앞에서 증언하리이다
9 그는 진노하사 나를 찢고 적대시
하시며 나를 향하여 이를 갈고 원
수가 되어 날카로운 눈초리로 나를
보시고
10 무리들은 나를 향하여 입을 크게
벌리며 나를 모욕하여 뺨을 치며
함께 모여 나를 대적하는구나
11 하나님이 나를 악인에게 넘기시며
행악자의 손에 던지셨구나
12 내가 평안하더니 그가 나를 꺾으시
며 내 목을 잡아 나를 부서뜨리시
며 나를 세워 과녁을 삼으시고

기록일 : . . .

13 그의 화살들이 사방에서 날아와 사
정 없이 나를 쏨으로 그는 내 콩팥
들을 꿰뚫고 그는 내 쓸개가 땅에
흘러나오게 하시는구나
14 그가 나를 치고 다시 치며 용사 같
이 내게 달려드시니
15 내가 굵은 베를 꿰매어 내 피부에
덮고 내 뿔을 티끌에 더럽혔구나
16 내 얼굴은 울음으로 붉었고 내 눈
꺼풀에는 죽음의 그늘이 있구나
17 그러나 내 손에는 포학이 없고 나
의 기도는 정결하니라
18 땅아 내 피를 가리지 말라 나의 부
르짖음이 쉴 자리를 잡지 못하게
하라
19 지금 나의 증인이 하늘에 계시고
나의 중보자가 높은 데 계시니라
20 나의 친구는 나를 조롱하고 내 눈
은 하나님을 향하여 눈물을 흘리니
21 사람과 하나님 사이에와 인자와 그
이웃 사이에 중재하시기를 원하노니
22 수년이 지나면 나는 돌아오지 못할
길로 갈 것임이니라

17

나의 기운이 쇠하였으며 나의 날
이 다하였고 무덤이 나를 위하여
준비되었구나
2 나를 조롱하는 자들이 나와 함께
있으므로 내 눈이 그들의 충동함을
항상 보는구나
3 청하건대 나에게 담보물을 주소서
나의 손을 잡아 줄 자가 누구리이까
4 주께서 그들의 마음을 가리어 깨닫
지 못하게 하셨사오니 그들을 높이
지 마소서
5 보상을 얻으려고 친구를 비난하는
자는 그의 자손들의 눈이 멀게 되
리라
6 하나님이 나를 백성의 속담거리가
되게 하시니 그들이 내 얼굴에 침
을 뱉는구나
7 내 눈은 근심 때문에 어두워지고
나의 온 지체는 그림자 같구나
8 정직한 자는 이로 말미암아 놀라고
죄 없는 자는 경건하지 못한 자 때
문에 분을 내나니
9 그러므로 의인은 그 길을 꾸준히
가고 손이 깨끗한 자는 점점 힘을
얻느니라
10 너희는 모두 다시 올지니라 내가
너희 중에서 지혜자를 찾을 수 없
느니라
11 나의 날이 지나갔고 내 계획, 내 마
음의 소원이 다 끊어졌구나
12 그들은 밤으로 낮을 삼고 빛 앞에
서 어둠이 가깝다 하는구나
13 내가 스올이 내 집이 되기를 희망
하여 내 침상을 흑암에 펴놓으매
14 무덤에게 너는 내 아버지라, 구더기
에게 너는 내 어머니, 내 자매라 할
지라도

기록일 : . . .

15 나의 희망이 어디 있으며 나의 희
망을 누가 보겠느냐
16 우리가 흙 속에서 쉴 때에는 희망
이 스올의 문으로 내려갈 뿐이니라

18 수아 사람 빌닷이 대답하여 이르되
2 너희가 어느 때에 가서 말의 끝을
맺겠느냐 깨달으라 그 후에야 우리
가 말하리라
3 어찌하여 우리를 짐승으로 여기며
부정하게 보느냐
4 울분을 터뜨리며 자기 자신을 찢는
사람아 너 때문에 땅이 버림을 받
겠느냐 바위가 그 자리에서 옮겨지
겠느냐
5 악인의 빛은 꺼지고 그의 불꽃은
빛나지 않을 것이요
6 그의 장막 안의 빛은 어두워지고
그 위의 등불은 꺼질 것이요
7 그의 활기찬 걸음이 피곤하여지고
그가 마련한 꾀에 스스로 빠질 것
이니
8 이는 그의 발이 그물에 빠지고 올
가미에 걸려들며
9 그의 발 뒤꿈치는 덫에 치이고 그
의 몸은 올무에 얽힐 것이며
10 그를 잡을 덫이 땅에 숨겨져 있고
그를 빠뜨릴 함정이 길목에 있으며
11 무서운 것이 사방에서 그를 놀라게
하고 그 뒤를 쫓아갈 것이며
12 그의 힘은 기근으로 말미암아 쇠하
고 그 곁에는 재앙이 기다릴 것이며
13 질병이 그의 피부를 삼키리니 곧
사망의 장자가 그의 지체를 먹을
것이며
14 그가 의지하던 것들이 장막에서
뽑히며 그는 공포의 왕에게로 잡
혀가고
15 그에게 속하지 않은 자가 그의 장
막에 거하리니 유황이 그의 처소에
뿌려질 것이며
16 밑으로 그의 뿌리가 마르고 위로는
그의 가지가 시들 것이며
17 그를 기념함이 땅에서 사라지고 거
리에서는 그의 이름이 전해지지 않
을 것이며
18 그는 광명으로부터 흑암으로 쫓겨
들어가며 세상에서 쫓겨날 것이며
19 그는 그의 백성 가운데 후손도 없
고 후예도 없을 것이며 그가 거하던
곳에는 남은 자가 한 사람도 없을
것이라
20 그의 운명에 서쪽에서 오는 자와
동쪽에서 오는 자가 깜짝 놀라리라
21 참으로 불의한 자의 집이 이러하고
하나님을 알지 못하는 자의 처소도
이러하니라

19 욥이 대답하여 이르되
2 너희가 내 마음을 괴롭히며 말로
나를 짓부수기를 어느 때까지 하겠
느냐

기록일 : . . .

3 너희가 열 번이나 나를 학대하고도
부끄러워 아니하는구나
4 비록 내게 허물이 있다 할지라도
그 허물이 내게만 있느냐
5 너희가 참으로 나를 향하여 자만하
며 내게 수치스러운 행위가 있다고
증언하려면 하려니와
6 하나님이 나를 억울하게 하시고 자
기 그물로 나를 에워싸신 줄을 알
아야 할지니라
7 내가 폭행을 당한다고 부르짖으나
응답이 없고 도움을 간구하였으나
정의가 없구나
8 그가 내 길을 막아 지나가지 못하
게 하시고 내 앞길에 어둠을 두셨
으며
9 나의 영광을 거두어가시며 나의 관
모를 머리에서 벗기시고
10 사면으로 나를 헐으시니 나는 죽었
구나 내 희망을 나무 뽑듯 뽑으시고
11 나를 향하여 진노하시고 원수 같이
보시는구나
12 그 군대가 일제히 나아와서 길을
돋우고 나를 치며 내 장막을 둘러
진을 쳤구나
13 나의 형제들이 나를 멀리 떠나게
하시니 나를 아는 모든 사람이 내
게 낯선 사람이 되었구나
14 내 친척은 나를 버렸으며 가까운
친지들은 나를 잊었구나
15 내 집에 머물러 사는 자와 내 여종
들은 나를 낯선 사람으로 여기니
내가 그들 앞에서 타국 사람이 되
었구나
16 내가 내 종을 불러도 대답하지 아
니하니 내 입으로 그에게 간청하여
야 하겠구나
17 내 아내도 내 숨결을 싫어하며 내
허리의 자식들도 나를 가련하게 여
기는구나
18 어린 아이들까지도 나를 업신여기고
내가 일어나면 나를 조롱하는구나
19 나의 가까운 친구들이 나를 미워하
며 내가 사랑하는 사람들이 돌이켜
나의 원수가 되었구나
20 내 피부와 살이 뼈에 붙었고 남은
것은 겨우 잇몸 뿐이로구나
21 나의 친구야 너희는 나를 불쌍히
여겨다오 나를 불쌍히 여겨다오 하
나님의 손이 나를 치셨구나
22 너희가 어찌하여 하나님처럼 나를
박해하느냐 내 살로도 부족하냐
23 나의 말이 곧 기록되었으면, 책에
씌어졌으면,
24 철필과 납으로 영원히 돌에 새겨졌
으면 좋겠노라
25 내가 알기에는 나의 대속자가 살아
계시니 마침내 그가 땅 위에 서실
것이라
26 내 가죽이 벗김을 당한 뒤에도 내

기록일 : . . .

가 육체 밖에서 하나님을 보리라
27 내가 그를 보리니 내 눈으로 그를
보기를 낯선 사람처럼 하지 않을 것
이라 내 마음이 초조하구나
28 너희가 만일 이르기를 우리가 그를
어떻게 칠까 하며 또 이르기를 일
의 뿌리가 그에게 있다 할진대
29 너희는 칼을 두려워 할지니라 분노
는 칼의 형벌을 부르나니 너희가
심판장이 있는 줄을 알게 되리라

20

나아마 사람 소발이 대답하여 이
르되
2 그러므로 내 초조한 마음이 나로
하여금 대답하게 하나니 이는 내
중심이 조급함이니라
3 내가 나를 부끄럽게 하는 책망을
들었으므로 나의 슬기로운 마음이
나로 하여금 대답하게 하는구나
4 네가 알지 못하느냐 예로부터 사람
이 이 세상에 생긴 때로부터
5 악인이 이긴다는 자랑도 잠시요 경
건하지 못한 자의 즐거움도 잠깐이
니라
6 그 존귀함이 하늘에 닿고 그 머리
가 구름에 미칠지라도
7 자기의 똥처럼 영원히 망할 것이라
그를 본 자가 이르기를 그가 어디
있느냐 하리라
8 그는 꿈 같이 지나가니 다시 찾을
수 없을 것이요 밤에 보이는 환상
처럼 사라지리라
9 그를 본 눈이 다시 그를 보지 못할
것이요 그의 처소도 다시 그를 보
지 못할 것이며
10 그의 아들들은 가난한 자에게 은혜
를 구하겠고 그도 얻은 재물을 자
기 손으로 도로 줄 것이며
11 그의 기골이 청년 같이 강장하나 그
기세가 그와 함께 흙에 누우리라
12 그는 비록 악을 달게 여겨 혀 밑에
감추며
13 아껴서 버리지 아니하고 입천장에
물고 있을지라도
14 그의 음식이 창자 속에서 변하며
뱃속에서 독사의 쓸개가 되느니라
15 그가 재물을 삼켰을지라도 토할 것
은 하나님이 그의 배에서 도로 나
오게 하심이니
16 그는 독사의 독을 빨며 뱀의 혀에
죽을 것이라
17 그는 강 곧 꿀과 엉긴 젖이 흐르는
강을 보지 못할 것이요
18 수고하여 얻은 것을 삼키지 못하고
돌려 주며 매매하여 얻은 재물로
즐거움을 삼지 못하리니
19 이는 그가 가난한 자를 학대하고
버렸음이요 자기가 세우지 않은 집
을 빼앗음이니라
20 그는 마음에 평안을 알지 못하니
그가 기뻐하는 것을 하나도 보존하

기록일 : . . .

지 못하겠고
21 남기는 것이 없이 모두 먹으니 그
런즉 그 행복이 오래 가지 못할 것
이라
22 풍족할 때에도 괴로움이 이르리니
모든 재난을 주는 자의 손이 그에
게 임하리라
23 그가 배를 불리려 할 때에 하나님
이 맹렬한 진노를 내리시리니 음식
을 먹을 때에 그의 위에 비 같이 쏟
으시리라
24 그가 철 병기를 피할 때에는 놋화
살을 쏘아 꿰뚫을 것이요
25 몸에서 그의 화살을 빼낸즉 번쩍번
쩍하는 촉이 그의 쓸개에서 나오고
큰 두려움이 그에게 닥치느니라
26 큰 어둠이 그를 위하여 예비되어 있
고 사람이 피우지 않은 불이 그를
멸하며 그 장막에 남은 것을 해치
리라
27 하늘이 그의 죄악을 드러낼 것이요
땅이 그를 대항하여 일어날 것인즉
28 그의 가산이 떠나가며 하나님의 진
노의 날에 끌려가리라
29 이는 악인이 하나님께 받을 분깃이
요 하나님이 그에게 정하신 기업이
니라

21 욥이 대답하여 이르되
2 너희는 내 말을 자세히 들으라 이
것이 너희의 위로가 될 것이니라
3 나를 용납하여 말하게 하라 내가
말한 후에 너희가 조롱할지니라
4 나의 원망이 사람을 향하여 하는
것이냐 내 마음이 어찌 조급하지
아니하겠느냐
5 너희가 나를 보면 놀라리라 손으로
입을 가리리라
6 내가 기억하기만 하여도 불안하고
두려움이 내 몸을 잡는구나
7 어찌하여 악인이 생존하고 장수하
며 세력이 강하냐
8 그들의 후손이 앞에서 그들과 함께
굳게 서고 자손이 그들의 목전에서
그러하구나
9 그들의 집이 평안하여 두려움이 없
고 하나님의 매가 그들 위에 임하
지 아니하며
10 그들의 수소는 새끼를 배고 그들의
암소는 낙태하는 일이 없이 새끼를
낳는구나
11 그들은 아이들을 양 떼 같이 내보
내고 그들의 자녀들은 춤추는구나
12 그들은 소고와 수금으로 노래하고
피리 불어 즐기며
13 그들의 날을 행복하게 지내다가 잠
깐 사이에 스올에 내려가느니라
14 그러할지라도 그들은 하나님께 말하
기를 우리를 떠나소서 우리가 주의
도리 알기를 바라지 아니하나이다
15 전능자가 누구이기에 우리가 섬기

기록일 :   .   .   .

며 우리가 그에게 기도한들 무슨
소용이 있으랴 하는구나
16 그러나 그들의 행복이 그들의 손
안에 있지 아니하니 악인의 계획은
나에게서 멀구나
17 악인의 등불이 꺼짐과 재앙이 그들
에게 닥침과 하나님이 진노하사 그
들을 곤고하게 하심이 몇 번인가
18 그들이 바람 앞에 검불 같이, 폭풍
에 날려가는 겨 같이 되었도다
19 하나님은 그의 죄악을 그의 자손들
을 위하여 쌓아 두시며 그에게 갚
으실 것을 알게 하시기를 원하노라
20 자기의 멸망을 자기의 눈으로 보게
하며 전능자의 진노를 마시게 할
것이니라
21 그의 달 수가 다하면 자기 집에 대
하여 무슨 관계가 있겠느냐
22 그러나 하나님께서는 높은 자들을
심판하시나니 누가 능히 하나님께
지식을 가르치겠느냐
23 어떤 사람은 죽도록 기운이 충실하
여 안전하며 평안하고
24 그의 그릇에는 젖이 가득하며 그의
골수는 윤택하고
25 어떤 사람은 마음에 고통을 품고 죽
으므로 행복을 맛보지 못하는도다
26 이 둘이 매 한 가지로 흙 속에 눕고
그들 위에 구더기가 덮이는구나
27 내가 너희의 생각을 알고 너희가
나를 해하려는 속셈도 아노라
28 너희의 말이 귀인의 집이 어디 있으
며 악인이 살던 장막이 어디 있느냐
하는구나
29 너희가 길 가는 사람들에게 묻지
아니하였느냐 그들의 증거를 알지
못하느냐
30 악인은 재난의 날을 위하여 남겨둔
바 되었고 진노의 날을 향하여 끌
려가느니라
31 누가 능히 그의 면전에서 그의 길
을 알려 주며 누가 그의 소행을 보
응하랴
32 그를 무덤으로 메어 가고 사람이
그 무덤을 지키리라
33 그는 골짜기의 흙덩이를 달게 여
기리니 많은 사람들이 그보다 앞서
갔으며 모든 사람이 그의 뒤에 줄
지었느니라
34 그런데도 너희는 나를 헛되이 위로
하려느냐 너희 대답은 거짓일 뿐이
니라

22

데만 사람 엘리바스가 대답하여
이르되
2 사람이 어찌 하나님께 유익하게 하
겠느냐 지혜로운 자도 자기에게 유
익할 따름이니라
3 네가 의로운들 전능자에게 무슨 기
쁨이 있겠으며 네 행위가 온전한들
그에게 무슨 이익이 되겠느냐

기록일 : . . .

4 하나님이 너를 책망하시며 너를 심
문하심이 너의 경건함 때문이냐
5 네 악이 크지 아니하냐 네 죄악이
끝이 없느니라
6 까닭 없이 형제를 볼모로 잡으며
헐벗은 자의 의복을 벗기며
7 목마른 자에게 물을 마시게 하지
아니하며 주린 자에게 음식을 주지
아니하였구나
8 권세 있는 자는 토지를 얻고 존귀
한 자는 거기에서 사는구나
9 너는 과부를 빈손으로 돌려보내며
고아의 팔을 꺾는구나
10 그러므로 올무들이 너를 둘러 있고
두려움이 갑자기 너를 엄습하며
11 어둠이 너로 하여금 보지 못하게
하고 홍수가 너를 덮느니라
12 하나님은 높은 하늘에 계시지 아
니하냐 보라 우두머리 별이 얼마나
높은가
13 그러나 네 말은 하나님이 무엇을
아시며 흑암 중에서 어찌 심판하실
수 있으랴
14 빽빽한 구름이 그를 가린즉 그가
보지 못하시고 둥근 하늘을 거니실
뿐이라 하는구나
15 네가 악인이 밟던 옛적 길을 지키려
느냐
16 그들은 때가 이르기 전에 끊겨 버
렸고 그들의 터는 강물로 말미암아
함몰되었느니라
17 그들이 하나님께 말하기를 우리를
떠나소서 하며 또 말하기를 전능자
가 우리를 위하여 무엇을 하실 수
있으랴 하였으나
18 하나님이 좋은 것으로 그들의 집에
채우셨느니라 악인의 계획은 나에
게서 머니라
19 의인은 보고 기뻐하고 죄 없는 자
는 그들을 비웃기를
20 우리의 원수가 망하였고 그들의 남
은 것을 불이 삼켰느니라 하리라
21 너는 하나님과 화목하고 평안하라
그리하면 복이 네게 임하리라
22 청하건대 너는 하나님의 입에서 교
훈을 받고 하나님의 말씀을 네 마
음에 두라
23 네가 만일 전능자에게로 돌아가면
네가 지음을 받을 것이며 또 네 장
막에서 불의를 멀리 하리라
24 네 보화를 티끌로 여기고 오빌의
금을 계곡의 돌로 여기라
25 그리하면 전능자가 네 보화가 되시
며 네게 고귀한 은이 되시리니
26 이에 네가 전능자를 기뻐하여 하나
님께로 얼굴을 들 것이라
27 너는 그에게 기도하겠고 그는 들으
실 것이며 너의 서원을 네가 갚으
리라
28 네가 무엇을 결정하면 이루어질 것

기록일 : . . .

이요 네 길에 빛이 비치리라
29 사람들이 너를 낮추거든 너는 교만
했노라고 말하라 하나님은 겸손한
자를 구원하시리라
30 죄 없는 자가 아니라도 건지시리니
네 손이 깨끗함으로 말미암아 건지
심을 받으리라

23 욥이 대답하여 이르되
2 오늘도 내게 반항하는 마음과 근
심이 있나니 내가 받는 재앙이 탄식
보다 무거움이라
3 내가 어찌하면 하나님을 발견하고
그의 처소에 나아가랴
4 어찌하면 그 앞에서 내가 호소하며
변론할 말을 내 입에 채우고
5 내게 대답하시는 말씀을 내가 알며
내게 이르시는 것을 내가 깨달으랴
6 그가 큰 권능을 가지시고 나와 더
불어 다투시겠느냐 아니로다 도리
어 내 말을 들으시리라
7 거기서는 정직한 자가 그와 변론할
수 있은즉 내가 심판자에게서 영원
히 벗어나리라
8 그런데 내가 앞으로 가도 그가 아니
계시고 뒤로 가도 보이지 아니하며
9 그가 왼쪽에서 일하시나 내가 만날
수 없고 그가 오른쪽으로 돌이키시
나 뵈올 수 없구나
10 그러나 내가 가는 길을 그가 아시
나니 그가 나를 단련하신 후에는
내가 순금 같이 되어 나오리라
11 내 발이 그의 걸음을 바로 따랐으
며 내가 그의 길을 지켜 치우치지
아니하였고
12 내가 그의 입술의 명령을 어기지 아
니하고 정한 음식보다 그의 입의
말씀을 귀히 여겼도다
13 그는 뜻이 일정하시니 누가 능히 돌
이키랴 그의 마음에 하고자 하시는
것이면 그것을 행하시나니
14 그런즉 내게 작정하신 것을 이루실
것이라 이런 일이 그에게 많이 있느
니라
15 그러므로 내가 그 앞에서 떨며 지
각을 얻어 그를 두려워하리라
16 하나님이 나의 마음을 약하게 하시
며 전능자가 나를 두렵게 하셨나니
17 이는 내가 두려워하는 것이 어둠
때문이나 흑암이 내 얼굴을 가렸기
때문이 아니로다

24 어찌하여 전능자는 때를 정해 놓
지 아니하셨는고 그를 아는 자들이
그의 날을 보지 못하는고
2 어떤 사람은 땅의 경계표를 옮기며
양 떼를 빼앗아 기르며
3 고아의 나귀를 몰아 가며 과부의
소를 볼모 잡으며
4 가난한 자를 길에서 몰아내나니 세
상에서 학대 받는 자가 다 스스로
숨는구나

기록일 : . . .

5 그들은 거친 광야의 들나귀 같아서
나가서 일하며 먹을 것을 부지런히
구하니 빈 들이 그들의 자식을 위
하여 그에게 음식을 내는구나
6 밭에서 남의 꼴을 베며 악인이 남
겨 둔 포도를 따며
7 의복이 없어 벗은 몸으로 밤을 지
내며 추워도 덮을 것이 없으며
8 산중에서 만난 소나기에 젖으며 가
릴 것이 없어 바위를 안고 있느니라
9 어떤 사람은 고아를 어머니의 품에
서 빼앗으며 가난한 자의 옷을 볼
모 잡으므로
10 그들이 옷이 없어 벌거벗고 다니며
곡식 이삭을 나르나 굶주리고
11 그 사람들의 담 사이에서 기름을
짜며 목말라 하면서 술 틀을 밟느
니라
12 성 중에서 죽어가는 사람들이 신음
하며 상한 자가 부르짖으나 하나님
이 그들의 참상을 보지 아니하시느
니라
13 또 광명을 배반하는 사람들은 이러
하니 그들은 그 도리를 알지 못하
며 그 길에 머물지 아니하는 자라
14 사람을 죽이는 자는 밝을 때에 일
어나서 학대 받는 자나 가난한 자
를 죽이고 밤에는 도둑 같이 되며
15 간음하는 자의 눈은 저물기를 바라
며 아무 눈도 나를 보지 못하리라
하고 얼굴을 가리며
16 어둠을 틈타 집을 뚫는 자는 낮에
는 잠그고 있으므로 광명을 알지
못하나니
17 그들은 아침을 죽음의 그늘 같이
여기니 죽음의 그늘의 두려움을 앎
이니라
18 그들은 물 위에 빨리 흘러가고 그
들의 소유는 세상에서 저주를 받나
니 그들이 다시는 포도원 길로 다
니지 못할 것이라
19 가뭄과 더위가 눈 녹은 물을 곧 빼
앗나니 스올이 범죄자에게도 그와
같이 하느니라
20 모태가 그를 잊어버리고 구더기가
그를 달게 먹을 것이라 그는 다시
기억되지 않을 것이니 불의가 나무
처럼 꺾이리라
21 그는 임신하지 못하는 여자를 박대
하며 과부를 선대하지 아니하는도다
22 그러나 하나님이 그의 능력으로 강
포한 자들을 끌어내시나니 일어나
는 자는 있어도 살아남을 확신은
없으리라
23 하나님은 그에게 평안을 주시며
지탱해 주시나 그들의 길을 살피시
도다
24 그들은 잠깐 동안 높아졌다가 천대
를 받을 것이며 잘려 모아진 곡식
이삭처럼 되리라

기록일 : . . .

25 가령 그렇지 않을지라도 능히 내
말을 거짓되다고 지적하거나 내 말
을 헛되게 만들 자 누구랴

25

수아 사람 빌닷이 대답하여 이르되
2 하나님은 주권과 위엄을 가지셨고
높은 곳에서 화평을 베푸시느니라
3 그의 군대를 어찌 계수할 수 있으
랴 그가 비추는 광명을 받지 않은
자가 누구냐
4 그런즉 하나님 앞에서 사람이 어찌
의롭다 하며 여자에게서 난 자가
어찌 깨끗하다 하랴
5 보라 그의 눈에는 달이라도 빛을 발
하지 못하고 별도 빛나지 못하거든
6 하물며 구더기 같은 사람, 벌레 같
은 인생이랴

26

욥이 대답하여 이르되
2 네가 힘 없는 자를 참 잘도 도와
주는구나 기력 없는 팔을 참 잘도
구원하여 주는구나
3 지혜 없는 자를 참 잘도 가르치는
구나 큰 지식을 참 잘도 자랑하는
구나
4 네가 누구를 향하여 말하느냐 누구
의 정신이 네게서 나왔느냐
5 죽은 자의 영들이 물 밑에서 떨며
물에서 사는 것들도 그러하도다
6 하나님 앞에서는 스올도 벗은 몸
으로 드러나며 멸망도 가림이 없
음이라
7 그는 북쪽을 허공에 펴시며 땅을
아무것도 없는 곳에 매다시며
8 물을 빽빽한 구름에 싸시나 그 밑
의 구름이 찢어지지 아니하느니라
9 그는 보름달을 가리시고 자기의 구
름을 그 위에 펴시며
10 수면에 경계를 그으시니 빛과 어둠
이 함께 끝나는 곳이니라
11 그가 꾸짖으신즉 하늘 기둥이 흔들
리며 놀라느니라
12 그는 능력으로 바다를 잔잔하게 하
시며 지혜로 라합을 깨뜨리시며
13 그의 입김으로 하늘을 맑게 하시고
손으로 날렵한 뱀을 무찌르시나니
14 보라 이런 것들은 그의 행사의 단
편일 뿐이요 우리가 그에게서 들은
것도 속삭이는 소리일 뿐이니 그의
큰 능력의 우렛소리를 누가 능히
헤아리랴

27

욥이 또 풍자하여 이르되
2 나의 정당함을 물리치신 하나님,
나의 영혼을 괴롭게 하신 전능자의
사심을 두고 맹세하노니
3 (나의 호흡이 아직 내 속에 완전
히 있고 하나님의 숨결이 아직도 내
코에 있느니라)
4 결코 내 입술이 불의를 말하지 아
니하며 내 혀가 거짓을 말하지 아니
하리라
5 나는 결코 너희를 옳다 하지 아니

하겠고 내가 죽기 전에는 나의 온
전함을 버리지 아니할 것이라
6 내가 내 공의를 굳게 잡고 놓지 아
니하리니 내 마음이 나의 생애를
비웃지 아니하리라
7 나의 원수는 악인 같이 되고 일어
나 나를 치는 자는 불의한 자 같이
되기를 원하노라
8 불경건한 자가 이익을 얻었으나 하
나님이 그의 영혼을 거두실 때에는
무슨 희망이 있으랴
9 환난이 그에게 닥칠 때에 하나님이
어찌 그의 부르짖음을 들으시랴
10 그가 어찌 전능자를 기뻐하겠느냐
항상 하나님께 부르짖겠느냐
11 하나님의 솜씨를 내가 너희에게 가
르칠 것이요 전능자에게 있는 것을
내가 숨기지 아니하리라
12 너희가 다 이것을 보았거늘 어찌하
여 그토록 무익한 사람이 되었는고
13 악인이 하나님께 얻을 분깃, 포악자
가 전능자에게서 받을 산업은 이것
이라
14 그의 자손은 번성하여도 칼을 위함
이요 그의 후손은 음식물로 배부르
지 못할 것이며
15 그 남은 자들은 죽음의 병이 돌 때
에 묻히리니 그들의 과부들이 울지
못할 것이며
16 그가 비록 은을 티끌 같이 쌓고 의
복을 진흙 같이 준비할지라도
17 그가 준비한 것을 의인이 입을 것이
요 그의 은은 죄 없는 자가 차지할
것이며
18 그가 지은 집은 좀의 집 같고 파수
꾼의 초막 같을 것이며
19 부자로 누우려니와 다시는 그렇지
못할 것이요 눈을 뜬즉 아무것도
없으리라
20 두려움이 물 같이 그에게 닥칠 것이
요 폭풍이 밤에 그를 앗아갈 것이며
21 동풍이 그를 들어올리리니 그는 사
라질 것이며 그의 처소에서 그를 몰
아내리라
22 하나님은 그를 아끼지 아니하시고
던져 버릴 것이니 그의 손에서 도망
치려고 힘쓰리라
23 사람들은 그를 바라보며 손뼉치고
그의 처소에서 그를 비웃으리라

28 은이 나는 곳이 있고 금을 제련하
는 곳이 있으며
2 철은 흙에서 캐내고 동은 돌에서
녹여 얻느니라
3 사람은 어둠을 뚫고 모든 것을 끝
까지 탐지하여 어둠과 죽음의 그늘
에 있는 광석도 탐지하되
4 그는 사람이 사는 곳에서 멀리 떠
나 갱도를 깊이 뚫고 발길이 닿지
않는 곳 사람이 없는 곳에 매달려
흔들리느니라

기록일 : . . .

5 음식은 땅으로부터 나오나 그 밑은
불처럼 변하였도다
6 그 돌에는 청옥이 있고 사금도 있
으며
7 그 길은 솔개도 알지 못하고 매의
눈도 보지 못하며
8 용맹스러운 짐승도 밟지 못하였고
사나운 사자도 그리로 지나가지 못
하였느니라
9 사람이 굳은 바위에 손을 대고 산
을 뿌리까지 뒤엎으며
10 반석에 수로를 터서 각종 보물을
눈으로 발견하고
11 누수를 막아 스며 나가지 않게 하
고 감추어져 있던 것을 밝은 데로
끌어내느니라
12 그러나 지혜는 어디서 얻으며 명철
이 있는 곳은 어디인고
13 그 길을 사람이 알지 못하나니 사
람 사는 땅에서는 찾을 수 없구나
14 깊은 물이 이르기를 내 속에 있지
아니하다 하며 바다가 이르기를 나
와 함께 있지 아니하다 하느니라
15 순금으로도 바꿀 수 없고 은을 달
아도 그 값을 당하지 못하리니
16 오빌의 금이나 귀한 청옥수나 남보
석으로도 그 값을 당하지 못하겠고
17 황금이나 수정이라도 비교할 수 없
고 정금 장식품으로도 바꿀 수 없
으며
18 진주와 벽옥으로도 비길 수 없나니
지혜의 값은 산호보다 귀하구나
19 구스의 황옥으로도 비교할 수 없고
순금으로도 그 값을 헤아리지 못하
리라
20 그런즉 지혜는 어디서 오며 명철이
머무는 곳은 어디인고
21 모든 생물의 눈에 숨겨졌고 공중의
새에게 가려졌으며
22 멸망과 사망도 이르기를 우리가 귀
로 그 소문은 들었다 하느니라
23 하나님이 그 길을 아시며 있는 곳을
아시나니
24 이는 그가 땅 끝까지 감찰하시며
온 천하를 살피시며
25 바람의 무게를 정하시며 물의 분량
을 정하시며
26 비 내리는 법칙을 정하시고 비구름
의 길과 우레의 법칙을 만드셨음
이라
27 그 때에 그가 보시고 선포하시며
굳게 세우시며 탐구하셨고
28 또 사람에게 말씀하셨도다 보라 주
를 경외함이 지혜요 악을 떠남이
명철이니라

29

욥이 풍자하여 이르되
2 나는 지난 세월과 하나님이 나를
보호하시던 때가 다시 오기를 원하
노라
3 그 때에는 그의 등불이 내 머리에

비치었고 내가 그의 빛을 힘입어 암
흑에서도 걸어다녔느니라
4 내가 원기 왕성하던 날과 같이 지내
기를 원하노라 그 때에는 하나님이
내 장막에 기름을 발라 주셨도다
5 그 때에는 전능자가 아직도 나와
함께 계셨으며 나의 젊은이들이 나
를 둘러 있었으며
6 젖으로 내 발자취를 씻으며 바위
가 나를 위하여 기름 시내를 쏟아
냈으며
7 그 때에는 내가 나가서 성문에 이
르기도 하며 내 자리를 거리에 마련
하기도 하였느니라
8 나를 보고 젊은이들은 숨으며 노인
들은 일어나서 서며
9 유지들은 말을 삼가고 손으로 입을
가리며
10 지도자들은 말소리를 낮추었으니
그들의 혀가 입천장에 붙었느니라
11 귀가 들은즉 나를 축복하고 눈이
본즉 나를 증언하였나니
12 이는 부르짖는 빈민과 도와 줄 자
없는 고아를 내가 건졌음이라
13 망하게 된 자도 나를 위하여 복을
빌었으며 과부의 마음이 나로 말미
암아 기뻐 노래하였느니라
14 내가 의를 옷으로 삼아 입었으며 나
의 정의는 겉옷과 모자 같았느니라
15 나는 맹인의 눈도 되고 다리 저는
사람의 발도 되고
16 빈궁한 자의 아버지도 되며 내가
모르는 사람의 송사를 돌보아 주었
으며
17 불의한 자의 턱뼈를 부수고 노획한
물건을 그 잇새에서 빼내었느니라
18 내가 스스로 말하기를 나는 내 보
금자리에서 숨을 거두며 나의 날은
모래알 같이 많으리라 하였느니라
19 내 뿌리는 물로 뻗어나가고 이슬이
내 가지에서 밤을 지내고 갈 것이며
20 내 영광은 내게 새로워지고 내 손
에서 내 화살이 끊이지 않았노라
21 무리는 내 말을 듣고 희망을 걸었으
며 내가 가르칠 때에 잠잠하였노라
22 내가 말한 후에는 그들이 말을 거
듭하지 못하였나니 나의 말이 그들
에게 스며들었음이라
23 그들은 비를 기다리듯 나를 기다렸
으며 봄비를 맞이하듯 입을 벌렸느
니라
24 그들이 의지 없을 때에 내가 미소
하면 그들이 나의 얼굴 빛을 무색
하게 아니하였느니라
25 내가 그들의 길을 택하여 주고 으뜸
되는 자리에 앉았나니 왕이 군대 중
에 있는 것과도 같았고 애곡하는 자
를 위로하는 사람과도 같았느니라

30 그러나 이제는 나보다 젊은 자들
이 나를 비웃는구나 그들의 아비들

은 내가 보기에 내 양 떼를 지키는
개 중에도 둘 만하지 못한 자들이
니라
2 그들의 기력이 쇠잔하였으니 그들
의 손의 힘이 내게 무슨 소용이 있
으랴
3 그들은 곧 궁핍과 기근으로 인하여
파리하며 캄캄하고 메마른 땅에서
마른 흙을 씹으며
4 떨기나무 가운데에서 짠 나물을 꺾
으며 대싸리 뿌리로 먹을 거리를
삼느니라
5 무리가 그들에게 소리를 지름으로
도둑 같이 사람들 가운데에서 쫓겨
나서
6 침침한 골짜기와 흙 구덩이와 바위
굴에서 살며
7 떨기나무 가운데에서 부르짖으며
가시나무 아래에 모여 있느니라
8 그들은 본래 미련한 자의 자식이요
이름 없는 자들의 자식으로서 고토
에서 쫓겨난 자들이니라
9 이제는 그들이 나를 노래로 조롱
하며 내가 그들의 놀림거리가 되었
으며
10 그들이 나를 미워하여 멀리 하고 서
슴지 않고 내 얼굴에 침을 뱉는도다
11 이는 하나님이 내 활시위를 늘어지
게 하시고 나를 곤고하게 하심으로
무리가 내 앞에서 굴레를 벗었음이
니라
12 그들이 내 오른쪽에서 일어나 내
발에 덫을 놓으며 나를 대적하여
길을 에워싸며
13 그들이 내 길을 헐고 내 재앙을 재
촉하는데도 도울 자가 없구나
14 그들은 성을 파괴하고 그 파괴한
가운데로 몰려드는 것 같이 내게로
달려드니
15 순식간에 공포가 나를 에워싸고 그
들이 내 품위를 바람 같이 날려 버
리니 나의 구원은 구름 같이 지나
가 버렸구나
16 이제는 내 생명이 내 속에서 녹으
니 환난 날이 나를 사로잡음이라
17 밤이 되면 내 뼈가 쑤시니 나의 아
픔이 쉬지 아니하는구나
18 그가 큰 능력으로 나의 옷을 떨쳐
버리시며 나의 옷깃처럼 나를 휘어
잡으시는구나
19 하나님이 나를 진흙 가운데 던지셨
고 나를 티끌과 재 같게 하셨구나
20 내가 주께 부르짖으나 주께서 대답
하지 아니하시오며 내가 섰사오나
주께서 나를 돌아보지 아니하시나
이다
21 주께서 돌이켜 내게 잔혹하게 하시
고 힘 있는 손으로 나를 대적하시
나이다
22 나를 바람 위에 들어 불려가게 하

기록일 : . . .

시며 무서운 힘으로 나를 던져 버리
시나이다
23 내가 아나이다 주께서 나를 죽게
하사 모든 생물을 위하여 정한 집
으로 돌려보내시리이다
24 그러나 사람이 넘어질 때에 어찌
손을 펴지 아니하며 재앙을 당할
때에 어찌 도움을 부르짖지 아니하
리이까
25 고생의 날을 보내는 자를 위하여
내가 울지 아니하였는가 빈궁한 자
를 위하여 내 마음에 근심하지 아
니하였는가
26 내가 복을 바랐더니 화가 왔고 광
명을 기다렸더니 흑암이 왔구나
27 내 마음이 들끓어 고요함이 없구나
환난 날이 내게 임하였구나
28 나는 햇볕에 쬐지 않고도 검어진
피부를 가지고 걸으며 회중 가운데
서서 도움을 부르짖고 있느니라
29 나는 이리의 형제요 타조의 벗이로
구나
30 나를 덮고 있는 피부는 검어졌고 내
뼈는 열기로 말미암아 탔구나
31 내 수금은 통곡이 되었고 내 피리
는 애곡이 되었구나

31

내가 내 눈과 약속하였나니 어찌
처녀에게 주목하랴
2 그리하면 위에 계신 하나님께서 내
리시는 분깃이 무엇이겠으며 높은
곳의 전능자께서 주시는 기업이 무
엇이겠느냐
3 불의한 자에게는 환난이 아니겠느냐
행악자에게는 불행이 아니겠느냐
4 그가 내 길을 살피지 아니하시느냐
내 걸음을 다 세지 아니하시느냐
5 만일 내가 허위와 함께 동행하고
내 발이 속임수에 빨랐다면
6 하나님께서 나를 공평한 저울에 달
아보시고 그가 나의 온전함을 아시
기를 바라노라
7 만일 내 걸음이 길에서 떠났거나
내 마음이 내 눈을 따랐거나 내 손
에 더러운 것이 묻었다면
8 내가 심은 것을 타인이 먹으며 나의
소출이 뿌리째 뽑히기를 바라노라
9 만일 내 마음이 여인에게 유혹되어
이웃의 문을 엿보아 문에서 숨어
기다렸다면
10 내 아내가 타인의 맷돌을 돌리며 타
인과 더불어 동침하기를 바라노라
11 그것은 참으로 음란한 일이니 재판
에 회부할 죄악이요
12 멸망하도록 사르는 불이니 나의 모
든 소출을 뿌리째 뽑기를 바라노라
13 만일 남종이나 여종이 나와 더불어
쟁론할 때에 내가 그의 권리를 저
버렸다면
14 하나님이 일어나실 때에 내가 어떻
게 하겠느냐 하나님이 심판하실 때

기록일 : . . .

에 내가 무엇이라 대답하겠느냐
15 나를 태 속에 만드신 이가 그도 만
들지 아니하셨느냐 우리를 뱃속에
지으신 이가 한 분이 아니시냐
16 내가 언제 가난한 자의 소원을 막
았거나 과부의 눈으로 하여금 실망
하게 하였던가
17 나만 혼자 내 떡덩이를 먹고 고아에
게 그 조각을 먹이지 아니하였던가
18 실상은 내가 젊었을 때부터 고아
기르기를 그의 아비처럼 하였으며
내가 어렸을 때부터 과부를 인도하
였노라
19 만일 내가 사람이 의복이 없이 죽어
가는 것이나 가난한 자가 덮을 것
이 없는 것을 못본 체했다면
20 만일 나의 양털로 그의 몸을 따뜻
하게 입혀서 그의 허리가 나를 위
하여 복을 빌게 하지 아니하였다면
21 만일 나를 도와 주는 자가 성문에
있음을 보고 내가 주먹을 들어 고
아를 향해 휘둘렀다면
22 내 팔이 어깨 뼈에서 떨어지고 내
팔 뼈가 그 자리에서 부스러지기를
바라노라
23 나는 하나님의 재앙을 심히 두려워
하고 그의 위엄으로 말미암아 그런
일을 할 수 없느니라
24 만일 내가 내 소망을 금에다 두고
순금에게 너는 내 의뢰하는 바라
하였다면
25 만일 재물의 풍부함과 손으로 얻은
것이 많음으로 기뻐하였다면
26 만일 해가 빛남과 달이 밝게 뜬 것
을 보고
27 내 마음이 슬며시 유혹되어 내 손
에 입맞추었다면
28 그것도 재판에 회부할 죄악이니 내
가 그리하였으면 위에 계신 하나님
을 속이는 것이리라
29 내가 언제 나를 미워하는 자의 멸
망을 기뻐하고 그가 재난을 당함으
로 즐거워하였던가
30 실상은 나는 그가 죽기를 구하는
말로 그의 생명을 저주하여 내 입
이 범죄하게 하지 아니하였노라
31 내 장막 사람들은 주인의 고기에
배부르지 않은 자가 어디 있느뇨
하지 아니하였는가
32 실상은 나그네가 거리에서 자지 아
니하도록 나는 행인에게 내 문을
열어 주었노라
33 내가 언제 다른 사람처럼 내 악행
을 숨긴 일이 있거나 나의 죄악을
나의 품에 감추었으며
34 내가 언제 큰 무리와 여러 종족의
수모가 두려워서 대문 밖으로 나가
지 못하고 잠잠하였던가
35 누구든지 나의 변명을 들어다오 나
의 서명이 여기 있으니 전능자가 내

기록일 : . . .

게 대답하시기를 바라노라 나를 고
발하는 자가 있다면 그에게 고소장
을 쓰게 하라
36 내가 그것을 어깨에 메기도 하고
왕관처럼 머리에 쓰기도 하리라
37 내 걸음의 수효를 그에게 알리고
왕족처럼 그를 가까이 하였으리라
38 만일 내 밭이 나를 향하여 부르짖
고 밭이랑이 함께 울었다면
39 만일 내가 값을 내지 않고 그 소출
을 먹고 그 소유주가 생명을 잃게
하였다면
40 밀 대신에 가시나무가 나고 보리
대신에 독보리가 나는 것이 마땅하
니라 하고 욥의 말이 그치니라

32 욥이 자신을 의인으로 여기므로
그 세 사람이 말을 그치니
2 람 종족 부스 사람 바라겔의 아들
엘리후가 화를 내니 그가 욥에게
화를 냄은 욥이 하나님보다 자기가
의롭다 함이요
3 또 세 친구에게 화를 냄은 그들이
능히 대답하지 못하면서도 욥을 정
죄함이라
4 엘리후는 그들의 나이가 자기보다
여러 해 위이므로 욥에게 말하기를
참고 있다가
5 세 사람의 입에 대답이 없음을 보
고 화를 내니라
6 부스 사람 바라겔의 아들 엘리후가
대답하여 이르되 나는 연소하고 당
신들은 연로하므로 뒷전에서 나의
의견을 감히 내놓지 못하였노라
7 내가 말하기를 나이가 많은 자가
말할 것이요 연륜이 많은 자가 지
혜를 가르칠 것이라 하였노라
8 그러나 사람의 속에는 영이 있고
전능자의 숨결이 사람에게 깨달음
을 주시나니
9 어른이라고 지혜롭거나 노인이라고
정의를 깨닫는 것이 아니니라
10 그러므로 내가 말하노니 내 말을
들으라 나도 내 의견을 말하리라
11 보라 나는 당신들의 말을 기다렸노
라 당신들의 슬기와 당신들의 말에
귀 기울이고 있었노라
12 내가 자세히 들은즉 당신들 가운데
욥을 꺾어 그의 말에 대답하는 자
가 없도다
13 당신들이 말하기를 우리가 진상을
파악했으나 그를 추궁할 자는 하나
님이시요 사람이 아니라 하지 말지
니라
14 그가 내게 자기 이론을 제기하지
아니하였으니 나도 당신들의 이론
으로 그에게 대답하지 아니하리라
15 그들이 놀라서 다시 대답하지 못하
니 할 말이 없음이었더라
16 당신들이 말 없이 가만히 서서 다시
대답하지 아니한즉 내가 어찌 더

기다리라
17 나는 내 본분대로 대답하고 나도
내 의견을 보이리라
18 내 속에는 말이 가득하니 내 영이
나를 압박함이니라
19 보라 내 배는 봉한 포도주통 같고
터지게 된 새 가죽 부대 같구나
20 내가 말을 하여야 시원할 것이라
내 입을 열어 대답하리라
21 나는 결코 사람의 낯을 보지 아니
하며 사람에게 영광을 돌리지 아니
하리니
22 이는 아첨할 줄을 알지 못함이라
만일 그리하면 나를 지으신 이가 속
히 나를 데려가시리로다

33 그런즉 욥이여 내 말을 들으며
내 모든 말에 귀를 기울이기를 원
하노라
2 내가 입을 여니 내 혀가 입에서 말
하는구나
3 내 마음의 정직함이 곧 내 말이며
내 입술이 아는 바가 진실을 말하
느니라
4 하나님의 영이 나를 지으셨고 전능
자의 기운이 나를 살리시느니라
5 그대가 할 수 있거든 일어서서 내게
대답하고 내 앞에 진술하라
6 나와 그대가 하나님 앞에서 동일하
니 나도 흙으로 지으심을 입었은즉
7 내 위엄으로는 그대를 두렵게 하지
못하고 내 손으로는 그대를 누르지
못하느니라
8 그대는 실로 내가 듣는 데서 말하
였고 나는 그대의 말소리를 들었느
니라
9 이르기를 나는 깨끗하여 악인이 아
니며 순전하고 불의도 없거늘
10 참으로 하나님이 나에게서 잘못을
찾으시며 나를 자기의 원수로 여
기사
11 내 발을 차꼬에 채우시고 나의 모
든 길을 감시하신다 하였느니라
12 내가 그대에게 대답하리라 이 말에
그대가 의롭지 못하니 하나님은 사
람보다 크심이니라
13 하나님께서 사람의 말에 대답하지
않으신다 하여 어찌 하나님과 논쟁
하겠느냐
14 하나님은 한 번 말씀하시고 다시
말씀하시되 사람은 관심이 없도다
15 사람이 침상에서 졸며 깊이 잠들 때
에나 꿈에나 밤에 환상을 볼 때에
16 그가 사람의 귀를 여시고 경고로써
두렵게 하시니
17 이는 사람에게 그의 행실을 버리게
하려 하심이며 사람의 교만을 막으
려 하심이라
18 그는 사람의 혼을 구덩이에 빠지지
않게 하시며 그 생명을 칼에 맞아
멸망하지 않게 하시느니라

기록일 : . . .

19 혹은 사람이 병상의 고통과 뼈가
늘 쑤심의 징계를 받나니
20 그의 생명은 음식을 싫어하고 그의
마음은 별미를 싫어하며
21 그의 살은 파리하여 보이지 아니하
고 보이지 않던 뼈가 드러나서
22 그의 마음은 구덩이에, 그의 생명
은 멸하는 자에게 가까워지느니라
23 만일 일천 천사 가운데 하나가 그
사람의 중보자로 함께 있어서 그의
정당함을 보일진대
24 하나님이 그 사람을 불쌍히 여기사
그를 건져서 구덩이에 내려가지 않
게 하라 내가 대속물을 얻었다 하
시리라
25 그런즉 그의 살이 청년보다 부드러
워지며 젊음을 회복하리라
26 그는 하나님께 기도하므로 하나님
이 은혜를 베푸사 그로 말미암아
기뻐 외치며 하나님의 얼굴을 보게
하시고 사람에게 그의 공의를 회복
시키시느니라
27 그가 사람 앞에서 노래하여 이르기
를 내가 범죄하여 옳은 것을 그르
쳤으나 내게 무익하였구나
28 하나님이 내 영혼을 건지사 구덩이
에 내려가지 않게 하셨으니 내 생
명이 빛을 보겠구나 하리라
29 실로 하나님이 사람에게 이 모든
일을 재삼 행하심은
30 그들의 영혼을 구덩이에서 이끌어
생명의 빛을 그들에게 비추려 하심
이니라
31 욥이여 내 말을 귀담아 들으라 잠
잠하라 내가 말하리라
32 만일 할 말이 있거든 대답하라 내
가 기쁜 마음으로 그대를 의롭다
하리니 그대는 말하라
33 만일 없으면 내 말을 들으라 잠잠하
라 내가 지혜로 그대를 가르치리라

34 엘리후가 말하여 이르되
2 지혜 있는 자들아 내 말을 들으며
지식 있는 자들아 내게 귀를 기울
이라
3 입이 음식물의 맛을 분별함 같이
귀가 말을 분별하나니
4 우리가 정의를 가려내고 무엇이 선
한가 우리끼리 알아보자
5 욥이 말하기를 내가 의로우나 하나
님이 내 의를 부인하셨고
6 내가 정당함에도 거짓말쟁이라 하
였고 나는 허물이 없으나 화살로
상처를 입었노라 하니
7 어떤 사람이 욥과 같으랴 욥이 비
방하기를 물마시듯 하며
8 악한 일을 하는 자들과 한패가 되
어 악인과 함께 다니면서
9 이르기를 사람이 하나님을 기뻐하
나 무익하다 하는구나
10 그러므로 너희 총명한 자들아 내

기록일 : . . .

말을 들으라 하나님은 악을 행하지
아니하시며 전능자는 결코 불의를
행하지 아니하시고
11 사람의 행위를 따라 갚으사 각각
그의 행위대로 받게 하시나니
12 진실로 하나님은 악을 행하지 아니
하시며 전능자는 공의를 굽히지 아
니하시느니라
13 누가 땅을 그에게 맡겼느냐 누가
온 세상을 그에게 맡겼느냐
14 그가 만일 뜻을 정하시고 그의 영
과 목숨을 거두실진대
15 모든 육체가 다 함께 죽으며 사람
은 흙으로 돌아가리라
16 만일 네가 총명이 있거든 이것을 들
으며 내 말소리에 귀를 기울이라
17 정의를 미워하시는 이시라면 어찌
그대를 다스리시겠느냐 의롭고 전
능하신 이를 그대가 정죄하겠느냐
18 그는 왕에게라도 무용지물이라 하
시며 지도자들에게라도 악하다 하
시며
19 고관을 외모로 대하지 아니하시며
가난한 자들 앞에서 부자의 낯을 세
워주지 아니하시나니 이는 그들이
다 그의 손으로 지으신 바가 됨이라
20 그들은 한밤중에 순식간에 죽나니
백성은 떨며 사라지고 세력 있는
자도 사람의 손을 빌리지 않고 제
거함을 당하느니라
21 그는 사람의 길을 주목하시며 사람
의 모든 걸음을 감찰하시나니
22 행악자는 숨을 만한 흑암이나 사망
의 그늘이 없느니라
23 하나님은 사람을 심판하시기에 오
래 생각하실 것이 없으시니
24 세력 있는 자를 조사할 것 없이 꺾
으시고 다른 사람을 세워 그를 대
신하게 하시느니라
25 그러므로 그는 그들의 행위를 아
시고 그들을 밤 사이에 뒤집어엎어
흩으시는도다
26 그들을 악한 자로 여겨 사람의 눈
앞에서 치심은
27 그들이 그를 떠나고 그의 모든 길
을 깨달아 알지 못함이라
28 그들이 이와 같이 하여 가난한 자
의 부르짖음이 그에게 상달하게 하
며 빈궁한 사람의 부르짖음이 그에
게 들리게 하느니라
29 주께서 침묵하신다고 누가 그를 정
죄하며 그가 얼굴을 가리신다면 누
가 그를 뵈올 수 있으랴 그는 민족
에게나 인류에게나 동일하시니
30 이는 경건하지 못한 자가 권세를
잡아 백성을 옭아매지 못하게 하려
하심이니라
31 그대가 하나님께 아뢰기를 내가 죄
를 지었사오니 다시는 범죄하지 아
니하겠나이다

기록일 : . . .

32 내가 깨닫지 못하는 것을 내게 가
르치소서 내가 악을 행하였으나 다
시는 아니하겠나이다 하였는가
33 하나님께서 그대가 거절한다고 하
여 그대의 뜻대로 속전을 치르시겠
느냐 그러면 그대가 스스로 택할
것이요 내가 할 것이 아니니 그대는
아는 대로 말하라
34 슬기로운 자와 내 말을 듣는 지혜
있는 사람은 반드시 내게 말하기를
35 욥이 무식하게 말하니 그의 말이
지혜롭지 못하도다 하리라
36 나는 욥이 끝까지 시험 받기를 원
하노니 이는 그 대답이 악인과 같
음이라
37 그가 그의 죄에 반역을 더하며 우
리와 어울려 손뼉을 치며 하나님을
거역하는 말을 많이 하는구나

35

엘리후가 말을 이어 이르되
2 그대는 이것을 합당하게 여기느냐
그대는 그대의 의가 하나님께로부
터 왔다는 말이냐
3 그대는 그것이 내게 무슨 소용이
있으며 범죄하지 않는 것이 내게 무
슨 유익이 있겠느냐고 묻지마는
4 내가 그대와 및 그대와 함께 있는
그대의 친구들에게 대답하리라
5 그대는 하늘을 우러러보라 그대보
다 높이 뜬 구름을 바라보라
6 그대가 범죄한들 하나님께 무슨
영향이 있겠으며 그대의 악행이 가
득한들 하나님께 무슨 상관이 있
겠으며
7 그대가 의로운들 하나님께 무엇을
드리겠으며 그가 그대의 손에서 무
엇을 받으시겠느냐
8 그대의 악은 그대와 같은 사람에게
나 있는 것이요 그대의 공의는 어
떤 인생에게도 있느니라
9 사람은 학대가 많으므로 부르짖으
며 군주들의 힘에 눌려 소리치나
10 나를 지으신 하나님은 어디 계시냐
고 하며 밤에 노래를 주시는 자가
어디 계시냐고 말하는 자가 없구나
11 땅의 짐승들보다도 우리를 더욱 가
르치시고 하늘의 새들보다도 우리
를 더욱 지혜롭게 하시는 이가 어디
계시냐고 말하는 이도 없구나
12 그들이 악인의 교만으로 말미암아
거기에서 부르짖으나 대답하는 자
가 없음은
13 헛된 것은 하나님이 결코 듣지 아니
하시며 전능자가 돌아보지 아니하
심이라
14 하물며 말하기를 하나님은 뵈올 수
없고 일의 판단하심은 그 앞에 있
으니 나는 그를 기다릴 뿐이라 말
하는 그대일까보냐
15 그러나 지금은 그가 진노하심으로
벌을 주지 아니하셨고 악행을 끝까

지 살피지 아니하셨으므로
16 욥이 헛되이 입을 열어 지식 없는
말을 많이 하는구나

36

엘리후가 말을 이어 이르되
2 나를 잠깐 용납하라 내가 그대에
게 보이리니 이는 내가 하나님을
위하여 아직도 할 말이 있음이라
3 내가 먼 데서 지식을 얻고 나를 지
으신 이에게 의를 돌려보내리라
4 진실로 내 말은 거짓이 아니라 온전
한 지식을 가진 이가 그대와 함께
있느니라
5 하나님은 능하시나 아무도 멸시하지
아니하시며 그의 지혜가 무궁하사
6 악인을 살려두지 아니하시며 고난
받는 자에게 공의를 베푸시며
7 그의 눈을 의인에게서 떼지 아니하
시고 그를 왕들과 함께 왕좌에 앉
히사 영원토록 존귀하게 하시며
8 혹시 그들이 족쇄에 매이거나 환난
의 줄에 얽혔으면
9 그들의 소행과 악행과 자신들의 교
만한 행위를 알게 하시고
10 그들의 귀를 열어 교훈을 듣게 하
시며 명하여 죄악에서 돌이키게 하
시나니
11 만일 그들이 순종하여 섬기면 형통
한 날을 보내며 즐거운 해를 지낼
것이요
12 만일 그들이 순종하지 아니하면 칼
에 망하며 지식 없이 죽을 것이니라
13 마음이 경건하지 아니한 자들은 분
노를 쌓으며 하나님이 속박할지라
도 도움을 구하지 아니하나니
14 그들의 몸은 젊어서 죽으며 그들의
생명은 남창과 함께 있도다
15 하나님은 곤고한 자를 그 곤고에서
구원하시며 학대 당할 즈음에 그의
귀를 여시나니
16 그러므로 하나님이 그대를 환난에
서 이끌어 내사 좁지 않고 넉넉한
곳으로 옮기려 하셨은즉 무릇 그대
의 상에는 기름진 것이 놓이리라
17 이제는 악인의 받을 벌이 그대에게
가득하였고 심판과 정의가 그대를
잡았나니
18 그대는 분노하지 않도록 조심하며
많은 뇌물이 그대를 그릇된 길로
가게 할까 조심하라
19 그대의 부르짖음이나 그대의 능력
이 어찌 능히 그대가 곤고한 가운
데에서 그대를 유익하게 하겠느냐
20 그대는 밤을 사모하지 말라 인생들
이 밤에 그들이 있는 곳에서 끌려
가리라
21 삼가 악으로 치우치지 말라 그대가
환난보다 이것을 택하였느니라
22 하나님은 그의 권능으로 높이 계
시나니 누가 그같이 교훈을 베풀
겠느냐

기록일 : . . .

23 누가 그를 위하여 그의 길을 정하
였느냐 누가 말하기를 주께서 불의
를 행하셨나이다 할 수 있으랴
24 그대는 하나님께서 하신 일을 기억
하고 높이라 잊지 말지니라 인생이
그의 일을 찬송하였느니라
25 그의 일을 모든 사람이 우러러보나
니 먼 데서도 보느니라
26 하나님은 높으시니 우리가 그를 알
수 없고 그의 햇수를 헤아릴 수 없
느니라
27 그가 물방울을 가늘게 하시며 빗
방울이 증발하여 안개가 되게 하
시도다
28 그것이 구름에서 내려 많은 사람에
게 쏟아지느니라
29 겹겹이 쌓인 구름과 그의 장막의
우렛소리를 누가 능히 깨달으랴
30 보라 그가 번갯불을 자기의 사면에
펼치시며 바다 밑까지 비치시고
31 이런 것들로 만민을 심판하시며 음
식을 풍성하게 주시느니라
32 그가 번갯불을 손바닥 안에 넣으시
고 그가 번갯불을 명령하사 과녁을
치시도다
33 그의 우레가 다가오는 풍우를 알
려 주니 가축들도 그 다가옴을 아
느니라

37 이로 말미암아 내 마음이 떨며 그
자리에서 흔들렸도다
2 하나님의 음성 곧 그의 입에서 나
오는 소리를 똑똑히 들으라
3 그 소리를 천하에 펼치시며 번갯불
을 땅 끝까지 이르게 하시고
4 그 후에 음성을 발하시며 그의 위
엄 찬 소리로 천둥을 치시며 그 음
성이 들릴 때에 번개를 멈추게 아
니하시느니라
5 하나님은 놀라운 음성을 내시며 우
리가 헤아릴 수 없는 큰 일을 행하
시느니라
6 눈을 명하여 땅에 내리라 하시며
적은 비와 큰 비도 내리게 명하시
느니라
7 그가 모든 사람의 손에 표를 주시
어 모든 사람이 그가 지으신 것을
알게 하려 하심이라
8 그러나 짐승들은 땅 속에 들어가
그 처소에 머무느니라
9 폭풍우는 그 밀실에서 나오고 추위
는 북풍을 타고 오느니라
10 하나님의 입김이 얼음을 얼게 하고
물의 너비를 줄어들게 하느니라
11 또한 그는 구름에 습기를 실으시고
그의 번개로 구름을 흩어지게 하시
느니라
12 그는 감싸고 도시며 그들의 할 일
을 조종하시느니라 그는 땅과 육지
표면에 있는 모든 자들에게 명령하
시느니라

기록일 : . . .

13 혹은 징계를 위하여 혹은 땅을 위
하여 혹은 긍휼을 위하여 그가 이
런 일을 생기게 하시느니라
14 욥이여 이것을 듣고 가만히 서서 하
나님의 오묘한 일을 깨달으라
15 하나님이 이런 것들에게 명령하셔
서 그 구름의 번개로 번쩍거리게
하시는 것을 그대가 아느냐
16 그대는 겹겹이 쌓인 구름과 완전한
지식의 경이로움을 아느냐
17 땅이 고요할 때에 남풍으로 말미암
아 그대의 의복이 따뜻한 까닭을
그대가 아느냐
18 그대는 그를 도와 구름장들을 두들
겨 넓게 만들어 녹여 부어 만든 거
울 같이 단단하게 할 수 있겠느냐
19 우리가 그에게 할 말을 그대는 우
리에게 가르치라 우리는 아둔하여
아뢰지 못하겠노라
20 내가 말하고 싶은 것을 어찌 그에
게 고할 수 있으랴 삼켜지기를 바
랄 자가 어디 있으랴
21 그런즉 바람이 불어 하늘이 말끔하
게 되었을 때 그 밝은 빛을 아무도
볼 수 없느니라
22 북쪽에서는 황금 같은 빛이 나오고
하나님께는 두려운 위엄이 있느니라
23 전능자를 우리가 찾을 수 없나니
그는 권능이 지극히 크사 정의나
무한한 공의를 굽히지 아니하심이
니라
24 그러므로 사람들은 그를 경외하고
그는 스스로 지혜롭다 하는 모든
자를 무시하시느니라

38

그 때에 야훼께서 폭풍우 가운데
에서 욥에게 말씀하여 이르시되
2 무지한 말로 생각을 어둡게 하는
자가 누구냐
3 너는 대장부처럼 허리를 묶고 내가
네게 묻는 것을 대답할지니라
4 내가 땅의 기초를 놓을 때에 네가
어디 있었느냐 네가 깨달아 알았거
든 말할지니라
5 누가 그것의 도량법을 정하였는지,
누가 그 줄을 그것의 위에 띄웠는
지 네가 아느냐
6 그것의 주추는 무엇 위에 세웠으며
그 모퉁잇돌을 누가 놓았느냐
7 그 때에 새벽 별들이 기뻐 노래하
며 하나님의 아들들이 다 기뻐 소
리를 질렀느니라
8 바다가 그 모태에서 터져 나올 때에
문으로 그것을 가둔 자가 누구냐
9 그 때에 내가 구름으로 그 옷을 만
들고 흑암으로 그 강보를 만들고
10 한계를 정하여 문빗장을 지르고
11 이르기를 네가 여기까지 오고 더 넘
어가지 못하리니 네 높은 파도가
여기서 그칠지니라 하였노라
12 네가 너의 날에 아침에게 명령하였

기록일 :　　.　　.　　.

느냐 새벽에게 그 자리를 일러 주
었느냐
13 그것으로 땅 끝을 붙잡고 악한 자
들을 그 땅에서 떨쳐 버린 일이 있
었느냐
14 땅이 변하여 진흙에 인친 것 같이
되었고 그들은 옷 같이 나타나되
15 악인에게는 그 빛이 차단되고 그들
의 높이 든 팔이 꺾이느니라
16 네가 바다의 샘에 들어갔었느냐 깊
은 물 밑으로 걸어 다녀 보았느냐
17 사망의 문이 네게 나타났느냐 사망
의 그늘진 문을 네가 보았느냐
18 땅의 너비를 네가 측량할 수 있느
냐 네가 그 모든 것들을 다 알거든
말할지니라
19 어느 것이 광명이 있는 곳으로 가는
길이냐 어느 것이 흑암이 있는 곳으
로 가는 길이냐
20 너는 그의 지경으로 그를 데려갈
수 있느냐 그의 집으로 가는 길을
알고 있느냐
21 네가 아마도 알리라 네가 그 때에
태어났으리니 너의 햇수가 많음이
니라
22 네가 눈 곳간에 들어갔었느냐 우박
창고를 보았느냐
23 내가 환난 때와 교전과 전쟁의 날
을 위하여 이것을 남겨 두었노라
24 광명이 어느 길로 뻗치며 동풍이 어
느 길로 땅에 흩어지느냐
25 누가 홍수를 위하여 물길을 터 주
었으며 우레와 번개 길을 내어 주
었느냐
26 누가 사람 없는 땅에, 사람 없는 광
야에 비를 내리며
27 황무하고 황폐한 토지를 흡족하게
하여 연한 풀이 돋아나게 하였느냐
28 비에게 아비가 있느냐 이슬방울은
누가 낳았느냐
29 얼음은 누구의 태에서 났느냐 공중
의 서리는 누가 낳았느냐
30 물은 돌 같이 굳어지고 깊은 바다
의 수면은 얼어붙느니라
31 네가 묘성을 매어 묶을 수 있으며
삼성의 띠를 풀 수 있겠느냐
32 너는 별자리들을 각각 제 때에 이
끌어 낼 수 있으며 북두성을 다른
별들에게로 이끌어 갈 수 있겠느냐
33 네가 하늘의 궤도를 아느냐 하늘로
하여금 그 법칙을 땅에 베풀게 하
겠느냐
34 네가 목소리를 구름에까지 높여 넘
치는 물이 네게 덮이게 하겠느냐
35 네가 번개를 보내어 가게 하되 번
개가 네게 우리가 여기 있나이다
하게 하겠느냐
36 가슴 속의 지혜는 누가 준 것이냐
수탉에게 슬기를 준 자가 누구냐
37 누가 지혜로 구름의 수를 세겠느냐

기록일 : . . .

누가 하늘의 물주머니를 기울이겠
느냐
38 티끌이 덩어리를 이루며 흙덩이가
서로 붙게 하겠느냐
39 네가 사자를 위하여 먹이를 사냥하
겠느냐 젊은 사자의 식욕을 채우겠
느냐
40 그것들이 굴에 엎드리며 숲에 앉아
숨어 기다리느니라
41 까마귀 새끼가 하나님을 향하여 부
르짖으며 먹을 것이 없어서 허우적
거릴 때에 그것을 위하여 먹이를
마련하는 이가 누구냐

39

산 염소가 새끼 치는 때를 네가
아느냐 암사슴이 새끼 낳는 것을
네가 본 적이 있느냐
2 그것이 몇 달 만에 만삭되는지 아
느냐 그 낳을 때를 아느냐
3 그것들은 몸을 구푸리고 새끼를 낳
으니 그 괴로움이 지나가고
4 그 새끼는 강하여져서 빈 들에서
크다가 나간 후에는 다시 돌아오지
아니하느니라
5 누가 들나귀를 놓아 자유롭게 하였
느냐 누가 빠른 나귀의 매인 것을
풀었느냐
6 내가 들을 그것의 집으로, 소금 땅
을 그것이 사는 처소로 삼았느니라
7 들나귀는 성읍에서 지껄이는 소리를
비웃나니 나귀 치는 사람이 지르는
소리는 그것에게 들리지 아니하며
8 초장 언덕으로 두루 다니며 여러 가
지 푸른 풀을 찾느니라
9 들소가 어찌 기꺼이 너를 위하여 일
하겠으며 네 외양간에 머물겠느냐
10 네가 능히 줄로 매어 들소가 이랑을
갈게 하겠느냐 그것이 어찌 골짜기
에서 너를 따라 써레를 끌겠느냐
11 그것이 힘이 세다고 네가 그것을
의지하겠느냐 네 수고를 그것에게
맡기겠느냐
12 그것이 네 곡식을 집으로 실어 오며
네 타작 마당에 곡식 모으기를 그
것에게 의탁하겠느냐
13 타조는 즐거이 날개를 치나 학의
깃털과 날개 같겠느냐
14 그것이 알을 땅에 버려두어 흙에서
더워지게 하고
15 발에 깨어질 것이나 들짐승에게 밟
힐 것을 생각하지 아니하고
16 그 새끼에게 모질게 대함이 제 새
끼가 아닌 것처럼 하며 그 고생한
것이 헛되게 될지라도 두려워하지
아니하나니
17 이는 하나님이 지혜를 베풀지 아니
하셨고 총명을 주지 아니함이라
18 그러나 그것이 몸을 떨쳐 뛰어갈
때에는 말과 그 위에 탄 자를 우습
게 여기느니라
19 말의 힘을 네가 주었느냐 그 목에

기록일 : . . .

흩날리는 갈기를 네가 입혔느냐
20 네가 그것으로 메뚜기처럼 뛰게 하
였느냐 그 위엄스러운 콧소리가 두
려우니라
21 그것이 골짜기에서 발굽질하고 힘
있음을 기뻐하며 앞으로 나아가서
군사들을 맞되
22 두려움을 모르고 겁내지 아니하며
칼을 대할지라도 물러나지 아니하니
23 그의 머리 위에서는 화살통과 빛나
는 창과 투창이 번쩍이며
24 땅을 삼킬 듯이 맹렬히 성내며 나
팔 소리에 머물러 서지 아니하고
25 나팔 소리가 날 때마다 힝힝 울며
멀리서 싸움 냄새를 맡고 지휘관들
의 호령과 외치는 소리를 듣느니라
26 매가 떠올라서 날개를 펼쳐 남쪽으
로 향하는 것이 어찌 네 지혜로 말
미암음이냐
27 독수리가 공중에 떠서 높은 곳에
보금자리를 만드는 것이 어찌 네
명령을 따름이냐
28 그것이 낭떠러지에 집을 지으며 뾰
족한 바위 끝이나 험준한 데 살며
29 거기서 먹이를 살피나니 그 눈이 멀
리 봄이며
30 그 새끼들도 피를 빠나니 시체가
있는 곳에는 독수리가 있느니라
야훼께서 또 욥에게 일러 말씀하
시되
2 트집 잡는 자가 전능자와 다투겠느
냐 하나님을 탓하는 자는 대답할지
니라
3 욥이 야훼께 대답하여 이르되
4 보소서 나는 비천하오니 무엇이라
주께 대답하리이까 손으로 내 입을
가릴 뿐이로소이다
5 내가 한 번 말하였사온즉 다시는
더 대답하지 아니하겠나이다
6 그 때에 야훼께서 폭풍우 가운데에
서 욥에게 일러 말씀하시되
7 너는 대장부처럼 허리를 묶고 내가
네게 묻겠으니 내게 대답할지니라
8 네가 내 공의를 부인하려느냐 네 의
를 세우려고 나를 악하다 하겠느냐
9 네가 하나님처럼 능력이 있느냐 하
나님처럼 천둥 소리를 내겠느냐
10 너는 위엄과 존귀로 단장하며 영광
과 영화를 입을지니라
11 너의 넘치는 노를 비우고 교만한
자를 발견하여 모두 낮추되
12 모든 교만한 자를 발견하여 낮아
지게 하며 악인을 그들의 처소에서
짓밟을지니라
13 그들을 함께 진토에 묻고 그들의
얼굴을 싸서 은밀한 곳에 둘지니라
14 그리하면 네 오른손이 너를 구원할
수 있다고 내가 인정하리라
15 이제 소 같이 풀을 먹는 베헤못을
볼지어다 내가 너를 지은 것 같이

기록일 : . . .

그것도 지었느니라
16 그것의 힘은 허리에 있고 그 뚝심은
배의 힘줄에 있고
17 그것이 꼬리 치는 것은 백향목이 흔
들리는 것 같고 그 넓적다리 힘줄은
서로 얽혀 있으며
18 그 뼈는 놋관 같고 그 뼈대는 쇠
막대기 같으니
19 그것은 하나님이 만드신 것 중에
으뜸이라 그것을 지으신 이가 자기
의 칼을 가져 오기를 바라노라
20 모든 들 짐승들이 뛰노는 산은 그
것을 위하여 먹이를 내느니라
21 그것이 연 잎 아래에나 갈대 그늘
에서나 늪 속에 엎드리니
22 연 잎 그늘이 덮으며 시내 버들이
그를 감싸는도다
23 강물이 소용돌이칠지라도 그것이
놀라지 않고 요단 강 물이 쏟아져
그 입으로 들어가도 태연하니
24 그것이 눈을 뜨고 있을 때 누가 능
히 잡을 수 있겠으며 갈고리로 그
것의 코를 꿸 수 있겠느냐

41 네가 낚시로 리워야단을 끌어낼
수 있겠느냐 노끈으로 그 혀를 맬
수 있겠느냐
2 너는 밧줄로 그 코를 꿸 수 있겠느
냐 갈고리로 그 아가미를 꿸 수 있
겠느냐
3 그것이 어찌 네게 계속하여 간청하
겠느냐 부드럽게 네게 말하겠느냐
4 어찌 그것이 너와 계약을 맺고 너
는 그를 영원히 종으로 삼겠느냐
5 네가 어찌 그것을 새를 가지고 놀
듯 하겠으며 네 여종들을 위하여
그것을 매어두겠느냐
6 어찌 장사꾼들이 그것을 놓고 거래
하겠으며 상인들이 그것을 나누어
가지겠느냐
7 네가 능히 많은 창으로 그 가죽을
찌르거나 작살을 그 머리에 꽂을
수 있겠느냐
8 네 손을 그것에게 얹어 보라 다시
는 싸울 생각을 못하리라
9 참으로 잡으려는 그의 희망은 헛된
것이니라 그것의 모습을 보기만 해
도 그는 기가 꺾이리라
10 아무도 그것을 격동시킬 만큼 담대
하지 못하거든 누가 내게 감히 대
항할 수 있겠느냐
11 누가 먼저 내게 주고 나로 하여금
갚게 하겠느냐 온 천하에 있는 것
이 다 내 것이니라
12 내가 그것의 지체와 그것의 큰 용
맹과 늠름한 체구에 대하여 잠잠하
지 아니하리라
13 누가 그것의 겉가죽을 벗기겠으며
그것에게 겹재갈을 물릴 수 있겠
느냐
14 누가 그것의 턱을 벌릴 수 있겠느냐

기록일 : . . .

그의 둥근 이틀은 심히 두렵구나
15 그의 줄비한 비늘은 그의 자랑이
로다 튼튼하게 봉인하듯이 닫혀 있
구나
16 그것들이 서로 달라붙어 있어 바람
이 그 사이로 지나가지 못하는구나
17 서로 이어져 붙었으니 능히 나눌 수
도 없구나
18 그것이 재채기를 한즉 빛을 발하고
그것의 눈은 새벽의 눈꺼풀 빛 같
으며
19 그것의 입에서는 횃불이 나오고 불
꽃이 튀어 나오며
20 그것의 콧구멍에서는 연기가 나오
니 마치 갈대를 태울 때에 솥이 끓
는 것과 같구나
21 그의 입김은 숯불을 지피며 그의 입
은 불길을 뿜는구나
22 그것의 힘은 그의 목덜미에 있으니
그 앞에서는 절망만 감돌 뿐이구나
23 그것의 살껍질은 서로 밀착되어 탄
탄하며 움직이지 않는구나
24 그것의 가슴은 돌처럼 튼튼하며 맷
돌 아래짝 같이 튼튼하구나
25 그것이 일어나면 용사라도 두려워
하며 달아나리라
26 칼이 그에게 꽂혀도 소용이 없고
창이나 투창이나 화살촉도 꽂히지
못하는구나
27 그것이 쇠를 지푸라기 같이, 놋을
썩은 나무 같이 여기니
28 화살이라도 그것을 물리치지 못하
겠고 물맷돌도 그것에게는 겨 같이
되는구나
29 그것은 몽둥이도 지푸라기 같이 여
기고 창이 날아오는 소리를 우습게
여기며
30 그것의 아래쪽에는 날카로운 토기
조각 같은 것이 달려 있고 그것이
지나갈 때는 진흙 바닥에 도리깨로
친 자국을 남기는구나
31 깊은 물을 솥의 물이 끓음 같게 하
며 바다를 기름병 같이 다루는도다
32 그것의 뒤에서 빛나는 물줄기가 나
오니 그는 깊은 바다를 백발로 만
드는구나
33 세상에는 그것과 비할 것이 없으니
그것은 두려움이 없는 것으로 지음
받았구나
34 그것은 모든 높은 자를 내려다보며
모든 교만한 자들에게 군림하는 왕
이니라

42 욥이 야훼께 대답하여 이르되
2 주께서는 못 하실 일이 없사오며
무슨 계획이든지 못 이루실 것이 없
는 줄 아오니
3 무지한 말로 이치를 가리는 자가
누구니이까 나는 깨닫지도 못한 일
을 말하였고 스스로 알 수도 없고
헤아리기도 어려운 일을 말하였나

기록일 : . . .

이다
4 내가 말하겠사오니 주는 들으시고
내가 주께 묻겠사오니 주여 내게
알게 하옵소서
5 내가 주께 대하여 귀로 듣기만 하
였사오나 이제는 눈으로 주를 뵈옵
나이다
6 그러므로 내가 스스로 거두어들이
고 티끌과 재 가운데에서 회개하나
이다
7 야훼께서 욥에게 이 말씀을 하신
후에 야훼께서 데만 사람 엘리바스
에게 이르시되 내가 너와 네 두 친
구에게 노하나니 이는 너희가 나를
가리켜 말한 것이 내 종 욥의 말 같
이 옳지 못함이니라
8 그런즉 너희는 수소 일곱과 숫양
일곱을 가지고 내 종 욥에게 가서
너희를 위하여 번제를 드리라 내
종 욥이 너희를 위하여 기도할 것인
즉 내가 그를 기쁘게 받으리니 너
희가 우매한 만큼 너희에게 갚지
아니하리라 이는 너희가 나를 가리
켜 말한 것이 내 종 욥의 말 같이
옳지 못함이라
9 이에 데만 사람 엘리바스와 수아
사람 빌닷과 나아마 사람 소발이
가서 야훼께서 자기들에게 명령하
신 대로 행하니라 야훼께서 욥을
기쁘게 받으셨더라
10 욥이 그의 친구들을 위하여 기도할
때 야훼께서 욥의 곤경을 돌이키시
고 야훼께서 욥에게 이전 모든 소
유보다 갑절이나 주신지라
11 이에 그의 모든 형제와 자매와 이
전에 알던 이들이 다 와서 그의 집
에서 그와 함께 음식을 먹고 야훼
께서 그에게 내리신 모든 재앙에
관하여 그를 위하여 슬퍼하며 위로
하고 각각 케쉬타 하나씩과 금 고
리 하나씩을 주었더라
12 야훼께서 욥의 말년에 욥에게 처음
보다 더 복을 주시니 그가 양 만 사
천과 낙타 육천과 소 천 겨리와 암
나귀 천을 두었고
13 또 아들 일곱과 딸 셋을 두었으며
14 그가 첫째 딸은 여미마라 이름하였
고 둘째 딸은 긋시아라 이름하였고
셋째 딸은 게렌합북이라 이름하였
으니
15 모든 땅에서 욥의 딸들처럼 아리따
운 여자가 없었더라 그들의 아버지
가 그들에게 그들의 오라비들처럼
기업을 주었더라
16 그 후에 욥이 백사십 년을 살며 아
들과 손자 사 대를 보았고
17 욥이 늙어 나이가 차서 죽었더라

기록일 : . . .

PSALMS

시편

저 자 다윗 외

주 제 하나님을 찬양하라

기록목적 자연과 이스라엘의 역사 및 개인의 생애를 통하여 나타난 하나님의 창조와 구속의 섭리를 노래함으로써 하나님께 찬양과 영광을 돌리기 위하여 기록되었다.

기록배경 찬양은 이스라엘의 예배에서 중요한 역할을 해 왔다시 149편 150편; 대상 15:16-22. 시편은 찬양을 위해 사용되었다. 시편 중에서 가장 먼저 기록된 것은 주전 15세기경의 모세의 작품 90편이고, 가장 나중에 기록된 것은 주전 5~6세기의 작품이다137편. 그러나 대부분의 작품이 이스라엘의 황금기인 다윗 시대에 저작되었다. 시편이 최종적으로 한데 엮어진 것은 주전 450년~400년경인 에스라와 느헤미야 시대로 알려져 있다.

특 징
- 성경 66권 중 가장 분량이 많은 책이며, 성경에서 가장 긴 장119편과 가장 짧은 장117편이 들어 있다.
- 히브리인의 찬송가와 경건서로, 영적 깊이와 넓이 면에서 성도들에게 지대한 영향을 미치고 있다.
- 인간의 삶 속에 관계하시는 하나님에 대한 정서적 표출이 잘되어 있다.

나의 기도

1 복 있는 사람은 악인들의 꾀를 따
르지 아니하며 죄인들의 길에 서지
아니하며 오만한 자들의 자리에 앉
지 아니하고
2 오직 야훼의 율법을 즐거워하여 그
의 율법을 주야로 묵상하는도다
3 그는 시냇가에 심은 나무가 철을
따라 열매를 맺으며 그 잎사귀가
마르지 아니함 같으니 그가 하는
모든 일이 다 형통하리로다
4 악인들은 그렇지 아니함이여 오직
바람에 나는 겨와 같도다
5 그러므로 악인들은 심판을 견디지
못하며 죄인들이 의인들의 모임에
들지 못하리로다
6 무릇 의인들의 길은 야훼께서 인정
하시나 악인들의 길은 망하리로다

2 어찌하여 이방 나라들이 분노하
며 민족들이 헛된 일을 꾸미는가
2 세상의 군왕들이 나서며 관원들이
서로 꾀하여 야훼와 그의 기름 부
음 받은 자를 대적하며
3 우리가 그들의 맨 것을 끊고 그의
결박을 벗어 버리자 하는도다
4 하늘에 계신 이가 웃으심이여 주께
서 그들을 비웃으시리로다
5 그 때에 분을 발하며 진노하사 그
들을 놀라게 하여 이르시기를
6 내가 나의 왕을 내 거룩한 산 시온
에 세웠다 하시리로다
7 내가 야훼의 명령을 전하노라 야훼
께서 내게 이르시되 너는 내 아들
이라 오늘 내가 너를 낳았도다
8 내게 구하라 내가 이방 나라를 네
유업으로 주리니 네 소유가 땅 끝
까지 이르리로다
9 네가 철장으로 그들을 깨뜨림이여
질그릇 같이 부수리라 하시도다
10 그런즉 군왕들아 너희는 지혜를 얻
으며 세상의 재판관들아 너희는 교
훈을 받을지어다
11 야훼를 경외함으로 섬기고 떨며 즐
거워할지어다
12 그의 아들에게 입맞추라 그렇지 아
니하면 진노하심으로 너희가 길에
서 망하리니 그의 진노가 급하심이
라 야훼께 피하는 모든 사람은 다
복이 있도다

3 야훼여 나의 대적이 어찌 그리 많
은지요 일어나 나를 치는 자가 많
으니이다
2 많은 사람이 나를 대적하여 말하기
를 그는 하나님께 구원을 받지 못
한다 하나이다 (셀라)
3 야훼여 주는 나의 방패시요 나의
영광이시요 나의 머리를 드시는 자

기록일 : . . .

이시니이다
4 내가 나의 목소리로 야훼께 부르짖
으니 그의 성산에서 응답하시는도
다 (셀라)
5 내가 누워 자고 깨었으니 야훼께서
나를 붙드심이로다
6 천만인이 나를 에워싸 진 친다 하여
도 나는 두려워하지 아니하리이다
7 야훼여 일어나소서 나의 하나님이
여 나를 구원하소서 주께서 나의
모든 원수의 뺨을 치시며 악인의
이를 꺾으셨나이다
8 구원은 야훼께 있사오니 주의 복을
주의 백성에게 내리소서 (셀라)

4 내 의의 하나님이여 내가 부를 때
에 응답하소서 곤란 중에 나를 너
그럽게 하셨사오니 내게 은혜를 베
푸사 나의 기도를 들으소서
2 인생들아 어느 때까지 나의 영광을
바꾸어 욕되게 하며 헛된 일을 좋
아하고 거짓을 구하려는가 (셀라)
3 야훼께서 자기를 위하여 경건한 자
를 택하신 줄 너희가 알지어다 내
가 그를 부를 때에 야훼께서 들으
시리로다
4 너희는 떨며 범죄하지 말지어다 자
리에 누워 심중에 말하고 잠잠할지
어다 (셀라)
5 의의 제사를 드리고 야훼를 의지할
지어다
6 여러 사람의 말이 우리에게 선을
보일 자 누구뇨 하오니 야훼여 주
의 얼굴을 들어 우리에게 비추소서
7 주께서 내 마음에 두신 기쁨은 그
들의 곡식과 새 포도주가 풍성할
때보다 더하니이다
8 내가 평안히 눕고 자기도 하리니
나를 안전히 살게 하시는 이는 오
직 야훼이시니이다

5 야훼여 나의 말에 귀를 기울이사
나의 심정을 헤아려 주소서
2 나의 왕, 나의 하나님이여 내가 부
르짖는 소리를 들으소서 내가 주께
기도하나이다
3 야훼여 아침에 주께서 나의 소리를
들으시리니 아침에 내가 주께 기도
하고 바라리이다
4 주는 죄악을 기뻐하는 신이 아니시
니 악이 주와 함께 머물지 못하며
5 오만한 자들이 주의 목전에 서지
못하리이다 주는 모든 행악자를 미
워하시며
6 거짓말하는 자들을 멸망시키시리이
다 야훼께서는 피 흘리기를 즐기는
자와 속이는 자를 싫어하시나이다
7 오직 나는 주의 풍성한 사랑을 힘입
어 주의 집에 들어가 주를 경외함으
로 성전을 향하여 예배하리이다
8 야훼여 나의 원수들로 말미암아 주
의 의로 나를 인도하시고 주의 길

기록일 : . . .

을 내 목전에 곧게 하소서
9 그들의 입에 신실함이 없고 그들의
심중이 심히 악하며 그들의 목구멍
은 열린 무덤 같고 그들의 혀로는
아첨하나이다
10 하나님이여 그들을 정죄하사 자기
꾀에 빠지게 하시고 그 많은 허물
로 말미암아 그들을 쫓아내소서 그
들이 주를 배역함이니이다
11 그러나 주께 피하는 모든 사람은
다 기뻐하며 주의 보호로 말미암아
영원히 기뻐 외치고 주의 이름을
사랑하는 자들은 주를 즐거워하리
이다
12 야훼여 주는 의인에게 복을 주시고
방패와 같은 은혜로 그를 호위하시
리이다

6 야훼여 주의 분노로 나를 책망하
지 마시오며 주의 진노로 나를 징
계하지 마옵소서
2 야훼여 내가 수척하였사오니 내게
은혜를 베푸소서 야훼여 나의 뼈가
떨리오니 나를 고치소서
3 나의 영혼도 매우 떨리나이다 야훼
여 어느 때까지니이까
4 야훼여 돌아와 나의 영혼을 건지시
며 주의 사랑으로 나를 구원하소서
5 사망 중에서는 주를 기억하는 일이
없사오니 스올에서 주께 감사할 자
누구리이까
6 내가 탄식함으로 피곤하여 밤마다
눈물로 내 침상을 띄우며 내 요를
적시나이다
7 내 눈이 근심으로 말미암아 쇠하며
내 모든 대적으로 말미암아 어두워
졌나이다
8 악을 행하는 너희는 다 나를 떠나
라 야훼께서 내 울음 소리를 들으
셨도다
9 야훼께서 내 간구를 들으셨음이여
야훼께서 내 기도를 받으시리로다
10 내 모든 원수들이 부끄러움을 당
하고 심히 떪이여 갑자기 부끄러워
물러가리로다

7 야훼 내 하나님이여 내가 주께 피
하오니 나를 쫓아오는 모든 자들에
게서 나를 구원하여 내소서
2 건져낼 자가 없으면 그들이 사자
같이 나를 찢고 뜯을까 하나이다
3 야훼 내 하나님이여 내가 이런 일을
행하였거나 내 손에 죄악이 있거나
4 화친한 자를 악으로 갚았거나 내
대적에게서 까닭 없이 빼앗았거든
5 원수가 나의 영혼을 쫓아 잡아 내
생명을 땅에 짓밟게 하고 내 영광
을 먼지 속에 살게 하소서 (셀라)
6 야훼여 진노로 일어나사 내 대적들
의 노를 막으시며 나를 위하여 깨소
서 주께서 심판을 명령하셨나이다
7 민족들의 모임이 주를 두르게 하시

기록일 : . . .

고 그 위 높은 자리에 돌아오소서
8 야훼께서 만민에게 심판을 행하시
오니 야훼여 나의 의와 나의 성실
함을 따라 나를 심판하소서
9 악인의 악을 끊고 의인을 세우소서
의로우신 하나님이 사람의 마음과
양심을 감찰하시나이다
10 나의 방패는 마음이 정직한 자를
구원하시는 하나님께 있도다
11 하나님은 의로우신 재판장이심이여
매일 분노하시는 하나님이시로다
12 사람이 회개하지 아니하면 그가 그
의 칼을 가심이여 그의 활을 이미
당기어 예비하셨도다
13 죽일 도구를 또한 예비하심이여 그
가 만든 화살은 불화살들이로다
14 악인이 죄악을 낳음이여 재앙을 배
어 거짓을 낳았도다
15 그가 웅덩이를 파 만듦이여 제가
만든 함정에 빠졌도다
16 그의 재앙은 자기 머리로 돌아가고
그의 포악은 자기 정수리에 내리리
로다
17 내가 야훼께 그의 의를 따라 감사
함이여 지존하신 야훼의 이름을 찬
양하리로다

8 야훼 우리 주여 주의 이름이 온
땅에 어찌 그리 아름다운지요 주의
영광이 하늘을 덮었나이다
2 주의 대적으로 말미암아 어린 아이
들과 젖먹이들의 입으로 권능을 세
우심이여 이는 원수들과 보복자들
을 잠잠하게 하려 하심이니이다
3 주의 손가락으로 만드신 주의 하늘
과 주께서 베풀어 두신 달과 별들
을 내가 보오니
4 사람이 무엇이기에 주께서 그를 생
각하시며 인자가 무엇이기에 주께
서 그를 돌보시나이까
5 그를 하나님보다 조금 못하게 하
시고 영화와 존귀로 관을 씌우셨
나이다
6 주의 손으로 만드신 것을 다스리게
하시고 만물을 그의 발 아래 두셨
으니
7 곧 모든 소와 양과 들짐승이며
8 공중의 새와 바다의 물고기와 바닷
길에 다니는 것이니이다
9 야훼 우리 주여 주의 이름이 온 땅
에 어찌 그리 아름다운지요

9 내가 전심으로 야훼께 감사하오
며 주의 모든 기이한 일들을 전하
리이다
2 내가 주를 기뻐하고 즐거워하며 지
존하신 주의 이름을 찬송하리니
3 내 원수들이 물러갈 때에 주 앞에
서 넘어져 망함이니이다
4 주께서 나의 의와 송사를 변호하셨
으며 보좌에 앉으사 의롭게 심판하
셨나이다

기록일 : . . .

5 이방 나라들을 책망하시고 악인을
멸하시며 그들의 이름을 영원히 지
우셨나이다
6 원수가 끊어져 영원히 멸망하였사
오니 주께서 무너뜨린 성읍들을 기
억할 수 없나이다
7 야훼께서 영원히 앉으심이여 심판
을 위하여 보좌를 준비하셨도다
8 공의로 세계를 심판하심이여 정직으
로 만민에게 판결을 내리시리로다
9 야훼는 압제를 당하는 자의 요새이
시요 환난 때의 요새이시로다
10 야훼여 주의 이름을 아는 자는 주
를 의지하오리니 이는 주를 찾는
자들을 버리지 아니하심이니이다
11 너희는 시온에 계신 야훼를 찬송하
며 그의 행사를 백성 중에 선포할
지어다
12 피 흘림을 심문하시는 이가 그들을
기억하심이여 가난한 자의 부르짖
음을 잊지 아니하시도다
13 야훼여 내게 은혜를 베푸소서 나를
사망의 문에서 일으키시는 주여 나
를 미워하는 자에게서 받는 나의
고통을 보소서
14 그리하시면 내가 주의 찬송을 다
전할 것이요 딸 시온의 문에서 주
의 구원을 기뻐하리이다
15 이방 나라들은 자기가 판 웅덩이에
빠짐이여 자기가 숨긴 그물에 자기
발이 걸렸도다
16 야훼께서 자기를 알게 하사 심판을
행하셨음이여 악인은 자기가 손으
로 행한 일에 스스로 얽혔도다 (힉
가욘, 셀라)
17 악인들이 스올로 돌아감이여 하나
님을 잊어버린 모든 이방 나라들이
그리하리로다
18 궁핍한 자가 항상 잊어버림을 당하
지 아니함이여 가난한 자들이 영원
히 실망하지 아니하리로다
19 야훼여 일어나사 인생으로 승리를
얻지 못하게 하시며 이방 나라들이
주 앞에서 심판을 받게 하소서
20 야훼여 그들을 두렵게 하시며 이방
나라들이 자기는 인생일 뿐인 줄
알게 하소서 (셀라)

10

야훼여 어찌하여 멀리 서시며 어
찌하여 환난 때에 숨으시나이까
2 악한 자가 교만하여 가련한 자를
심히 압박하오니 그들이 자기가 베
푼 꾀에 빠지게 하소서
3 악인은 그의 마음의 욕심을 자랑하
며 탐욕을 부리는 자는 야훼를 배
반하여 멸시하나이다
4 악인은 그의 교만한 얼굴로 말하기
를 야훼께서 이를 감찰하지 아니하
신다 하며 그의 모든 사상에 하나
님이 없다 하나이다
5 그의 길은 언제든지 견고하고 주의

심판은 높아서 그에게 미치지 못하
오니 그는 그의 모든 대적들을 멸
시하며
6 그의 마음에 이르기를 나는 흔들리
지 아니하며 대대로 환난을 당하지
아니하리라 하나이다
7 그의 입에는 저주와 거짓과 포악이
충만하며 그의 혀 밑에는 잔해와
죄악이 있나이다
8 그가 마을 구석진 곳에 앉으며 그
은밀한 곳에서 무죄한 자를 죽이며
그의 눈은 가련한 자를 엿보나이다
9 사자가 자기의 굴에 엎드림 같이
그가 은밀한 곳에 엎드려 가련한
자를 잡으려고 기다리며 자기 그물
을 끌어당겨 가련한 자를 잡나이다
10 그가 구푸려 엎드리니 그의 포악으
로 말미암아 가련한 자들이 넘어지
나이다
11 그가 그의 마음에 이르기를 하나님
이 잊으셨고 그의 얼굴을 가리셨으
니 영원히 보지 아니하시리라 하나
이다
12 야훼여 일어나옵소서 하나님이여
손을 드옵소서 가난한 자들을 잊지
마옵소서
13 어찌하여 악인이 하나님을 멸시하
여 그의 마음에 이르기를 주는 감
찰하지 아니하리라 하나이까
14 주께서는 보셨나이다 주는 재앙과
원한을 감찰하시고 주의 손으로 갚
으려 하시오니 외로운 자가 주를
의지하나이다 주는 벌써부터 고아
를 도우시는 이시니이다
15 악인의 팔을 꺾으소서 악한 자의
악을 더 이상 찾아낼 수 없을 때까
지 찾으소서
16 야훼께서는 영원무궁하도록 왕이시
니 이방 나라들이 주의 땅에서 멸
망하였나이다
17 야훼여 주는 겸손한 자의 소원을
들으셨사오니 그들의 마음을 준비
하시며 귀를 기울여 들으시고
18 고아와 압제 당하는 자를 위하여
심판하사 세상에 속한 자가 다시는
위협하지 못하게 하시리이다

11

내가 야훼께 피하였거늘 너희가
내 영혼에게 새 같이 네 산으로 도
망하라 함은 어찌함인가
2 악인이 활을 당기고 화살을 시위에
먹임이여 마음이 바른 자를 어두운
데서 쏘려 하는도다
3 터가 무너지면 의인이 무엇을 하랴
4 야훼께서는 그의 성전에 계시고 야
훼의 보좌는 하늘에 있음이여 그의
눈이 인생을 통촉하시고 그의 안목
이 그들을 감찰하시도다
5 야훼는 의인을 감찰하시고 악인과
폭력을 좋아하는 자를 마음에 미워
하시도다

기록일 : . . .

6 악인에게 그물을 던지시리니 불과
유황과 태우는 바람이 그들의 잔의
소득이 되리로다
7 야훼는 의로우사 의로운 일을 좋아
하시나니 정직한 자는 그의 얼굴을
뵈오리로다
12 야훼여 도우소서 경건한 자가 끊
어지며 충실한 자들이 인생 중에 없
어지나이다
2 그들이 이웃에게 각기 거짓을 말함
이여 아첨하는 입술과 두 마음으로
말하는도다
3 야훼께서 모든 아첨하는 입술과 자
랑하는 혀를 끊으시리니
4 그들이 말하기를 우리의 혀가 이기
리라 우리 입술은 우리 것이니 우리
를 주관할 자 누구리요 함이로다
5 야훼의 말씀에 가련한 자들의 눌
림과 궁핍한 자들의 탄식으로 말
미암아 내가 이제 일어나 그를 그
가 원하는 안전한 지대에 두리라
하시도다
6 야훼의 말씀은 순결함이여 흙 도가
니에 일곱 번 단련한 은 같도다
7 야훼여 그들을 지키사 이 세대로부
터 영원까지 보존하시리이다
8 비열함이 인생 중에 높임을 받는 때
에 악인들이 곳곳에서 날뛰는도다
13 야훼여 어느 때까지니이까 나를 영
원히 잊으시나이까 주의 얼굴을 나
에게서 어느 때까지 숨기시겠나이까
2 나의 영혼이 번민하고 종일토록 마
음에 근심하기를 어느 때까지 하오
며 내 원수가 나를 치며 자랑하기
를 어느 때까지 하리이까
3 야훼 내 하나님이여 나를 생각하사
응답하시고 나의 눈을 밝히소서 두
렵건대 내가 사망의 잠을 잘까 하
오며
4 두렵건대 나의 원수가 이르기를 내
가 그를 이겼다 할까 하오며 내가
흔들릴 때에 나의 대적들이 기뻐할
까 하나이다
5 나는 오직 주의 사랑을 의지하였사
오니 나의 마음은 주의 구원을 기
뻐하리이다
6 내가 야훼를 찬송하리니 이는 주께
서 내게 은덕을 베푸심이로다
14 어리석은 자는 그의 마음에 이르
기를 하나님이 없다 하는도다 그들
은 부패하고 그 행실이 가증하니
선을 행하는 자가 없도다
2 야훼께서 하늘에서 인생을 굽어살
피사 지각이 있어 하나님을 찾는 자
가 있는가 보려 하신즉
3 다 치우쳐 함께 더러운 자가 되고
선을 행하는 자가 없으니 하나도
없도다
4 죄악을 행하는 자는 다 무지하냐
그들이 떡 먹듯이 내 백성을 먹으

면서 야훼를 부르지 아니하는도다
5 그러나 거기서 그들은 두려워하고
두려워하였으니 하나님이 의인의
세대에 계심이로다
6 너희가 가난한 자의 계획을 부끄럽
게 하나 오직 야훼는 그의 피난처
가 되시도다
7 이스라엘의 구원이 시온에서 나오
기를 원하도다 야훼께서 그의 백
성을 포로된 곳에서 돌이키실 때에
야곱이 즐거워하고 이스라엘이 기
뻐하리로다

15 야훼여 주의 장막에 머무를 자 누
구오며 주의 성산에 사는 자 누구
오니이까
2 정직하게 행하며 공의를 실천하며
그의 마음에 진실을 말하며
3 그의 혀로 남을 허물하지 아니하
고 그의 이웃에게 악을 행하지 아
니하며 그의 이웃을 비방하지 아니
하며
4 그의 눈은 망령된 자를 멸시하며
야훼를 두려워하는 자들을 존대하
며 그의 마음에 서원한 것은 해로
울지라도 변하지 아니하며
5 이자를 받으려고 돈을 꾸어 주지
아니하며 뇌물을 받고 무죄한 자를
해하지 아니하는 자이니 이런 일을
행하는 자는 영원히 흔들리지 아니
하리이다

16 하나님이여 나를 지켜 주소서 내
가 주께 피하나이다
2 내가 야훼께 아뢰되 주는 나의 주
님이시오니 주 밖에는 나의 복이 없
다 하였나이다
3 땅에 있는 성도들은 존귀한 자들
이니 나의 모든 즐거움이 그들에게
있도다
4 다른 신에게 예물을 드리는 자는
괴로움이 더할 것이라 나는 그들이
드리는 피의 전제를 드리지 아니하
며 내 입술로 그 이름도 부르지 아
니하리로다
5 야훼는 나의 산업과 나의 잔의 소
득이시니 나의 분깃을 지키시나이다
6 내게 줄로 재어 준 구역은 아름다
운 곳에 있음이여 나의 기업이 실로
아름답도다
7 나를 훈계하신 야훼를 송축할지라
밤마다 내 양심이 나를 교훈하도다
8 내가 야훼를 항상 내 앞에 모심이
여 그가 나의 오른쪽에 계시므로
내가 흔들리지 아니하리로다
9 이러므로 나의 마음이 기쁘고 나의
영도 즐거워하며 내 육체도 안전히
살리니
10 이는 주께서 내 영혼을 스올에 버
리지 아니하시며 주의 거룩한 자를
멸망시키지 않으실 것임이니이다
11 주께서 생명의 길을 내게 보이시리

기록일 : . . .

니 주의 앞에는 충만한 기쁨이 있
고 주의 오른쪽에는 영원한 즐거움
이 있나이다

17

야훼여 의의 호소를 들으소서 나
의 울부짖음에 주의하소서 거짓 되
지 아니한 입술에서 나오는 나의
기도에 귀를 기울이소서
2 주께서 나를 판단하시며 주의 눈으
로 공평함을 살피소서
3 주께서 내 마음을 시험하시고 밤에
내게 오시어서 나를 감찰하셨으나
흠을 찾지 못하셨사오니 내가 결심
하고 입으로 범죄하지 아니하리이다
4 사람의 행사로 논하면 나는 주의
입술의 말씀을 따라 스스로 삼가서
포악한 자의 길을 가지 아니하였사
오며
5 나의 걸음이 주의 길을 굳게 지키
고 실족하지 아니하였나이다
6 하나님이여 내게 응답하시겠으므로
내가 불렀사오니 내게 귀를 기울여
내 말을 들으소서
7 주께 피하는 자들을 그 일어나 치
는 자들에게서 오른손으로 구원하
시는 주여 주의 기이한 사랑을 나
타내소서
8 나를 눈동자 같이 지키시고 주의
날개 그늘 아래에 감추사
9 내 앞에서 나를 압제하는 악인들과
나의 목숨을 노리는 원수들에게서
벗어나게 하소서
10 그들의 마음은 기름에 잠겼으며 그
들의 입은 교만하게 말하나이다
11 이제 우리가 걸어가는 것을 그들이
에워싸서 노려보고 땅에 넘어뜨리
려 하나이다
12 그는 그 움킨 것을 찢으려 하는 사
자 같으며 은밀한 곳에 엎드린 젊
은 사자 같으니이다
13 야훼여 일어나 그를 대항하여 넘어
뜨리시고 주의 칼로 악인에게서 나
의 영혼을 구원하소서
14 야훼여 이 세상에 살아 있는 동안
그들의 분깃을 받은 사람들에게서
주의 손으로 나를 구하소서 그들은
주의 재물로 배를 채우고 자녀로
만족하고 그들의 남은 산업을 그들
의 어린 아이들에게 물려 주는 자
니이다
15 나는 의로운 중에 주의 얼굴을 뵈
오리니 깰 때에 주의 형상으로 만
족하리이다

18

나의 힘이신 야훼여 내가 주를 사
랑하나이다
2 야훼는 나의 반석이시요 나의 요새
시요 나를 건지시는 이시요 나의 하
나님이시요 내가 그 안에 피할 나의
바위시요 나의 방패시요 나의 구원
의 뿔이시요 나의 산성이시로다
3 내가 찬송 받으실 야훼께 아뢰리니

내 원수들에게서 구원을 얻으리로다
4 사망의 줄이 나를 얽고 불의의 창
수가 나를 두렵게 하였으며
5 스올의 줄이 나를 두르고 사망의
올무가 내게 이르렀도다
6 내가 환난 중에서 야훼께 아뢰며
나의 하나님께 부르짖었더니 그가
그의 성전에서 내 소리를 들으심이
여 그의 앞에서 나의 부르짖음이
그의 귀에 들렸도다
7 이에 땅이 진동하고 산들의 터도
요동하였으니 그의 진노로 말미암
음이로다
8 그의 코에서 연기가 오르고 입에서
불이 나와 사름이여 그 불에 숯이
피었도다
9 그가 또 하늘을 드리우시고 강림
하시니 그의 발 아래는 어두캄캄
하도다
10 그룹을 타고 다니심이여 바람 날개
를 타고 높이 솟아오르셨도다
11 그가 흑암을 그의 숨는 곳으로 삼
으사 장막 같이 자기를 두르게 하
심이여 곧 물의 흑암과 공중의 빽
빽한 구름으로 그리하시도다
12 그 앞에 광채로 말미암아 빽빽한
구름이 지나며 우박과 숯불이 내리
도다
13 야훼께서 하늘에서 우렛소리를 내
시고 지존하신 이가 음성을 내시며
우박과 숯불을 내리시도다
14 그의 화살을 날려 그들을 흩으심
이여 많은 번개로 그들을 깨뜨리셨
도다
15 이럴 때에 야훼의 꾸지람과 콧김으
로 말미암아 물 밑이 드러나고 세
상의 터가 나타났도다
16 그가 높은 곳에서 손을 펴사 나를
붙잡아 주심이여 많은 물에서 나를
건져내셨도다
17 나를 강한 원수와 미워하는 자에게
서 건지셨음이여 그들은 나보다 힘
이 세기 때문이로다
18 그들이 나의 재앙의 날에 내게 이
르렀으나 야훼께서 나의 의지가 되
셨도다
19 나를 넓은 곳으로 인도하시고 나를
기뻐하시므로 나를 구원하셨도다
20 야훼께서 내 의를 따라 상 주시며
내 손의 깨끗함을 따라 내게 갚으
셨으니
21 이는 내가 야훼의 도를 지키고 악
하게 내 하나님을 떠나지 아니하였
으며
22 그의 모든 규례가 내 앞에 있고 내
게서 그의 율례를 버리지 아니하였
음이로다
23 또한 나는 그의 앞에 완전하여 나의
죄악에서 스스로 자신을 지켰나니
24 그러므로 야훼께서 내 의를 따라

기록일 : . . .

갚으시되 그의 목전에서 내 손이
깨끗한 만큼 내게 갚으셨도다
25 자비로운 자에게는 주의 자비로우
심을 나타내시며 완전한 자에게는
주의 완전하심을 보이시며
26 깨끗한 자에게는 주의 깨끗하심을
보이시며 사악한 자에게는 주의 거
스르심을 보이시리니
27 주께서 곤고한 백성은 구원하시고
교만한 눈은 낮추시리이다
28 주께서 나의 등불을 켜심이여 야훼
내 하나님이 내 흑암을 밝히시리
이다
29 내가 주를 의뢰하고 적군을 향해
달리며 내 하나님을 의지하고 담을
뛰어넘나이다
30 하나님의 도는 완전하고 야훼의 말
씀은 순수하니 그는 자기에게 피하
는 모든 자의 방패시로다
31 야훼 외에 누가 하나님이며 우리
하나님 외에 누가 반석이냐
32 이 하나님이 힘으로 내게 띠 띠우
시며 내 길을 완전하게 하시며
33 나의 발을 암사슴 발 같게 하시며
나를 나의 높은 곳에 세우시며
34 내 손을 가르쳐 싸우게 하시니 내
팔이 놋 활을 당기도다
35 또 주께서 주의 구원하는 방패를
내게 주시며 주의 오른손이 나를
붙들고 주의 온유함이 나를 크게
하셨나이다
36 내 걸음을 넓게 하셨고 나를 실족
하지 않게 하셨나이다
37 내가 내 원수를 뒤쫓아가리니 그들
이 망하기 전에는 돌아서지 아니하
리이다
38 내가 그들을 쳐서 능히 일어나지 못
하게 하리니 그들이 내 발 아래에
엎드러지리이다
39 주께서 나를 전쟁하게 하려고 능력
으로 내게 띠 띠우사 일어나 나를
치는 자들이 내게 굴복하게 하셨나
이다
40 또 주께서 내 원수들에게 등을 내게
로 향하게 하시고 나를 미워하는 자
들을 내가 끊어 버리게 하셨나이다
41 그들이 부르짖으나 구원할 자가 없
었고 야훼께 부르짖어도 그들에게
대답하지 아니하셨나이다
42 내가 그들을 바람 앞에 티끌 같이
부서뜨리고 거리의 진흙 같이 쏟아
버렸나이다
43 주께서 나를 백성의 다툼에서 건지
시고 여러 민족의 으뜸으로 삼으셨
으니 내가 알지 못하는 백성이 나
를 섬기리이다
44 그들이 내 소문을 들은 즉시로 내
게 청종함이여 이방인들이 내게 복
종하리로다
45 이방 자손들이 쇠잔하여 그 견고한

기록일 : . . .

곳에서 떨며 나오리로다
46 야훼는 살아 계시니 나의 반석을
찬송하며 내 구원의 하나님을 높일
지로다
47 이 하나님이 나를 위하여 보복해
주시고 민족들이 내게 복종하게 해
주시도다
48 주께서 나를 내 원수들에게서 구조
하시니 주께서 나를 대적하는 자들
의 위에 나를 높이 드시고 나를 포
악한 자에게서 건지시나이다
49 야훼여 이러므로 내가 이방 나라들
중에서 주께 감사하며 주의 이름을
찬송하리이다
50 야훼께서 그 왕에게 큰 구원을 주
시며 기름 부음 받은 자에게 인자
를 베푸심이여 영원토록 다윗과 그
후손에게로다

19 하늘이 하나님의 영광을 선포하
고 궁창이 그의 손으로 하신 일을
나타내는도다
2 날은 날에게 말하고 밤은 밤에게
지식을 전하니
3 언어도 없고 말씀도 없으며 들리는
소리도 없으나
4 그의 소리가 온 땅에 통하고 그의
말씀이 세상 끝까지 이르도다 하
나님이 해를 위하여 하늘에 장막을
베푸셨도다
5 해는 그의 신방에서 나오는 신랑과
같고 그의 길을 달리기 기뻐하는
장사 같아서
6 하늘 이 끝에서 나와서 하늘 저 끝
까지 운행함이여 그의 열기에서 피
할 자가 없도다
7 야훼의 율법은 완전하여 영혼을 소
성시키며 야훼의 증거는 확실하여
우둔한 자를 지혜롭게 하며
8 야훼의 교훈은 정직하여 마음을 기
쁘게 하고 야훼의 계명은 순결하여
눈을 밝게 하시도다
9 야훼를 경외하는 도는 정결하여 영
원까지 이르고 야훼의 법도 진실하
여 다 의로우니
10 금 곧 많은 순금보다 더 사모할 것
이며 꿀과 송이꿀보다 더 달도다
11 또 주의 종이 이것으로 경고를 받
고 이것을 지킴으로 상이 크니이다
12 자기 허물을 능히 깨달을 자 누구
리요 나를 숨은 허물에서 벗어나게
하소서
13 또 주의 종에게 고의로 죄를 짓지
말게 하사 그 죄가 나를 주장하지
못하게 하소서 그리하면 내가 정직
하여 큰 죄과에서 벗어나겠나이다
14 나의 반석이시요 나의 구속자이신
야훼여 내 입의 말과 마음의 묵상이
주님 앞에 열납되기를 원하나이다

20 환난 날에 야훼께서 네게 응답하
시고 야곱의 하나님의 이름이 너를

기록일 : . . .

높이 드시며
2 성소에서 너를 도와 주시고 시온에
서 너를 붙드시며
3 네 모든 소제를 기억하시며 네 번제
를 받아 주시기를 원하노라 (셀라)
4 네 마음의 소원대로 허락하시고 네
모든 계획을 이루어 주시기를 원하
노라
5 우리가 너의 승리로 말미암아 개가
를 부르며 우리 하나님의 이름으
로 우리의 깃발을 세우리니 야훼께
서 네 모든 기도를 이루어 주시기를
원하노라
6 야훼께서 자기에게 기름 부음 받은
자를 구원하시는 줄 이제 내가 아
노니 그의 오른손의 구원하는 힘으
로 그의 거룩한 하늘에서 그에게
응답하시리로다
7 어떤 사람은 병거, 어떤 사람은 말
을 의지하나 우리는 야훼 우리 하
나님의 이름을 자랑하리로다
8 그들은 비틀거리며 엎드러지고 우
리는 일어나 바로 서도다
9 야훼여 왕을 구원하소서 우리가 부
를 때에 우리에게 응답하소서

21

야훼여 왕이 주의 힘으로 말미암
아 기뻐하며 주의 구원으로 말미암
아 크게 즐거워하리이다
2 그의 마음의 소원을 들어 주셨으며
그의 입술의 요구를 거절하지 아니
하셨나이다 (셀라)
3 주의 아름다운 복으로 그를 영접하
시고 순금 관을 그의 머리에 씌우
셨나이다
4 그가 생명을 구하매 주께서 그에게
주셨으니 곧 영원한 장수로소이다
5 주의 구원이 그의 영광을 크게 하
시고 존귀와 위엄을 그에게 입히시
나이다
6 그가 영원토록 지극한 복을 받게
하시며 주 앞에서 기쁘고 즐겁게
하시나이다
7 왕이 야훼를 의지하오니 지존하신
이의 인자함으로 흔들리지 아니하
리이다
8 왕의 손이 왕의 모든 원수들을 찾
아냄이여 왕의 오른손이 왕을 미워
하는 자들을 찾아내리로다
9 왕이 노하실 때에 그들을 풀무불
같게 할 것이라 야훼께서 진노하사
그들을 삼키시리니 불이 그들을 소
멸하리로다
10 왕이 그들의 후손을 땅에서 멸함이
여 그들의 자손을 사람 중에서 끊
으리로다
11 비록 그들이 왕을 해하려 하여 음
모를 꾸몄으나 이루지 못하도다
12 왕이 그들로 돌아서게 함이여 그들
의 얼굴을 향하여 활시위를 당기리
로다

기록일 : . . .

13 야훼여 주의 능력으로 높임을 받으
소서 우리가 주의 권능을 노래하고
찬송하게 하소서

22 내 하나님이여 내 하나님이여 어
찌 나를 버리셨나이까 어찌 나를
멀리 하여 돕지 아니하시오며 내 신
음 소리를 듣지 아니하시나이까
2 내 하나님이여 내가 낮에도 부르짖
고 밤에도 잠잠하지 아니하오나 응
답하지 아니하시나이다
3 이스라엘의 찬송 중에 계시는 주여
주는 거룩하시니이다
4 우리 조상들이 주께 의뢰하고 의뢰
하였으므로 그들을 건지셨나이다
5 그들이 주께 부르짖어 구원을 얻고
주께 의뢰하여 수치를 당하지 아니
하였나이다
6 나는 벌레요 사람이 아니라 사람
의 비방 거리요 백성의 조롱 거리
니이다
7 나를 보는 자는 다 나를 비웃으며
입술을 비쭉거리고 머리를 흔들며
말하되
8 그가 야훼께 의탁하니 구원하실
걸, 그를 기뻐하시니 건지실 걸 하
나이다
9 오직 주께서 나를 모태에서 나오게
하시고 내 어머니의 젖을 먹을 때
에 의지하게 하셨나이다
10 내가 날 때부터 주께 맡긴 바 되었
고 모태에서 나올 때부터 주는 나
의 하나님이 되셨나이다
11 나를 멀리 하지 마옵소서 환난이
가까우나 도울 자 없나이다
12 많은 황소가 나를 에워싸며 바산의
힘센 소들이 나를 둘러쌌으며
13 내게 그 입을 벌림이 찢으며 부르
짖는 사자 같으니이다
14 나는 물 같이 쏟아졌으며 내 모든
뼈는 어그러졌으며 내 마음은 밀랍
같아서 내 속에서 녹았으며
15 내 힘이 말라 질그릇 조각 같고 내
혀가 입천장에 붙었나이다 주께서
또 나를 죽음의 진토 속에 두셨나
이다
16 개들이 나를 에워쌌으며 악한 무리
가 나를 둘러 내 수족을 찔렀나이다
17 내가 내 모든 뼈를 셀 수 있나이다
그들이 나를 주목하여 보고
18 내 겉옷을 나누며 속옷을 제비 뽑
나이다
19 야훼여 멀리 하지 마옵소서 나의 힘
이시여 속히 나를 도우소서
20 내 생명을 칼에서 건지시며 내 유일
한 것을 개의 세력에서 구하소서
21 나를 사자의 입에서 구하소서 주께
서 내게 응답하시고 들소의 뿔에서
구원하셨나이다
22 내가 주의 이름을 형제에게 선포
하고 회중 가운데에서 주를 찬송하

기록일 : . . .

리이다
23 야훼를 두려워하는 너희여 그를 찬
송할지어다 야곱의 모든 자손이여
그에게 영광을 돌릴지어다 너희 이
스라엘 모든 자손이여 그를 경외할
지어다
24 그는 곤고한 자의 곤고를 멸시하거
나 싫어하지 아니하시며 그의 얼굴
을 그에게서 숨기지 아니하시고 그
가 울부짖을 때에 들으셨도다
25 큰 회중 가운데에서 나의 찬송은
주께로부터 온 것이니 주를 경외하
는 자 앞에서 나의 서원을 갚으리
이다
26 겸손한 자는 먹고 배부를 것이며
야훼를 찾는 자는 그를 찬송할 것
이라 너희 마음은 영원히 살지어다
27 땅의 모든 끝이 야훼를 기억하고
돌아오며 모든 나라의 모든 족속이
주의 앞에 예배하리니
28 나라는 야훼의 것이요 야훼는 모든
나라의 주재심이로다
29 세상의 모든 풍성한 자가 먹고 경
배할 것이요 진토 속으로 내려가는
자 곧 자기 영혼을 살리지 못할 자
도 다 그 앞에 절하리로다
30 후손이 그를 섬길 것이요 대대에
주를 전할 것이며
31 와서 그의 공의를 태어날 백성에게
전함이여 주께서 이를 행하셨다 할
것이로다

23

야훼는 나의 목자시니 내게 부족
함이 없으리로다
2 그가 나를 푸른 풀밭에 누이시며
쉴 만한 물 가로 인도하시는도다
3 내 영혼을 소생시키시고 자기 이
름을 위하여 의의 길로 인도하시는
도다
4 내가 사망의 음침한 골짜기로 다닐
지라도 해를 두려워하지 않을 것은
주께서 나와 함께 하심이라 주의
지팡이와 막대기가 나를 안위하시
나이다
5 주께서 내 원수의 목전에서 내게
상을 차려 주시고 기름을 내 머리
에 부으셨으니 내 잔이 넘치나이다
6 내 평생에 선하심과 인자하심이 반
드시 나를 따르리니 내가 야훼의
집에 영원히 살리로다

24

땅과 거기에 충만한 것과 세계와
그 가운데에 사는 자들은 다 야훼
의 것이로다
2 야훼께서 그 터를 바다 위에 세우
심이여 강들 위에 건설하셨도다
3 야훼의 산에 오를 자가 누구며 그
의 거룩한 곳에 설 자가 누구인가
4 곧 손이 깨끗하며 마음이 청결하며
뜻을 허탄한 데에 두지 아니하며
거짓 맹세하지 아니하는 자로다
5 그는 야훼께 복을 받고 구원의 하

나님께 의를 얻으리니
6 이는 야훼를 찾는 족속이요 야곱
의 하나님의 얼굴을 구하는 자로다
(셀라)
7 문들아 너희 머리를 들지어다 영원
한 문들아 들릴지어다 영광의 왕이
들어가시리로다
8 영광의 왕이 누구시냐 강하고 능한
야훼시요 전쟁에 능한 야훼시로다
9 문들아 너희 머리를 들지어다 영원
한 문들아 들릴지어다 영광의 왕이
들어가시리로다
10 영광의 왕이 누구시냐 만군의 야훼
께서 곧 영광의 왕이시로다 (셀라)

25 야훼여 나의 영혼이 주를 우러러
보나이다
2 나의 하나님이여 내가 주께 의지하
였사오니 나를 부끄럽지 않게 하시
고 나의 원수들이 나를 이겨 개가
를 부르지 못하게 하소서
3 주를 바라는 자들은 수치를 당하지
아니하려니와 까닭 없이 속이는 자
들은 수치를 당하리이다
4 야훼여 주의 도를 내게 보이시고
주의 길을 내게 가르치소서
5 주의 진리로 나를 지도하시고 교훈
하소서 주는 내 구원의 하나님이시
니 내가 종일 주를 기다리나이다
6 야훼여 주의 긍휼하심과 인자하심
이 영원부터 있었사오니 주여 이것
들을 기억하옵소서
7 야훼여 내 젊은 시절의 죄와 허물
을 기억하지 마시고 주의 인자하심
을 따라 주께서 나를 기억하시되
주의 선하심으로 하옵소서
8 야훼는 선하시고 정직하시니 그러
므로 그의 도로 죄인들을 교훈하시
리로다
9 온유한 자를 정의로 지도하심이여
온유한 자에게 그의 도를 가르치시
리로다
10 야훼의 모든 길은 그의 언약과 증거
를 지키는 자에게 인자와 진리로다
11 야훼여 나의 죄악이 크오니 주의
이름으로 말미암아 사하소서
12 야훼를 경외하는 자 누구냐 그가
택할 길을 그에게 가르치시리로다
13 그의 영혼은 평안히 살고 그의 자
손은 땅을 상속하리로다
14 야훼의 친밀하심이 그를 경외하는
자들에게 있음이여 그의 언약을 그
들에게 보이시리로다
15 내 눈이 항상 야훼를 바라봄은 내
발을 그물에서 벗어나게 하실 것임
이로다
16 주여 나는 외롭고 괴로우니 내게
돌이키사 나에게 은혜를 베푸소서
17 내 마음의 근심이 많사오니 나를
고난에서 끌어내소서
18 나의 곤고와 환난을 보시고 내 모

기록일 : . . .

든 죄를 사하소서
19 내 원수를 보소서 그들의 수가 많
고 나를 심히 미워하나이다
20 내 영혼을 지켜 나를 구원하소서
내가 주께 피하오니 수치를 당하지
않게 하소서
21 내가 주를 바라오니 성실과 정직으
로 나를 보호하소서
22 하나님이여 이스라엘을 그 모든 환
난에서 속량하소서

26 내가 나의 완전함에 행하였사오며
흔들리지 아니하고 야훼를 의지하
였사오니 야훼여 나를 판단하소서
2 야훼여 나를 살피시고 시험하사 내
뜻과 내 양심을 단련하소서
3 주의 인자하심이 내 목전에 있나이
다 내가 주의 진리 중에 행하여
4 허망한 사람과 같이 앉지 아니하였
사오니 간사한 자와 동행하지도 아
니하리이다
5 내가 행악자의 집회를 미워하오니
악한 자와 같이 앉지 아니하리이다
6 야훼여 내가 무죄하므로 손을 씻고
주의 제단에 두루 다니며
7 감사의 소리를 들려 주고 주의 기
이한 모든 일을 말하리이다
8 야훼여 내가 주께서 계신 집과 주
의 영광이 머무는 곳을 사랑하오니
9 내 영혼을 죄인과 함께, 내 생명을
살인자와 함께 거두지 마소서
10 그들의 손에 사악함이 있고 그들의
오른손에 뇌물이 가득하오나
11 나는 나의 완전함에 행하오리니
나를 속량하시고 내게 은혜를 베푸
소서
12 내 발이 평탄한 데에 섰사오니 무리
가운데에서 야훼를 송축하리이다

27 야훼는 나의 빛이요 나의 구원이
시니 내가 누구를 두려워하리요 야
훼는 내 생명의 능력이시니 내가
누구를 무서워하리요
2 악인들이 내 살을 먹으려고 내게로
왔으나 나의 대적들, 나의 원수들
인 그들은 실족하여 넘어졌도다
3 군대가 나를 대적하여 진 칠지라도
내 마음이 두렵지 아니하며 전쟁이
일어나 나를 치려 할지라도 나는 여
전히 태연하리로다
4 내가 야훼께 바라는 한 가지 일 그
것을 구하리니 곧 내가 내 평생에
야훼의 집에 살면서 야훼의 아름다
움을 바라보며 그의 성전에서 사모
하는 그것이라
5 야훼께서 환난 날에 나를 그의 초
막 속에 비밀히 지키시고 그의 장막
은밀한 곳에 나를 숨기시며 높은
바위 위에 두시리로다
6 이제 내 머리가 나를 둘러싼 내 원
수 위에 들리리니 내가 그의 장막
에서 즐거운 제사를 드리겠고 노래

기록일 : . . .

하며 야훼를 찬송하리로다
7 야훼여 내가 소리 내어 부르짖을
때에 들으시고 또한 나를 긍휼히
여기사 응답하소서
8 너희는 내 얼굴을 찾으라 하실 때
에 내가 마음으로 주께 말하되 야
훼여 내가 주의 얼굴을 찾으리이다
하였나이다
9 주의 얼굴을 내게서 숨기지 마시고
주의 종을 노하여 버리지 마소서
주는 나의 도움이 되셨나이다 나의
구원의 하나님이시여 나를 버리지
마시고 떠나지 마소서
10 내 부모는 나를 버렸으나 야훼는
나를 영접하시리이다
11 야훼여 주의 도를 내게 가르치시고
내 원수를 생각하셔서 평탄한 길로
나를 인도하소서
12 내 생명을 내 대적에게 맡기지 마
소서 위증자와 악을 토하는 자가
일어나 나를 치려 함이니이다
13 내가 산 자들의 땅에서 야훼의 선하
심을 보게 될 줄 확실히 믿었도다
14 너는 야훼를 기다릴지어다 강하고
담대하며 야훼를 기다릴지어다

28

야훼여 내가 주께 부르짖으오니
나의 반석이여 내게 귀를 막지 마
소서 주께서 내게 잠잠하시면 내가
무덤에 내려가는 자와 같을까 하나
이다
2 내가 주의 지성소를 향하여 나의
손을 들고 주께 부르짖을 때에 나
의 간구하는 소리를 들으소서
3 악인과 악을 행하는 자들과 함께
나를 끌어내지 마옵소서 그들은 그
이웃에게 화평을 말하나 그들의 마
음에는 악독이 있나이다
4 그들이 하는 일과 그들의 행위가
악한 대로 갚으시며 그들의 손이
지은 대로 그들에게 갚아 그 마땅
히 받을 것으로 그들에게 갚으소서
5 그들은 야훼께서 행하신 일과 손으
로 지으신 것을 생각하지 아니하므
로 야훼께서 그들을 파괴하고 건설
하지 아니하시리로다
6 야훼를 찬송함이여 내 간구하는 소
리를 들으심이로다
7 야훼는 나의 힘과 나의 방패이시니
내 마음이 그를 의지하여 도움을
얻었도다 그러므로 내 마음이 크게
기뻐하며 내 노래로 그를 찬송하리
로다
8 야훼는 그들의 힘이시요 그의 기름
부음 받은 자의 구원의 요새이시
로다
9 주의 백성을 구원하시며 주의 산업
에 복을 주시고 또 그들의 목자가
되시어 영원토록 그들을 인도하소서

29

너희 권능 있는 자들아 영광과 능
력을 야훼께 돌리고 돌릴지어다

기록일 : . . .

2 야훼께 그의 이름에 합당한 영광을
돌리며 거룩한 옷을 입고 야훼께
예배할지어다
3 야훼의 소리가 물 위에 있도다 영
광의 하나님이 우렛소리를 내시니
야훼는 많은 물 위에 계시도다
4 야훼의 소리가 힘 있음이여 야훼의
소리가 위엄차도다
5 야훼의 소리가 백향목을 꺾으심이
여 야훼께서 레바논 백향목을 꺾어
부수시도다
6 그 나무를 송아지 같이 뛰게 하심
이여 레바논과 시룐으로 들송아지
같이 뛰게 하시도다
7 야훼의 소리가 화염을 가르시도다
8 야훼의 소리가 광야를 진동하심이
여 야훼께서 가데스 광야를 진동시
키시도다
9 야훼의 소리가 암사슴을 낙태하게
하시고 삼림을 말갛게 벗기시니 그
의 성전에서 그의 모든 것들이 말
하기를 영광이라 하도다
10 야훼께서 홍수 때에 좌정하셨음이
여 야훼께서 영원하도록 왕으로 좌
정하시도다
11 야훼께서 자기 백성에게 힘을 주심
이여 야훼께서 자기 백성에게 평강
의 복을 주시리로다

30 야훼여 내가 주를 높일 것은 주께
서 나를 끌어내사 내 원수로 하여
금 나로 말미암아 기뻐하지 못하게
하심이니이다
2 야훼 내 하나님이여 내가 주께 부
르짖으매 나를 고치셨나이다
3 야훼여 주께서 내 영혼을 스올에서
끌어내어 나를 살리사 무덤으로 내
려가지 아니하게 하셨나이다
4 주의 성도들아 야훼를 찬송하며 그
의 거룩함을 기억하며 감사하라
5 그의 노염은 잠깐이요 그의 은총은
평생이로다 저녁에는 울음이 깃들일
지라도 아침에는 기쁨이 오리로다
6 내가 형통할 때에 말하기를 영원히
흔들리지 아니하리라 하였도다
7 야훼여 주의 은혜로 나를 산 같이
굳게 세우셨더니 주의 얼굴을 가리
시매 내가 근심하였나이다
8 야훼여 내가 주께 부르짖고 야훼께
간구하기를
9 내가 무덤에 내려갈 때에 나의 피
가 무슨 유익이 있으리요 진토가 어
떻게 주를 찬송하며 주의 진리를
선포하리이까
10 야훼여 들으시고 내게 은혜를 베푸
소서 야훼여 나를 돕는 자가 되소
서 하였나이다
11 주께서 나의 슬픔이 변하여 내게
춤이 되게 하시며 나의 베옷을 벗
기고 기쁨으로 띠 띠우셨나이다
12 이는 잠잠하지 아니하고 내 영광으

로 주를 찬송하게 하심이니 야훼
나의 하나님이여 내가 주께 영원히
감사하리이다

31 야훼여 내가 주께 피하오니 나를
영원히 부끄럽게 하지 마시고 주의
공의로 나를 건지소서
2 내게 귀를 기울여 속히 건지시고 내
게 견고한 바위와 구원하는 산성이
되소서
3 주는 나의 반석과 산성이시니 그러
므로 주의 이름을 생각하셔서 나를
인도하시고 지도하소서
4 그들이 나를 위하여 비밀히 친 그물
에서 빼내소서 주는 나의 산성이시
니이다
5 내가 나의 영을 주의 손에 부탁하
나이다 진리의 하나님 야훼여 나를
속량하셨나이다
6 내가 허탄한 거짓을 숭상하는 자들
을 미워하고 야훼를 의지하나이다
7 내가 주의 인자하심을 기뻐하며 즐
거워할 것은 주께서 나의 고난을
보시고 환난 중에 있는 내 영혼을
아셨으며
8 나를 원수의 수중에 가두지 아니하
셨고 내 발을 넓은 곳에 세우셨음
이니이다
9 야훼여 내가 고통 중에 있사오니
내게 은혜를 베푸소서 내가 근심
때문에 눈과 영혼과 몸이 쇠하였나
이다
10 내 일생을 슬픔으로 보내며 나의
연수를 탄식으로 보냄이여 내 기력
이 나의 죄악 때문에 약하여지며
나의 뼈가 쇠하도소이다
11 내가 모든 대적들 때문에 욕을 당
하고 내 이웃에게서는 심히 당하니
내 친구가 놀라고 길에서 보는 자
가 나를 피하였나이다
12 내가 잊어버린 바 됨이 죽은 자를
마음에 두지 아니함 같고 깨진 그
릇과 같으니이다
13 내가 무리의 비방을 들었으므로 사
방이 두려움으로 감싸였나이다 그
들이 나를 치려고 함께 의논할 때에
내 생명을 빼앗기로 꾀하였나이다
14 야훼여 그러하여도 나는 주께 의지
하고 말하기를 주는 내 하나님이시
라 하였나이다
15 나의 앞날이 주의 손에 있사오니
내 원수들과 나를 핍박하는 자들의
손에서 나를 건져 주소서
16 주의 얼굴을 주의 종에게 비추시고
주의 사랑하심으로 나를 구원하소서
17 야훼여 내가 주를 불렀사오니 나를
부끄럽게 하지 마시고 악인들을 부
끄럽게 하사 스올에서 잠잠하게 하
소서
18 교만하고 완악한 말로 무례히 의인
을 치는 거짓 입술이 말 못하는 자

기록일 : . . .

되게 하소서
19 주를 두려워하는 자를 위하여 쌓아
두신 은혜 곧 주께 피하는 자를 위
하여 인생 앞에 베푸신 은혜가 어
찌 그리 큰지요
20 주께서 그들을 주의 은밀한 곳에
숨기사 사람의 꾀에서 벗어나게 하
시고 비밀히 장막에 감추사 말 다
툼에서 면하게 하시리이다
21 야훼를 찬송할지어다 견고한 성에
서 그의 놀라운 사랑을 내게 보이
셨음이로다
22 내가 놀라서 말하기를 주의 목전에
서 끊어졌다 하였사오나 내가 주께
부르짖을 때에 주께서 나의 간구하
는 소리를 들으셨나이다
23 너희 모든 성도들아 야훼를 사랑하
라 야훼께서 진실한 자를 보호하시
고 교만하게 행하는 자에게 엄중히
갚으시느니라
24 야훼를 바라는 너희들아 강하고 담
대하라

32 허물의 사함을 받고 자신의 죄가
가려진 자는 복이 있도다
2 마음에 간사함이 없고 야훼께 정죄
를 당하지 아니하는 자는 복이 있
도다
3 내가 입을 열지 아니할 때에 종일
신음하므로 내 뼈가 쇠하였도다
4 주의 손이 주야로 나를 누르시오니
내 진액이 빠져서 여름 가뭄에 마
름 같이 되었나이다 (셀라)
5 내가 이르기를 내 허물을 야훼께
자복하리라 하고 주께 내 죄를 아
뢰고 내 죄악을 숨기지 아니하였더
니 곧 주께서 내 죄악을 사하셨나
이다 (셀라)
6 이로 말미암아 모든 경건한 자는
주를 만날 기회를 얻어서 주께 기
도할지라 진실로 홍수가 범람할지
라도 그에게 미치지 못하리이다
7 주는 나의 은신처이오니 환난에서
나를 보호하시고 구원의 노래로 나
를 두르시리이다 (셀라)
8 내가 네 갈 길을 가르쳐 보이고 너
를 주목하여 훈계하리로다
9 너희는 무지한 말이나 노새 같이
되지 말지어다 그것들은 재갈과 굴
레로 단속하지 아니하면 너희에게
가까이 가지 아니하리로다
10 악인에게는 많은 슬픔이 있으나 야
훼를 신뢰하는 자에게는 인자하심
이 두르리로다
11 너희 의인들아 야훼를 기뻐하며 즐
거워할지어다 마음이 정직한 너희
들아 다 즐거이 외칠지어다

33 너희 의인들아 야훼를 즐거워하
라 찬송은 정직한 자들이 마땅히
할 바로다
2 수금으로 야훼께 감사하고 열 줄

기록일 : . . .

비파로 찬송할지어다
3 새 노래로 그를 노래하며 즐거운
소리로 아름답게 연주할지어다
4 야훼의 말씀은 정직하며 그가 행하
시는 일은 다 진실하시도다
5 그는 공의와 정의를 사랑하심이여
세상에는 야훼의 인자하심이 충만
하도다
6 야훼의 말씀으로 하늘이 지음이 되
었으며 그 만상을 그의 입 기운으
로 이루었도다
7 그가 바닷물을 모아 무더기 같이 쌓
으시며 깊은 물을 곳간에 두시도다
8 온 땅은 야훼를 두려워하며 세상의
모든 거민들은 그를 경외할지어다
9 그가 말씀하시매 이루어졌으며 명
령하시매 견고히 섰도다
10 야훼께서 나라들의 계획을 폐하시며
민족들의 사상을 무효하게 하시도다
11 야훼의 계획은 영원히 서고 그의
생각은 대대에 이르리로다
12 야훼를 자기 하나님으로 삼은 나라
곧 하나님의 기업으로 선택된 백성
은 복이 있도다
13 야훼께서 하늘에서 굽어보사 모든
인생을 살피심이여
14 곧 그가 거하시는 곳에서 세상의
모든 거민들을 굽어살피시는도다
15 그는 그들 모두의 마음을 지으시며
그들이 하는 일을 굽어살피시는 이
로다
16 많은 군대로 구원 얻은 왕이 없으
며 용사가 힘이 세어도 스스로 구
원하지 못하는도다
17 구원하는 데에 군마는 헛되며 군대
가 많다 하여도 능히 구하지 못하
는도다
18 야훼는 그를 경외하는 자 곧 그의
인자하심을 바라는 자를 살피사
19 그들의 영혼을 사망에서 건지시며
그들이 굶주릴 때에 그들을 살리시
는도다
20 우리 영혼이 야훼를 바람이여 그는
우리의 도움과 방패시로다
21 우리 마음이 그를 즐거워함이여 우
리가 그의 성호를 의지하였기 때문
이로다
22 야훼여 우리가 주께 바라는 대로 주
의 인자하심을 우리에게 베푸소서

34

내가 야훼를 항상 송축함이여 내
입술로 항상 주를 찬양하리이다
2 내 영혼이 야훼를 자랑하리니 곤고
한 자들이 이를 듣고 기뻐하리로다
3 나와 함께 야훼를 광대하시다 하며
함께 그의 이름을 높이세
4 내가 야훼께 간구하매 내게 응답하
시고 내 모든 두려움에서 나를 건
지셨도다
5 그들이 주를 앙망하고 광채를 내었
으니 그들의 얼굴은 부끄럽지 아니

기록일 : . . .

하리로다
6 이 곤고한 자가 부르짖으매 야훼
께서 들으시고 그의 모든 환난에서
구원하셨도다
7 야훼의 천사가 주를 경외하는 자를
둘러 진 치고 그들을 건지시는도다
8 너희는 야훼의 선하심을 맛보아 알
지어다 그에게 피하는 자는 복이
있도다
9 너희 성도들아 야훼를 경외하라 그
를 경외하는 자에게는 부족함이 없
도다
10 젊은 사자는 궁핍하여 주릴지라도
야훼를 찾는 자는 모든 좋은 것에
부족함이 없으리로다
11 너희 자녀들아 와서 내 말을 들으
라 내가 야훼를 경외하는 법을 너
희에게 가르치리로다
12 생명을 사모하고 연수를 사랑하여
복 받기를 원하는 사람이 누구뇨
13 네 혀를 악에서 금하며 네 입술을
거짓말에서 금할지어다
14 악을 버리고 선을 행하며 화평을
찾아 따를지어다
15 야훼의 눈은 의인을 향하시고 그의
귀는 그들의 부르짖음에 기울이시
는도다
16 야훼의 얼굴은 악을 행하는 자를
향하사 그들의 자취를 땅에서 끊으
려 하시는도다
17 의인이 부르짖으매 야훼께서 들으
시고 그들의 모든 환난에서 건지셨
도다
18 야훼는 마음이 상한 자를 가까이
하시고 충심으로 통회하는 자를 구
원하시는도다
19 의인은 고난이 많으나 야훼께서 그
의 모든 고난에서 건지시는도다
20 그의 모든 뼈를 보호하심이여 그
중에서 하나도 꺾이지 아니하도다
21 악이 악인을 죽일 것이라 의인을 미
워하는 자는 벌을 받으리로다
22 야훼께서 그의 종들의 영혼을 속
량하시나니 그에게 피하는 자는 다
벌을 받지 아니하리로다

35 야훼여 나와 다투는 자와 다투시
고 나와 싸우는 자와 싸우소서
2 방패와 손 방패를 잡으시고 일어나
나를 도우소서
3 창을 빼사 나를 쫓는 자의 길을 막
으시고 또 내 영혼에게 나는 네 구
원이라 이르소서
4 내 생명을 찾는 자들이 부끄러워
수치를 당하게 하시며 나를 상해하
려 하는 자들이 물러가 낭패를 당
하게 하소서
5 그들을 바람 앞에 겨와 같게 하시
고 야훼의 천사가 그들을 몰아내게
하소서
6 그들의 길을 어둡고 미끄럽게 하시

기록일 : . . .

며 야훼의 천사가 그들을 뒤쫓게
하소서
7 그들이 까닭 없이 나를 잡으려고
그들의 그물을 웅덩이에 숨기며 까
닭 없이 내 생명을 해하려고 함정
을 팠사오니
8 멸망이 순식간에 그에게 닥치게 하
시며 그가 숨긴 그물에 자기가 잡
히게 하시며 멸망 중에 떨어지게
하소서
9 내 영혼이 야훼를 즐거워함이여 그
의 구원을 기뻐하리로다
10 내 모든 뼈가 이르기를 야훼와 같
은 이가 누구냐 그는 가난한 자를
그보다 강한 자에게서 건지시고 가
난하고 궁핍한 자를 노략하는 자에
게서 건지시는 이라 하리로다
11 불의한 증인들이 일어나서 내가 알
지 못하는 일로 내게 질문하며
12 내게 선을 악으로 갚아 나의 영혼
을 외롭게 하나
13 나는 그들이 병 들었을 때에 굵은
베 옷을 입으며 금식하여 내 영혼
을 괴롭게 하였더니 내 기도가 내
품으로 돌아왔도다
14 내가 나의 친구와 형제에게 행함
같이 그들에게 행하였으며 내가 몸
을 굽히고 슬퍼하기를 어머니를 곡
함 같이 하였도다
15 그러나 내가 넘어지매 그들이 기뻐
하여 서로 모임이여 불량배가 내가
알지 못하는 중에 모여서 나를 치
며 찢기를 마지아니하도다
16 그들은 연회에서 망령되이 조롱하
는 자 같이 나를 향하여 그들의 이
를 갈도다
17 주여 어느 때까지 관망하시려 하
나이까 내 영혼을 저 멸망자에게서
구원하시며 내 유일한 것을 사자들
에게서 건지소서
18 내가 대회 중에서 주께 감사하며 많
은 백성 중에서 주를 찬송하리이다
19 부당하게 나의 원수된 자가 나로
말미암아 기뻐하지 못하게 하시며
까닭 없이 나를 미워하는 자들이
서로 눈짓하지 못하게 하소서
20 무릇 그들은 화평을 말하지 아니하
고 오히려 평안히 땅에 사는 자들
을 거짓말로 모략하며
21 또 그들이 나를 향하여 입을 크게
벌리고 하하 우리가 목격하였다 하
나이다
22 야훼여 주께서 이를 보셨사오니 잠
잠하지 마옵소서 주여 나를 멀리하
지 마옵소서
23 나의 하나님, 나의 주여 떨치고 깨
셔서 나를 공판하시며 나의 송사를
다스리소서
24 야훼 나의 하나님이여 주의 공의대
로 나를 판단하사 그들이 나로 말

기록일 : . . .

미암아 기뻐하지 못하게 하소서
25 그들이 마음속으로 이르기를 아하
소원을 성취하였다 하지 못하게 하
시며 우리가 그를 삼켰다 말하지
못하게 하소서
26 나의 재난을 기뻐하는 자들이 함
께 부끄러워 낭패를 당하게 하시며
나를 향하여 스스로 뽐내는 자들이
수치와 욕을 당하게 하소서
27 나의 의를 즐거워하는 자들이 기꺼
이 노래 부르고 즐거워하게 하시며
그의 종의 평안함을 기뻐하시는 야
훼는 위대하시다 하는 말을 그들이
항상 말하게 하소서
28 나의 혀가 주의 의를 말하며 종일
토록 주를 찬송하리이다

36

악인의 죄가 그의 마음속으로 이
르기를 그의 눈에는 하나님을 두려
워하는 빛이 없다 하니
2 그가 스스로 자랑하기를 자기의 죄
악은 드러나지 아니하고 미워함을
받지도 아니하리라 함이로다
3 그의 입에서 나오는 말은 죄악과
속임이라 그는 지혜와 선행을 그쳤
도다
4 그는 그의 침상에서 죄악을 꾀하며
스스로 악한 길에 서고 악을 거절
하지 아니하는도다
5 야훼여 주의 인자하심이 하늘에
있고 주의 진실하심이 공중에 사무
쳤으며
6 주의 의는 하나님의 산들과 같고
주의 심판은 큰 바다와 같으니이다
야훼여 주는 사람과 짐승을 구하여
주시나이다
7 하나님이여 주의 인자하심이 어찌
그리 보배로우신지요 사람들이 주
의 날개 그늘 아래에 피하나이다
8 그들이 주의 집에 있는 살진 것으
로 풍족할 것이라 주께서 주의 복
락의 강물을 마시게 하시리이다
9 진실로 생명의 원천이 주께 있사오
니 주의 빛 안에서 우리가 빛을 보
리이다
10 주를 아는 자들에게 주의 인자하
심을 계속 베푸시며 마음이 정직한
자에게 주의 공의를 베푸소서
11 교만한 자의 발이 내게 이르지 못
하게 하시며 악인들의 손이 나를
쫓아내지 못하게 하소서
12 악을 행하는 자들이 거기서 넘어졌
으니 엎드러지고 다시 일어날 수 없
으리이다

37

악을 행하는 자들 때문에 불평하
지 말며 불의를 행하는 자들을 시
기하지 말지어다
2 그들은 풀과 같이 속히 베임을 당
할 것이며 푸른 채소 같이 쇠잔할
것임이로다
3 야훼를 의뢰하고 선을 행하라 땅에

머무는 동안 그의 성실을 먹을 거리
로 삼을지어다
4 또 야훼를 기뻐하라 그가 네 마음
의 소원을 네게 이루어 주시리로다
5 네 길을 야훼께 맡기라 그를 의지
하면 그가 이루시고
6 네 의를 빛 같이 나타내시며 네 공
의를 정오의 빛 같이 하시리로다
7 야훼 앞에 잠잠하고 참고 기다리라
자기 길이 형통하며 악한 꾀를 이
루는 자 때문에 불평하지 말지어다
8 분을 그치고 노를 버리며 불평하지
말라 오히려 악을 만들 뿐이라
9 진실로 악을 행하는 자들은 끊어질
것이나 야훼를 소망하는 자들은 땅
을 차지하리로다
10 잠시 후에는 악인이 없어지리니 네
가 그 곳을 자세히 살필지라도 없
으리로다
11 그러나 온유한 자들은 땅을 차지하
며 풍성한 화평으로 즐거워하리로다
12 악인이 의인 치기를 꾀하고 그를
향하여 그의 이를 가는도다
13 그러나 주께서 그를 비웃으시리니
그의 날이 다가옴을 보심이로다
14 악인이 칼을 빼고 활을 당겨 가난
하고 궁핍한 자를 엎드러뜨리며 행
위가 정직한 자를 죽이고자 하나
15 그들의 칼은 오히려 그들의 양심을
찌르고 그들의 활은 부러지리로다
16 의인의 적은 소유가 악인의 풍부함
보다 낫도다
17 악인의 팔은 부러지나 의인은 야훼
께서 붙드시는도다
18 야훼께서 온전한 자의 날을 아시나
니 그들의 기업은 영원하리로다
19 그들은 환난 때에 부끄러움을 당하
지 아니하며 기근의 날에도 풍족할
것이나
20 악인들은 멸망하고 야훼의 원수들
은 어린 양의 기름 같이 타서 연기
가 되어 없어지리로다
21 악인은 꾸고 갚지 아니하나 의인은
은혜를 베풀고 주는도다
22 주의 복을 받은 자들은 땅을 차지
하고 주의 저주를 받은 자들은 끊
어지리로다
23 야훼께서 사람의 걸음을 정하시고
그의 길을 기뻐하시나니
24 그는 넘어지나 아주 엎드러지지 아
니함은 야훼께서 그의 손으로 붙드
심이로다
25 내가 어려서부터 늙기까지 의인이
버림을 당하거나 그의 자손이 걸식
함을 보지 못하였도다
26 그는 종일토록 은혜를 베풀고 꾸어
주니 그의 자손이 복을 받는도다
27 악에서 떠나 선을 행하라 그리하면
영원히 살리니
28 야훼께서 정의를 사랑하시고 그의

기록일 : . . .

성도를 버리지 아니하심이로다 그
들은 영원히 보호를 받으나 악인의
자손은 끊어지리로다
29 의인이 땅을 차지함이여 거기서 영
원히 살리로다
30 의인의 입은 지혜로우며 그의 혀는
정의를 말하며
31 그의 마음에는 하나님의 법이 있
으니 그의 걸음은 실족함이 없으리
로다
32 악인이 의인을 엿보아 살해할 기회
를 찾으나
33 야훼는 그를 악인의 손에 버려 두
지 아니하시고 재판 때에도 정죄하
지 아니하시리로다
34 야훼를 바라고 그의 도를 지키라
그리하면 네가 땅을 차지하게 하
실 것이라 악인이 끊어질 때에 네가
똑똑히 보리로다
35 내가 악인의 큰 세력을 본즉 그 본
래의 땅에 서 있는 나무 잎이 무성
함과 같으나
36 내가 지나갈 때에 그는 없어졌나니
내가 찾아도 발견하지 못하였도다
37 온전한 사람을 살피고 정직한 자를
볼지어다 모든 화평한 자의 미래는
평안이로다
38 범죄자들은 함께 멸망하리니 악인
의 미래는 끊어질 것이나
39 의인들의 구원은 야훼로부터 오나
니 그는 환난 때에 그들의 요새이
시로다
40 야훼께서 그들을 도와 건지시되 악
인들에게서 건져 구원하심은 그를
의지한 까닭이로다

38

야훼여 주의 노하심으로 나를 책
망하지 마시고 주의 분노하심으로
나를 징계하지 마소서
2 주의 화살이 나를 찌르고 주의 손
이 나를 심히 누르시나이다
3 주의 진노로 말미암아 내 살에 성
한 곳이 없사오며 나의 죄로 말미
암아 내 뼈에 평안함이 없나이다
4 내 죄악이 내 머리에 넘쳐서 무거운
짐 같으니 내가 감당할 수 없나이다
5 내 상처가 썩어 악취가 나오니 내
가 우매한 까닭이로소이다
6 내가 아프고 심히 구부러졌으며 종
일토록 슬픔 중에 다니나이다
7 내 허리에 열기가 가득하고 내 살
에 성한 곳이 없나이다
8 내가 피곤하고 심히 상하였으매 마
음이 불안하여 신음하나이다
9 주여 나의 모든 소원이 주 앞에 있
사오며 나의 탄식이 주 앞에 감추
이지 아니하나이다
10 내 심장이 뛰고 내 기력이 쇠하여
내 눈의 빛도 나를 떠났나이다
11 내가 사랑하는 자와 내 친구들이
내 상처를 멀리하고 내 친척들도 멀

기록일 : . . .

리 섰나이다
12 내 생명을 찾는 자가 올무를 놓고
나를 해하려는 자가 괴악한 일을
말하여 종일토록 음모를 꾸미오나
13 나는 못 듣는 자 같이 듣지 아니하
고 말 못하는 자 같이 입을 열지 아
니하오니
14 나는 듣지 못하는 자 같아서 내 입
에는 반박할 말이 없나이다
15 야훼여 내가 주를 바랐사오니 내
주 하나님이 내게 응답하시리이다
16 내가 말하기를 두렵건대 그들이 나
때문에 기뻐하며 내가 실족할 때에
나를 향하여 스스로 교만할까 하였
나이다
17 내가 넘어지게 되었고 나의 근심이
항상 내 앞에 있사오니
18 내 죄악을 아뢰고 내 죄를 슬퍼함
이니이다
19 내 원수가 활발하며 강하고 부당하
게 나를 미워하는 자가 많으며
20 또 악으로 선을 대신하는 자들이
내가 선을 따른다는 것 때문에 나
를 대적하나이다
21 야훼여 나를 버리지 마소서 나의
하나님이여 나를 멀리하지 마소서
22 속히 나를 도우소서 주 나의 구원
이시여

39 내가 말하기를 나의 행위를 조심
하여 내 혀로 범죄하지 아니하리니
악인이 내 앞에 있을 때에 내가 내
입에 재갈을 먹이리라 하였도다
2 내가 잠잠하여 선한 말도 하지 아
니하니 나의 근심이 더 심하도다
3 내 마음이 내 속에서 뜨거워서 작
은 소리로 읊조릴 때에 불이 붙으
니 나의 혀로 말하기를
4 야훼여 나의 종말과 연한이 언제까
지인지 알게 하사 내가 나의 연약
함을 알게 하소서
5 주께서 나의 날을 한 뼘 길이만큼
되게 하시매 나의 일생이 주 앞에
는 없는 것 같사오니 사람은 그가
든든히 서 있는 때에도 진실로 모
두가 허사뿐이니이다 (셀라)
6 진실로 각 사람은 그림자 같이 다
니고 헛된 일로 소란하며 재물을
쌓으나 누가 거둘는지 알지 못하나
이다
7 주여 이제 내가 무엇을 바라리요
나의 소망은 주께 있나이다
8 나를 모든 죄에서 건지시며 우매한
자에게서 욕을 당하지 아니하게 하
소서
9 내가 잠잠하고 입을 열지 아니함은
주께서 이를 행하신 까닭이니이다
10 주의 징벌을 나에게서 옮기소서 주
의 손이 치심으로 내가 쇠망하였나
이다
11 주께서 죄악을 책망하사 사람을 징

기록일 : . . .

계하실 때에 그 영화를 좀먹음 같
이 소멸하게 하시니 참으로 인생이
란 모두 헛될 뿐이니이다 (셀라)
12 야훼여 나의 기도를 들으시며 나의
부르짖음에 귀를 기울이소서 내가
눈물 흘릴 때에 잠잠하지 마옵소서
나는 주와 함께 있는 나그네이며
나의 모든 조상들처럼 떠도나이다
13 주는 나를 용서하사 내가 떠나 없
어지기 전에 나의 건강을 회복시키
소서

40

내가 야훼를 기다리고 기다렸더니
귀를 기울이사 나의 부르짖음을 들
으셨도다
2 나를 기가 막힐 웅덩이와 수렁에서
끌어올리시고 내 발을 반석 위에
두사 내 걸음을 견고하게 하셨도다
3 새 노래 곧 우리 하나님께 올릴 찬
송을 내 입에 두셨으니 많은 사람
이 보고 두려워하여 야훼를 의지하
리로다
4 야훼를 의지하고 교만한 자와 거짓
에 치우치는 자를 돌아보지 아니하
는 자는 복이 있도다
5 야훼 나의 하나님이여 주께서 행하
신 기적이 많고 우리를 향하신 주의
생각도 많아 누구도 주와 견줄 수
가 없나이다 내가 널리 알려 말하
고자 하나 너무 많아 그 수를 셀 수
도 없나이다
6 주께서 내 귀를 통하여 내게 들려
주시기를 제사와 예물을 기뻐하지
아니하시며 번제와 속죄제를 요구
하지 아니하신다 하신지라
7 그 때에 내가 말하기를 내가 왔나
이다 나를 가리켜 기록한 것이 두루
마리 책에 있나이다
8 나의 하나님이여 내가 주의 뜻 행
하기를 즐기오니 주의 법이 나의 심
중에 있나이다 하였나이다
9 내가 많은 회중 가운데에서 의의
기쁜 소식을 전하였나이다 야훼여
내가 내 입술을 닫지 아니할 줄을
주께서 아시나이다
10 내가 주의 공의를 내 심중에 숨기
지 아니하고 주의 성실과 구원을
선포하였으며 내가 주의 인자와 진
리를 많은 회중 가운데에서 감추지
아니하였나이다
11 야훼여 주의 긍휼을 내게서 거두지
마시고 주의 인자와 진리로 나를
항상 보호하소서
12 수많은 재앙이 나를 둘러싸고 나
의 죄악이 나를 덮치므로 우러러볼
수도 없으며 죄가 나의 머리털보다
많으므로 내가 낙심하였음이니이다
13 야훼여 은총을 베푸사 나를 구원하
소서 야훼여 속히 나를 도우소서
14 내 생명을 찾아 멸하려 하는 자는
다 수치와 낭패를 당하게 하시며

기록일 : . . .

나의 해를 기뻐하는 자는 다 물러
가 욕을 당하게 하소서
15 나를 향하여 하하 하하 하며 조소
하는 자들이 자기 수치로 말미암아
놀라게 하소서
16 주를 찾는 자는 다 주 안에서 즐거
워하고 기뻐하게 하시며 주의 구원
을 사랑하는 자는 항상 말하기를
야훼는 위대하시다 하게 하소서
17 나는 가난하고 궁핍하오나 주께서
는 나를 생각하시오니 주는 나의
도움이시요 나를 건지시는 이시라
나의 하나님이여 지체하지 마소서

41

가난한 자를 보살피는 자에게 복
이 있음이여 재앙의 날에 야훼께서
그를 건지시리로다
2 야훼께서 그를 지키사 살게 하시리
니 그가 이 세상에서 복을 받을 것
이라 주여 그를 그 원수들의 뜻에
맡기지 마소서
3 야훼께서 그를 병상에서 붙드시고
그가 누워 있을 때마다 그의 병을
고쳐 주시나이다
4 내가 말하기를 야훼여 내게 은혜를
베푸소서 내가 주께 범죄하였사오
니 나를 고치소서 하였나이다
5 나의 원수가 내게 대하여 악담하기
를 그가 어느 때에나 죽고 그의 이
름이 언제나 없어질까 하며
6 나를 보러 와서는 거짓을 말하고
그의 중심에 악을 쌓았다가 나가서
는 이를 널리 선포하오며
7 나를 미워하는 자가 다 하나같이
내게 대하여 수군거리고 나를 해하
려고 꾀하며
8 이르기를 악한 병이 그에게 들었으
니 이제 그가 눕고 다시 일어나지
못하리라 하오며
9 내가 신뢰하여 내 떡을 나눠 먹던
나의 가까운 친구도 나를 대적하여
그의 발꿈치를 들었나이다
10 그러하오나 주 야훼여 내게 은혜를
베푸시고 나를 일으키사 내가 그들
에게 보응하게 하소서 이로써
11 내 원수가 나를 이기지 못하오니
주께서 나를 기뻐하시는 줄을 내가
알았나이다
12 주께서 나를 온전한 중에 붙드시고
영원히 주 앞에 세우시나이다
13 이스라엘의 하나님 야훼를 영원부터
영원까지 송축할지로다 아멘 아멘

42

하나님이여 사슴이 시냇물을 찾기
에 갈급함 같이 내 영혼이 주를 찾
기에 갈급하니이다
2 내 영혼이 하나님 곧 살아 계시는
하나님을 갈망하나니 내가 어느
때에 나아가서 하나님의 얼굴을 뵈
올까
3 사람들이 종일 내게 하는 말이 네
하나님이 어디 있느뇨 하오니 내 눈

물이 주야로 내 음식이 되었도다
4 내가 전에 성일을 지키는 무리와 동
행하여 기쁨과 감사의 소리를 내며
그들을 하나님의 집으로 인도하였
더니 이제 이 일을 기억하고 내 마
음이 상하는도다
5 내 영혼아 네가 어찌하여 낙심하며
어찌하여 내 속에서 불안해 하는가
너는 하나님께 소망을 두라 그가
나타나 도우심으로 말미암아 내가
여전히 찬송하리로다
6 내 하나님이여 내 영혼이 내 속에서
낙심이 되므로 내가 요단 땅과 헤
르몬과 미살 산에서 주를 기억하나
이다
7 주의 폭포 소리에 깊은 바다가 서
로 부르며 주의 모든 파도와 물결
이 나를 휩쓸었나이다
8 낮에는 야훼께서 그의 인자하심을
베푸시고 밤에는 그의 찬송이 내게
있어 생명의 하나님께 기도하리로다
9 내 반석이신 하나님께 말하기를 어
찌하여 나를 잊으셨나이까 내가 어
찌하여 원수의 압제로 말미암아 슬
프게 다니나이까 하리로다
10 내 뼈를 찌르는 칼 같이 내 대적이
나를 비방하여 늘 내게 말하기를
네 하나님이 어디 있느냐 하도다
11 내 영혼아 네가 어찌하여 낙심하며
어찌하여 내 속에서 불안해 하는가
너는 하나님께 소망을 두라 나는
그가 나타나 도우심으로 말미암아
내 하나님을 여전히 찬송하리로다

43

하나님이여 나를 판단하시되 경건
하지 아니한 나라에 대하여 내 송
사를 변호하시며 간사하고 불의한
자에게서 나를 건지소서
2 주는 나의 힘이 되신 하나님이시거
늘 어찌하여 나를 버리셨나이까 내
가 어찌하여 원수의 억압으로 말미
암아 슬프게 다니나이까
3 주의 빛과 주의 진리를 보내시어
나를 인도하시고 주의 거룩한 산과
주께서 계시는 곳에 이르게 하소서
4 그런즉 내가 하나님의 제단에 나아
가 나의 큰 기쁨의 하나님께 이르리
이다 하나님이여 나의 하나님이여
내가 수금으로 주를 찬양하리이다
5 내 영혼아 네가 어찌하여 낙심하며
어찌하여 내 속에서 불안해 하는가
너는 하나님께 소망을 두라 그가
나타나 도우심으로 말미암아 내 하
나님을 여전히 찬송하리로다

44

하나님이여 주께서 우리 조상들
의 날 곧 옛날에 행하신 일을 그들
이 우리에게 일러 주매 우리가 우리
귀로 들었나이다
2 주께서 주의 손으로 뭇 백성을 내
쫓으시고 우리 조상들을 이 땅에
뿌리 박게 하시며 주께서 다른 민

기록일 : . . .

족들은 고달프게 하시고 우리 조상
들은 번성하게 하셨나이다
3 그들이 자기 칼로 땅을 얻어 차지
함이 아니요 그들의 팔이 그들을
구원함도 아니라 오직 주의 오른손
과 주의 팔과 주의 얼굴의 빛으로
하셨으니 주께서 그들을 기뻐하신
까닭이니이다
4 하나님이여 주는 나의 왕이시니 야
곱에게 구원을 베푸소서
5 우리가 주를 의지하여 우리 대적을
누르고 우리를 치러 일어나는 자를
주의 이름으로 밟으리이다
6 나는 내 활을 의지하지 아니할 것
이라 내 칼이 나를 구원하지 못하
리이다
7 오직 주께서 우리를 우리 원수들에
게서 구원하시고 우리를 미워하는
자로 수치를 당하게 하셨나이다
8 우리가 종일 하나님을 자랑하였나
이다 우리는 하나님의 이름에 영원
히 감사하리이다 (셀라)
9 그러나 이제는 주께서 우리를 버려
욕을 당하게 하시고 우리 군대와
함께 나아가지 아니하시나이다
10 주께서 우리를 대적들에게서 돌아
서게 하시니 우리를 미워하는 자가
자기를 위하여 탈취하였나이다
11 주께서 우리를 잡아먹힐 양처럼 그
들에게 넘겨 주시고 여러 민족 중에
우리를 흩으셨나이다
12 주께서 주의 백성을 헐값으로 파심
이여 그들을 판 값으로 이익을 얻지
못하셨나이다
13 주께서 우리로 하여금 이웃에게 욕
을 당하게 하시니 그들이 우리를
둘러싸고 조소하고 조롱하나이다
14 주께서 우리를 뭇 백성 중에 이야
기 거리가 되게 하시며 민족 중에서
머리 흔듦을 당하게 하셨나이다
15 나의 능욕이 종일 내 앞에 있으며
수치가 내 얼굴을 덮었으니
16 나를 비방하고 욕하는 소리 때문이
요 나의 원수와 나의 복수자 때문
이니이다
17 이 모든 일이 우리에게 임하였으나
우리가 주를 잊지 아니하며 주의 언
약을 어기지 아니하였나이다
18 우리의 마음은 위축되지 아니하고
우리 걸음도 주의 길을 떠나지 아
니하였으나
19 주께서 우리를 승냥이의 처소에 밀
어 넣으시고 우리를 사망의 그늘로
덮으셨나이다
20 우리가 우리 하나님의 이름을 잊어
버렸거나 우리 손을 이방 신에게 향
하여 폈더면
21 하나님이 이를 알아내지 아니하셨
으리이까 무릇 주는 마음의 비밀을
아시나이다

기록일 : . . .

22 우리가 종일 주를 위하여 죽임을
당하게 되며 도살할 양 같이 여김
을 받았나이다
23 주여 깨소서 어찌하여 주무시나이
까 일어나시고 우리를 영원히 버리
지 마소서
24 어찌하여 주의 얼굴을 가리시고 우
리의 고난과 압제를 잊으시나이까
25 우리 영혼은 진토 속에 파묻히고
우리 몸은 땅에 붙었나이다
26 일어나 우리를 도우소서 주의 인자
하심으로 말미암아 우리를 구원하
소서

45

내 마음이 좋은 말로 왕을 위하여
지은 것을 말하리니 내 혀는 글솜씨
가 뛰어난 서기관의 붓끝과 같도다
2 왕은 사람들보다 아름다워 은혜를
입술에 머금으니 그러므로 하나님
이 왕에게 영원히 복을 주시도다
3 용사여 칼을 허리에 차고 왕의 영
화와 위엄을 입으소서
4 왕은 진리와 온유와 공의를 위하여
왕의 위엄을 세우시고 병거에 오르
소서 왕의 오른손이 왕에게 놀라운
일을 가르치리이다
5 왕의 화살은 날카로워 왕의 원수의
염통을 뚫으니 만민이 왕의 앞에
엎드러지는도다
6 하나님이여 주의 보좌는 영원하며
주의 나라의 규는 공평한 규이니
이다
7 왕은 정의를 사랑하고 악을 미워하
시니 그러므로 하나님 곧 왕의 하
나님이 즐거움의 기름을 왕에게 부
어 왕의 동료보다 뛰어나게 하셨나
이다
8 왕의 모든 옷은 몰약과 침향과 육
계의 향기가 있으며 상아궁에서 나
오는 현악은 왕을 즐겁게 하도다
9 왕이 가까이 하는 여인들 중에는 왕
들의 딸이 있으며 왕후는 오빌의 금
으로 꾸미고 왕의 오른쪽에 서도다
10 딸이여 듣고 보고 귀를 기울일지어
다 네 백성과 네 아버지의 집을 잊
어버릴지어다
11 그리하면 왕이 네 아름다움을 사모
하실지라 그는 네 주인이시니 너는
그를 경배할지어다
12 두로의 딸은 예물을 드리고 백성
중 부한 자도 네 얼굴 보기를 원하
리로다
13 왕의 딸은 궁중에서 모든 영화를
누리니 그의 옷은 금으로 수 놓았
도다
14 수 놓은 옷을 입은 그는 왕께로 인
도함을 받으며 시종하는 친구 처녀
들도 왕께로 이끌려 갈 것이라
15 그들은 기쁨과 즐거움으로 인도함
을 받고 왕궁에 들어가리로다
16 왕의 아들들은 왕의 조상들을 계승

할 것이라 왕이 그들로 온 세계의
군왕을 삼으리로다
17 내가 왕의 이름을 만세에 기억하게
하리니 그러므로 만민이 왕을 영원
히 찬송하리로다

46

하나님은 우리의 피난처시요 힘이
시니 환난 중에 만날 큰 도움이시라
2 그러므로 땅이 변하든지 산이 흔들
려 바다 가운데에 빠지든지
3 바닷물이 솟아나고 뛰놀든지 그것이
넘침으로 산이 흔들릴지라도 우리는
두려워하지 아니하리로다 (셀라)
4 한 시내가 있어 나뉘어 흘러 하나님
의 성 곧 지존하신 이의 성소를 기
쁘게 하도다
5 하나님이 그 성 중에 계시매 성이
흔들리지 아니할 것이라 새벽에 하
나님이 도우시리로다
6 뭇 나라가 떠들며 왕국이 흔들렸더
니 그가 소리를 내시매 땅이 녹았
도다
7 만군의 야훼께서 우리와 함께 하시
니 야곱의 하나님은 우리의 피난처
시로다 (셀라)
8 와서 야훼의 행적을 볼지어다 그가
땅을 황무지로 만드셨도다
9 그가 땅 끝까지 전쟁을 쉬게 하심
이여 활을 꺾고 창을 끊으며 수레
를 불사르시는도다
10 이르시기를 너희는 가만히 있어 내
가 하나님 됨을 알지어다 내가 뭇
나라 중에서 높임을 받으리라 내가
세계 중에서 높임을 받으리라 하시
도다
11 만군의 야훼께서 우리와 함께 하시
니 야곱의 하나님은 우리의 피난처
시로다 (셀라)

47

너희 만민들아 손바닥을 치고 즐
거운 소리로 하나님께 외칠지어다
2 지존하신 야훼는 두려우시고 온 땅
에 큰 왕이 되심이로다
3 야훼께서 만민을 우리에게, 나라들
을 우리 발 아래에 복종하게 하시며
4 우리를 위하여 기업을 택하시나
니 곧 사랑하신 야곱의 영화로다
(셀라)
5 하나님께서 즐거운 함성 중에 올라
가심이여 야훼께서 나팔 소리 중에
올라가시도다
6 찬송하라 하나님을 찬송하라 찬송
하라 우리 왕을 찬송하라
7 하나님은 온 땅의 왕이심이라 지혜
의 시로 찬송할지어다
8 하나님이 뭇 백성을 다스리시며 하
나님이 그의 거룩한 보좌에 앉으셨
도다
9 뭇 나라의 고관들이 모임이여 아브
라함의 하나님의 백성이 되도다 세
상의 모든 방패는 하나님의 것이
여 그는 높임을 받으시리로다

기록일 : . . .

48 야훼는 위대하시니 우리 하나님
의 성, 거룩한 산에서 극진히 찬양
받으시리로다
2 터가 높고 아름다워 온 세계가 즐
거워함이여 큰 왕의 성 곧 북방에
있는 시온 산이 그러하도다
3 하나님이 그 여러 궁중에서 자기를
요새로 알리셨도다
4 왕들이 모여서 함께 지나갔음이여
5 그들이 보고 놀라고 두려워 빨리
지나갔도다
6 거기서 떨림이 그들을 사로잡으니
고통이 해산하는 여인의 고통 같
도다
7 주께서 동풍으로 다시스의 배를 깨
뜨리시도다
8 우리가 들은 대로 만군의 야훼의
성, 우리 하나님의 성에서 보았나니
하나님이 이를 영원히 견고하게 하
시리로다 (셀라)
9 하나님이여 우리가 주의 전 가운데
에서 주의 인자하심을 생각하였나
이다
10 하나님이여 주의 이름과 같이 찬송
도 땅 끝까지 미쳤으며 주의 오른
손에는 정의가 충만하였나이다
11 주의 심판으로 말미암아 시온 산은
기뻐하고 유다의 딸들은 즐거워할
지어다
12 너희는 시온을 돌면서 그 곳을 둘
러보고 그 망대들을 세어 보라
13 그의 성벽을 자세히 보고 그의 궁
전을 살펴서 후대에 전하라
14 이 하나님은 영원히 우리 하나님이
시니 그가 우리를 죽을 때까지 인
도하시리로다

49 뭇 백성들아 이를 들으라 세상의
거민들아 모두 귀를 기울이라
2 귀천 빈부를 막론하고 다 들을지
어다
3 내 입은 지혜를 말하겠고 내 마음은
명철을 작은 소리로 읊조리리로다
4 내가 비유에 내 귀를 기울이고 수
금으로 나의 오묘한 말을 풀리로다
5 죄악이 나를 따라다니며 나를 에워
싸는 환난의 날을 내가 어찌 두려
워하랴
6 자기의 재물을 의지하고 부유함을
자랑하는 자는
7 아무도 자기의 형제를 구원하지 못
하며 그를 위한 속전을 하나님께
바치지도 못할 것은
8 그들의 생명을 속량하는 값이 너무
엄청나서 영원히 마련하지 못할 것
임이니라
9 그가 영원히 살아서 죽음을 보지
않을 것인가
10 그러나 그는 지혜 있는 자도 죽고
어리석고 무지한 자도 함께 망하며
그들의 재물은 남에게 남겨 두고

기록일 : . . .

떠나는 것을 보게 되리로다
11 그러나 그들의 속 생각에 그들의
집은 영원히 있고 그들의 거처는 대
대에 이르리라 하여 그들의 토지를
자기 이름으로 부르도다
12 사람은 존귀하나 장구하지 못함이
여 멸망하는 짐승 같도다
13 이것이 바로 어리석은 자들의 길이
며 그들의 말을 기뻐하는 자들의
종말이로다 (셀라)
14 그들은 양 같이 스올에 두기로 작
정되었으니 사망이 그들의 목자일
것이라 정직한 자들이 아침에 그들
을 다스리리니 그들의 아름다움은
소멸하고 스올이 그들의 거처가 되
리라
15 그러나 하나님은 나를 영접하시리
니 이러므로 내 영혼을 스올의 권
세에서 건져내시리로다 (셀라)
16 사람이 치부하여 그의 집의 영광
이 더할 때에 너는 두려워하지 말지
어다
17 그가 죽으매 가져가는 것이 없고
그의 영광이 그를 따라 내려가지
못함이로다
18 그가 비록 생시에 자기를 축하하며
스스로 좋게 함으로 사람들에게 칭
찬을 받을지라도
19 그들은 그들의 역대 조상들에게로
돌아가리니 영원히 빛을 보지 못하
리로다
20 존귀하나 깨닫지 못하는 사람은 멸
망하는 짐승 같도다

50

전능하신 이 야훼 하나님께서 말
씀하사 해 돋는 데서부터 지는 데
까지 세상을 부르셨도다
2 온전히 아름다운 시온에서 하나님
이 빛을 비추셨도다
3 우리 하나님이 오사 잠잠하지 아니
하시니 그 앞에는 삼키는 불이 있
고 그 사방에는 광풍이 불리로다
4 하나님이 자기의 백성을 판결하시려
고 위 하늘과 아래 땅에 선포하여
5 이르시되 나의 성도들을 내 앞에
모으라 그들은 제사로 나와 언약한
이들이니라 하시도다
6 하늘이 그의 공의를 선포하리니 하
나님 그는 심판장이심이로다 (셀라)
7 내 백성아 들을지어다 내가 말하리
라 이스라엘아 내가 네게 증언하리
라 나는 하나님 곧 네 하나님이로다
8 나는 네 제물 때문에 너를 책망하
지는 아니하리니 네 번제가 항상
내 앞에 있음이로다
9 내가 네 집에서 수소나 네 우리에
서 숫염소를 가져가지 아니하리니
10 이는 삼림의 짐승들과 뭇 산의 가
축이 다 내 것이며
11 산의 모든 새들도 내가 아는 것이
며 들의 짐승도 내 것임이로다

기록일 : . . .

12 내가 가령 주려도 네게 이르지 아
니할 것은 세계와 거기에 충만한
것이 내 것임이로다
13 내가 수소의 고기를 먹으며 염소의
피를 마시겠느냐
14 감사로 하나님께 제사를 드리며 지
존하신 이에게 네 서원을 갚으며
15 환난 날에 나를 부르라 내가 너를
건지리니 네가 나를 영화롭게 하리
로다
16 악인에게는 하나님이 이르시되 네
가 어찌하여 내 율례를 전하며 내
언약을 네 입에 두느냐
17 네가 교훈을 미워하고 내 말을 네
뒤로 던지며
18 도둑을 본즉 그와 연합하고 간음하
는 자들과 동료가 되며
19 네 입을 악에게 내어 주고 네 혀로
거짓을 꾸미며
20 앉아서 네 형제를 공박하며 네 어
머니의 아들을 비방하는도다
21 네가 이 일을 행하여도 내가 잠잠
하였더니 네가 나를 너와 같은 줄
로 생각하였도다 그러나 내가 너를
책망하여 네 죄를 네 눈 앞에 낱낱
이 드러내리라 하시는도다
22 하나님을 잊어버린 너희여 이제 이
를 생각하라 그렇지 아니하면 내가
너희를 찢으리니 건질 자 없으리라
23 감사로 제사를 드리는 자가 나를
영화롭게 하나니 그의 행위를 옳게
하는 자에게 내가 하나님의 구원을
보이리라

51

하나님이여 주의 인자를 따라 내
게 은혜를 베푸시며 주의 많은 긍
휼을 따라 내 죄악을 지워 주소서
2 나의 죄악을 말갛게 씻으시며 나의
죄를 깨끗이 제하소서
3 무릇 나는 내 죄과를 아오니 내 죄
가 항상 내 앞에 있나이다
4 내가 주께만 범죄하여 주의 목전에
악을 행하였사오니 주께서 말씀하
실 때에 의로우시다 하고 주께서 심
판하실 때에 순전하시다 하리이다
5 내가 죄악 중에서 출생하였음이여
어머니가 죄 중에서 나를 잉태하였
나이다
6 보소서 주께서는 중심이 진실함을
원하시오니 내게 지혜를 은밀히 가
르치시리이다
7 우슬초로 나를 정결하게 하소서 내
가 정하리이다 나의 죄를 씻어 주
소서 내가 눈보다 희리이다
8 내게 즐겁고 기쁜 소리를 들려 주
시사 주께서 꺾으신 뼈들도 즐거워
하게 하소서
9 주의 얼굴을 내 죄에서 돌이키시고
내 모든 죄악을 지워 주소서
10 하나님이여 내 속에 정한 마음을
창조하시고 내 안에 정직한 영을

새롭게 하소서
11 나를 주 앞에서 쫓아내지 마시며
주의 성령을 내게서 거두지 마소서
12 주의 구원의 즐거움을 내게 회복
시켜 주시고 자원하는 심령을 주사
나를 붙드소서
13 그리하면 내가 범죄자에게 주의 도
를 가르치리니 죄인들이 주께 돌아
오리이다
14 하나님이여 나의 구원의 하나님이여
피 흘린 죄에서 나를 건지소서 내
혀가 주의 의를 높이 노래하리이다
15 주여 내 입술을 열어 주소서 내 입
이 주를 찬송하여 전파하리이다
16 주께서는 제사를 기뻐하지 아니하
시나니 그렇지 아니하면 내가 드렸
을 것이라 주는 번제를 기뻐하지
아니하시나이다
17 하나님께서 구하시는 제사는 상한
심령이라 하나님이여 상하고 통회
하는 마음을 주께서 멸시하지 아니
하시리이다
18 주의 은택으로 시온에 선을 행하시
고 예루살렘 성을 쌓으소서
19 그 때에 주께서 의로운 제사와 번
제와 온전한 번제를 기뻐하시리니
그 때에 그들이 수소를 주의 제단
에 드리리이다

52 포악한 자여 네가 어찌하여 악한
계획을 스스로 자랑하는가 하나님
의 인자하심은 항상 있도다
2 네 혀가 심한 악을 꾀하여 날카로
운 삭도 같이 간사를 행하는도다
3 네가 선보다 악을 사랑하며 의를 말
함보다 거짓을 사랑하는도다 (셀라)
4 간사한 혀여 너는 남을 해치는 모
든 말을 좋아하는도다
5 그런즉 하나님이 영원히 너를 멸하
심이여 너를 붙잡아 네 장막에서
뽑아 내며 살아 있는 땅에서 네 뿌
리를 빼시리로다 (셀라)
6 의인이 보고 두려워하며 또 그를
비웃어 말하기를
7 이 사람은 하나님을 자기 힘으로 삼
지 아니하고 오직 자기 재물의 풍부
함을 의지하며 자기의 악으로 스스
로 든든하게 하던 자라 하리로다
8 그러나 나는 하나님의 집에 있는
푸른 감람나무 같음이여 하나님의
인자하심을 영원히 의지하리로다
9 주께서 이를 행하셨으므로 내가 영
원히 주께 감사하고 주의 이름이
선하시므로 주의 성도 앞에서 내가
주의 이름을 사모하리이다

53 어리석은 자는 그의 마음에 이르
기를 하나님이 없다 하도다 그들은
부패하며 가증한 악을 행함이여 선
을 행하는 자가 없도다
2 하나님이 하늘에서 인생을 굽어살
피사 지각이 있는 자와 하나님을

기록일 : . . .

찾는 자가 있는가 보려 하신즉
3 각기 물러가 함께 더러운 자가 되
고 선을 행하는 자 없으니 한 사람
도 없도다
4 죄악을 행하는 자들은 무지하냐 그
들이 떡 먹듯이 내 백성을 먹으면서
하나님을 부르지 아니하는도다
5 그들이 두려움이 없는 곳에서 크게
두려워하였으니 너를 대항하여 진
친 그들의 뼈를 하나님이 흩으심이
라 하나님이 그들을 버리셨으므로
네가 그들에게 수치를 당하게 하였
도다
6 시온에서 이스라엘을 구원하여 줄
자 누구인가 하나님이 자기 백성의
포로된 것을 돌이키실 때에 야곱
이 즐거워하며 이스라엘이 기뻐하
리로다

54 하나님이여 주의 이름으로 나를
구원하시고 주의 힘으로 나를 변호
하소서
2 하나님이여 내 기도를 들으시며 내
입의 말에 귀를 기울이소서
3 낯선 자들이 일어나 나를 치고 포
악한 자들이 나의 생명을 수색하며
하나님을 자기 앞에 두지 아니하였
음이니이다 (셀라)
4 하나님은 나를 돕는 이시며 주께서
는 내 생명을 붙들어 주시는 이시니
이다
5 주께서는 내 원수에게 악으로 갚으
시리니 주의 성실하심으로 그들을
멸하소서
6 내가 낙헌제로 주께 제사하리이다
야훼여 주의 이름에 감사하오리니
주의 이름이 선하심이니이다
7 참으로 주께서는 모든 환난에서 나
를 건지시고 내 원수가 보응 받는
것을 내 눈이 똑똑히 보게 하셨나
이다

55 하나님이여 내 기도에 귀를 기울
이시고 내가 간구할 때에 숨지 마
소서
2 내게 굽히사 응답하소서 내가 근심
으로 편하지 못하여 탄식하오니
3 이는 원수의 소리와 악인의 압제
때문이라 그들이 죄악을 내게 더하
며 노하여 나를 핍박하나이다
4 내 마음이 내 속에서 심히 아파하
며 사망의 위험이 내게 이르렀도다
5 두려움과 떨림이 내게 이르고 공포
가 나를 덮었도다
6 나는 말하기를 만일 내게 비둘기
같이 날개가 있다면 날아가서 편히
쉬리로다
7 내가 멀리 날아가서 광야에 머무르
리로다 (셀라)
8 내가 나의 피난처로 속히 가서 폭
풍과 광풍을 피하리라 하였도다
9 내가 성내에서 강포와 분쟁을 보았

기록일 : . . .

사오니 주여 그들을 멸하소서 그들
의 혀를 잘라 버리소서
10 그들이 주야로 성벽 위에 두루 다니
니 성 중에는 죄악과 재난이 있으며
11 악독이 그 중에 있고 압박과 속임
수가 그 거리를 떠나지 아니하도다
12 나를 책망하는 자는 원수가 아니라
원수일진대 내가 참았으리라 나를
대하여 자기를 높이는 자는 나를 미
워하는 자가 아니라 미워하는 자일
진대 내가 그를 피하여 숨었으리라
13 그는 곧 너로다 나의 동료, 나의 친
구요 나의 가까운 친우로다
14 우리가 같이 재미있게 의논하며 무
리와 함께 하여 하나님의 집 안에
서 다녔도다
15 사망이 갑자기 그들에게 임하여 산
채로 스올에 내려갈지어다 이는 악
독이 그들의 거처에 있고 그들 가
운데에 있음이로다
16 나는 하나님께 부르짖으리니 야훼
께서 나를 구원하시리로다
17 저녁과 아침과 정오에 내가 근심하
여 탄식하리니 야훼께서 내 소리를
들으시리로다
18 나를 대적하는 자 많더니 나를 치
는 전쟁에서 그가 내 생명을 구원
하사 평안하게 하셨도다
19 옛부터 계시는 하나님이 들으시고
그들을 낮추시리이다 (셀라) 그들
은 변하지 아니하며 하나님을 경외
하지 아니함이니이다
20 그는 손을 들어 자기와 화목한 자
를 치고 그의 언약을 배반하였도다
21 그의 입은 우유 기름보다 미끄러우
나 그의 마음은 전쟁이요 그의 말
은 기름보다 유하나 실상은 뽑힌
칼이로다
22 네 짐을 야훼께 맡기라 그가 너를
붙드시고 의인의 요동함을 영원히
허락하지 아니하시리로다
23 하나님이여 주께서 그들로 파멸의
웅덩이에 빠지게 하시리이다 피를
흘리게 하며 속이는 자들은 그들의
날의 반도 살지 못할 것이나 나는
주를 의지하리이다

56 하나님이여 내게 은혜를 베푸소
서 사람이 나를 삼키려고 종일 치며
압제하나이다
2 내 원수가 종일 나를 삼키려 하며
나를 교만하게 치는 자들이 많사
오니
3 내가 두려워하는 날에는 내가 주를
의지하리이다
4 내가 하나님을 의지하고 그 말씀
을 찬송하올지라 내가 하나님을 의
지하였은즉 두려워하지 아니하리니
혈육을 가진 사람이 내게 어찌하리
이까
5 그들이 종일 내 말을 곡해하며 나

기록일 : . . .

를 치는 그들의 모든 생각은 사악
이라
6 그들이 내 생명을 엿보았던 것과
같이 또 모여 숨어 내 발자취를 지
켜보나이다
7 그들이 악을 행하고야 안전하오리
이까 하나님이여 분노하사 뭇 백성
을 낮추소서
8 나의 유리함을 주께서 계수하셨사
오니 나의 눈물을 주의 병에 담으
소서 이것이 주의 책에 기록되지 아
니하였나이까
9 내가 아뢰는 날에 내 원수들이 물
러가리니 이것으로 하나님이 내 편
이심을 내가 아나이다
10 내가 하나님을 의지하여 그의 말씀
을 찬송하며 야훼를 의지하여 그의
말씀을 찬송하리이다
11 내가 하나님을 의지하였은즉 두려
워하지 아니하리니 사람이 내게 어
찌하리이까
12 하나님이여 내가 주께 서원함이 있
사온즉 내가 감사제를 주께 드리
리니
13 주께서 내 생명을 사망에서 건지셨
음이라 주께서 나로 하나님 앞, 생
명의 빛에 다니게 하시려고 실족하
지 아니하게 하지 아니하셨나이까

57 하나님이여 내게 은혜를 베푸소
서 내게 은혜를 베푸소서 내 영혼
이 주께로 피하되 주의 날개 그늘
아래에서 이 재앙들이 지나기까지
피하리이다
2 내가 지존하신 하나님께 부르짖음
이여 곧 나를 위하여 모든 것을 이
루시는 하나님께로다
3 그가 하늘에서 보내사 나를 삼키려
는 자의 비방에서 나를 구원하실지
라 (셀라) 하나님이 그의 인자와 진
리를 보내시리로다
4 내 영혼이 사자들 가운데에서 살며
내가 불사르는 자들 중에 누웠으
니 곧 사람의 아들들 중에라 그들
의 이는 창과 화살이요 그들의 혀
는 날카로운 칼 같도다
5 하나님이여 주는 하늘 위에 높이
들리시며 주의 영광이 온 세계 위
에 높아지기를 원하나이다
6 그들이 내 걸음을 막으려고 그물을
준비하였으니 내 영혼이 억울하도
다 그들이 내 앞에 웅덩이를 팠으나
자기들이 그 중에 빠졌도다 (셀라)
7 하나님이여 내 마음이 확정되었고
내 마음이 확정되었사오니 내가 노
래하고 내가 찬송하리이다
8 내 영광아 깰지어다 비파야, 수금
아, 깰지어다 내가 새벽을 깨우리
로다
9 주여 내가 만민 중에서 주께 감사
하오며 뭇 나라 중에서 주를 찬송

하리이다
10 무릇 주의 인자는 커서 하늘에 미치
고 주의 진리는 궁창에 이르나이다
11 하나님이여 주는 하늘 위에 높이
들리시며 주의 영광이 온 세계 위
에 높아지기를 원하나이다

58 통치자들아 너희가 정의를 말해
야 하거늘 어찌 잠잠하냐 인자들아
너희가 올바르게 판결해야 하거늘
어찌 잠잠하냐
2 아직도 너희가 중심에 악을 행하며
땅에서 너희 손으로 폭력을 달아
주는도다
3 악인은 모태에서부터 멀어졌음이여
나면서부터 곁길로 나아가 거짓을
말하는도다
4 그들의 독은 뱀의 독 같으며 그들은
귀를 막은 귀머거리 독사 같으니
5 술사의 홀리는 소리도 듣지 않고
능숙한 술객의 요술도 따르지 아니
하는 독사로다
6 하나님이여 그들의 입에서 이를 꺾
으소서 야훼여 젊은 사자의 어금니
를 꺾어 내시며
7 그들이 급히 흐르는 물 같이 사라
지게 하시며 겨누는 화살이 꺾임
같게 하시며
8 소멸하여 가는 달팽이 같게 하시며
만삭 되지 못하여 출생한 아이가
햇빛을 보지 못함 같게 하소서
9 가시나무 불이 가마를 뜨겁게 하기
전에 생나무든지 불 붙는 나무든지
강한 바람으로 휩쓸려가게 하소서
10 의인이 악인의 보복 당함을 보고
기뻐함이여 그의 발을 악인의 피에
씻으리로다
11 그 때에 사람의 말이 진실로 의인
에게 갚음이 있고 진실로 땅에서
심판하시는 하나님이 계시다 하리
로다

59 나의 하나님이여 나의 원수에게
서 나를 건지시고 일어나 치려는 자
에게서 나를 높이 드소서
2 악을 행하는 자에게서 나를 건지
시고 피 흘리기를 즐기는 자에게서
나를 구원하소서
3 그들이 나의 생명을 해하려고 엎드
려 기다리고 강한 자들이 모여 나
를 치려 하오니 야훼여 이는 나의
잘못으로 말미암음이 아니요 나의
죄로 말미암음도 아니로소이다
4 내가 허물이 없으나 그들이 달려와
서 스스로 준비하오니 주여 나를
도우시기 위하여 깨어 살펴 주소서
5 주님은 만군의 하나님 야훼, 이스
라엘의 하나님이시오니 일어나 모
든 나라들을 벌하소서 악을 행하는
모든 자들에게 은혜를 베풀지 마소
서 (셀라)
6 그들이 저물어 돌아와서 개처럼 울

기록일 : . . .

며 성으로 두루 다니고
7 그들의 입으로는 악을 토하며 그들
의 입술에는 칼이 있어 이르기를 누
가 들으리요 하나이다
8 야훼여 주께서 그들을 비웃으시며
모든 나라들을 조롱하시리이다
9 하나님은 나의 요새이시니 그의 힘
으로 말미암아 내가 주를 바라리
이다
10 나의 하나님이 그의 인자하심으로
나를 영접하시며 하나님이 나의 원
수가 보응 받는 것을 내가 보게 하
시리이다
11 그들을 죽이지 마옵소서 나의 백성
이 잊을까 하나이다 우리 방패 되
신 주여 주의 능력으로 그들을 흩
으시고 낮추소서
12 그들의 입술의 말은 곧 그들의 입
의 죄라 그들이 말하는 저주와 거
짓말로 말미암아 그들이 그 교만한
중에서 사로잡히게 하소서
13 진노하심으로 소멸하시되 없어지기
까지 소멸하사 하나님이 야곱 중에
서 다스리심을 땅 끝까지 알게 하
소서 (셀라)
14 그들에게 저물어 돌아와서 개처럼
울며 성으로 두루 다니게 하소서
15 그들은 먹을 것을 찾아 유리하다가
배부름을 얻지 못하면 밤을 새우려
니와
16 나는 주의 힘을 노래하며 아침에
주의 인자하심을 높이 부르오리니
주는 나의 요새이시며 나의 환난
날에 피난처심이니이다
17 나의 힘이시여 내가 주께 찬송하오
리니 하나님은 나의 요새이시며 나
를 긍휼히 여기시는 하나님이심이
니이다

60 하나님이여 주께서 우리를 버려
흩으셨고 분노하셨사오나 지금은
우리를 회복시키소서
2 주께서 땅을 진동시키사 갈라지게
하셨사오니 그 틈을 기우소서 땅이
흔들림이니이다
3 주께서 주의 백성에게 어려움을 보
이시고 비틀거리게 하는 포도주를
우리에게 마시게 하셨나이다
4 주를 경외하는 자에게 깃발을 주시
고 진리를 위하여 달게 하셨나이다
(셀라)
5 주께서 사랑하시는 자를 건지시기
위하여 주의 오른손으로 구원하시
고 응답하소서
6 하나님이 그의 거룩하심으로 말씀
하시되 내가 뛰놀리라 내가 세겜을
나누며 숙곳 골짜기를 측량하리라
7 길르앗이 내 것이요 므낫세도 내
것이며 에브라임은 내 머리의 투구
요 유다는 나의 규이며
8 모압은 나의 목욕통이라 에돔에는

기록일 : . . .

나의 신발을 던지리라 블레셋아 나
로 말미암아 외치라 하셨도다
9 누가 나를 이끌어 견고한 성에 들
이며 누가 나를 에돔에 인도할까
10 하나님이여 주께서 우리를 버리지
아니하셨나이까 하나님이여 주께서
우리 군대와 함께 나아가지 아니하
시나이다
11 우리를 도와 대적을 치게 하소서
사람의 구원은 헛됨이니이다
12 우리가 하나님을 의지하고 용감하
게 행하리니 그는 우리의 대적을
밟으실 이심이로다

61 하나님이여 나의 부르짖음을 들
으시며 내 기도에 유의하소서
2 내 마음이 약해 질 때에 땅 끝에서
부터 주께 부르짖으오리니 나보다
높은 바위에 나를 인도하소서
3 주는 나의 피난처시요 원수를 피하
는 견고한 망대이심이니이다
4 내가 영원히 주의 장막에 머물며
내가 주의 날개 아래로 피하리이다
(셀라)
5 주 하나님이여 주께서 나의 서원을
들으시고 주의 이름을 경외하는 자
가 얻을 기업을 내게 주셨나이다
6 주께서 왕에게 장수하게 하사 그
의 나이가 여러 대에 미치게 하시
리이다
7 그가 영원히 하나님 앞에서 거주하
리니 인자와 진리를 예비하사 그를
보호하소서
8 그리하시면 내가 주의 이름을 영원
히 찬양하며 매일 나의 서원을 이
행하리이다

62 나의 영혼이 잠잠히 하나님만 바
라봄이여 나의 구원이 그에게서 나오
는도다
2 오직 그만이 나의 반석이시요 나의
구원이시요 나의 요새이시니 내가
크게 흔들리지 아니하리로다
3 넘어지는 담과 흔들리는 울타리 같
이 사람을 죽이려고 너희가 일제히
공격하기를 언제까지 하려느냐
4 그들이 그를 그의 높은 자리에서
떨어뜨리기만 꾀하고 거짓을 즐겨
하니 입으로는 축복이요 속으로는
저주로다 (셀라)
5 나의 영혼아 잠잠히 하나님만 바라
라 무릇 나의 소망이 그로부터 나
오는도다
6 오직 그만이 나의 반석이시요 나의
구원이시요 나의 요새이시니 내가
흔들리지 아니하리로다
7 나의 구원과 영광이 하나님께 있음
이여 내 힘의 반석과 피난처도 하나
님께 있도다
8 백성들아 시시로 그를 의지하고 그
의 앞에 마음을 토하라 하나님은
우리의 피난처시로다 (셀라)

기록일 : . . .

9 아, 슬프도다 사람은 입김이며 인생
도 속임수이니 저울에 달면 그들은
입김보다 가벼우리로다
10 포악을 의지하지 말며 탈취한 것으
로 허망하여지지 말며 재물이 늘어
도 거기에 마음을 두지 말지어다
11 하나님이 한두 번 하신 말씀을 내
가 들었나니 권능은 하나님께 속하
였다 하셨도다
12 주여 인자함은 주께 속하오니 주께
서 각 사람이 행한 대로 갚으심이
니이다

63 하나님이여 주는 나의 하나님이시
라 내가 간절히 주를 찾되 물이 없
어 마르고 황폐한 땅에서 내 영혼
이 주를 갈망하며 내 육체가 주를
앙모하나이다
2 내가 주의 권능과 영광을 보기 위
하여 이와 같이 성소에서 주를 바
라보았나이다
3 주의 인자하심이 생명보다 나으므
로 내 입술이 주를 찬양할 것이라
4 이러므로 나의 평생에 주를 송축
하며 주의 이름으로 말미암아 나의
손을 들리이다
5 골수와 기름진 것을 먹음과 같이
나의 영혼이 만족할 것이라 나의
입이 기쁜 입술로 주를 찬송하되
6 내가 나의 침상에서 주를 기억하며
새벽에 주의 말씀을 작은 소리로
읊조릴 때에 하오리니
7 주는 나의 도움이 되셨음이라 내가
주의 날개 그늘에서 즐겁게 부르리
이다
8 나의 영혼이 주를 가까이 따르니
주의 오른손이 나를 붙드시거니와
9 나의 영혼을 찾아 멸하려 하는 그
들은 땅 깊은 곳에 들어가며
10 칼의 세력에 넘겨져 승냥이의 먹이
가 되리이다
11 왕은 하나님을 즐거워하리니 주께
맹세한 자마다 자랑할 것이나 거짓
말하는 자의 입은 막히리로다

64 하나님이여 내가 근심하는 소리
를 들으시고 원수의 두려움에서 나
의 생명을 보존하소서
2 주는 악을 꾀하는 자들의 음모에서
나를 숨겨 주시고 악을 행하는 자
들의 소동에서 나를 감추어 주소서
3 그들이 칼 같이 자기 혀를 연마하며
화살 같이 독한 말로 겨누고
4 숨은 곳에서 온전한 자를 쏘며 갑자
기 쏘고 두려워하지 아니하는도다
5 그들은 악한 목적으로 서로 격려하
며 남몰래 올무 놓기를 함께 의논
하고 하는 말이 누가 우리를 보리
요 하며
6 그들은 죄악을 꾸미며 이르기를 우
리가 묘책을 찾았다 하나니 각 사
람의 속 뜻과 마음이 깊도다

기록일 : . . .

7 그러나 하나님이 그들을 쏘시리니
그들이 갑자기 화살에 상하리로다
8 이러므로 그들이 엎드러지리니 그
들의 혀가 그들을 해함이라 그들을
보는 자가 다 머리를 흔들리로다
9 모든 사람이 두려워하여 하나님의
일을 선포하며 그의 행하심을 깊이
생각하리로다
10 의인은 야훼로 말미암아 즐거워하
며 그에게 피하리니 마음이 정직한
자는 다 자랑하리로다

65

하나님이여 찬송이 시온에서 주를
기다리오며 사람이 서원을 주께 이
행하리이다
2 기도를 들으시는 주여 모든 육체가
주께 나아오리이다
3 죄악이 나를 이겼사오니 우리의 허
물을 주께서 사하시리이다
4 주께서 택하시고 가까이 오게 하사
주의 뜰에 살게 하신 사람은 복이
있나이다 우리가 주의 집 곧 주의
성전의 아름다움으로 만족하리이다
5 우리 구원의 하나님이시여 땅의 모
든 끝과 먼 바다에 있는 자가 의지
할 주께서 의를 따라 엄위하신 일
로 우리에게 응답하시리이다
6 주는 주의 힘으로 산을 세우시며
권능으로 띠를 띠시며
7 바다의 설렘과 물결의 흔들림과 만
민의 소요까지 진정하시나이다
8 땅 끝에 사는 자가 주의 징조를 두
려워하나이다 주께서 아침 되는 것
과 저녁 되는 것을 즐거워하게 하
시며
9 땅을 돌보사 물을 대어 심히 윤택
하게 하시며 하나님의 강에 물이
가득하게 하시고 이같이 땅을 예비
하신 후에 그들에게 곡식을 주시나
이다
10 주께서 밭고랑에 물을 넉넉히 대사
그 이랑을 평평하게 하시며 또 단비
로 부드럽게 하시고 그 싹에 복을
주시나이다
11 주의 은택으로 한 해를 관 씌우시
니 주의 길에는 기름 방울이 떨어
지며
12 들의 초장에도 떨어지니 작은 산들
이 기쁨으로 띠를 띠었나이다
13 초장은 양 떼로 옷 입었고 골짜기
는 곡식으로 덮였으매 그들이 다
즐거이 외치고 또 노래하나이다

66

온 땅이여 하나님께 즐거운 소리
를 낼지어다
2 그의 이름의 영광을 찬양하고 영화
롭게 찬송할지어다
3 하나님께 아뢰기를 주의 일이 어찌
그리 엄위하신지요 주의 큰 권능으
로 말미암아 주의 원수가 주께 복
종할 것이며
4 온 땅이 주께 경배하고 주를 노래

기록일 : . . .

하며 주의 이름을 노래하리이다 할
지어다 (셀라)
5 와서 하나님께서 행하신 것을 보라
사람의 아들들에게 행하심이 엄위
하시도다
6 하나님이 바다를 변하여 육지가 되
게 하셨으므로 무리가 걸어서 강을
건너고 우리가 거기서 주로 말미암
아 기뻐하였도다
7 그가 그의 능력으로 영원히 다스리
시며 그의 눈으로 나라들을 살피시
나니 거역하는 자들은 교만하지 말
지어다 (셀라)
8 만민들아 우리 하나님을 송축하며
그의 찬양 소리를 들리게 할지어다
9 그는 우리 영혼을 살려 두시고 우
리의 실족함을 허락하지 아니하시
는 주시로다
10 하나님이여 주께서 우리를 시험하
시되 우리를 단련하시기를 은을 단
련함 같이 하셨으며
11 우리를 끌어 그물에 걸리게 하시며
어려운 짐을 우리 허리에 매어 두셨
으며
12 사람들이 우리 머리를 타고 가게
하셨나이다 우리가 불과 물을 통과
하였더니 주께서 우리를 끌어내사
풍부한 곳에 들이셨나이다
13 내가 번제물을 가지고 주의 집에 들
어가서 나의 서원을 주께 갚으리니
14 이는 내 입술이 낸 것이요 내 환난
때에 내 입이 말한 것이니이다
15 내가 숫양의 향기와 함께 살진 것
으로 주께 번제를 드리며 수소와
염소를 드리리이다 (셀라)
16 하나님을 두려워하는 너희들아 다
와서 들으라 하나님이 나의 영혼을
위하여 행하신 일을 내가 선포하리
로다
17 내가 나의 입으로 그에게 부르짖으
며 나의 혀로 높이 찬송하였도다
18 내가 나의 마음에 죄악을 품었더라
면 주께서 듣지 아니하시리라
19 그러나 하나님이 실로 들으셨음이여
내 기도 소리에 귀를 기울이셨도다
20 하나님을 찬송하리로다 그가 내 기
도를 물리치지 아니하시고 그의 인
자하심을 내게서 거두지도 아니하
셨도다

67 하나님은 우리에게 은혜를 베푸
사 복을 주시고 그의 얼굴 빛을 우
리에게 비추사 (셀라)
2 주의 도를 땅 위에, 주의 구원을 모
든 나라에게 알리소서
3 하나님이여 민족들이 주를 찬송하
게 하시며 모든 민족들이 주를 찬
송하게 하소서
4 온 백성은 기쁘고 즐겁게 노래할지
니 주는 민족들을 공평히 심판하시
며 땅 위의 나라들을 다스리실 것

기록일 : . . .

임이니이다 (셀라)
5 하나님이여 민족들이 주를 찬송하
게 하시며 모든 민족으로 주를 찬
송하게 하소서
6 땅이 그의 소산을 내어 주었으니
하나님 곧 우리 하나님이 우리에게
복을 주시리로다
7 하나님이 우리에게 복을 주시리니
땅의 모든 끝이 하나님을 경외하리
로다

68

하나님이 일어나시니 원수들은 흩
어지며 주를 미워하는 자들은 주
앞에서 도망하리이다
2 연기가 불려 가듯이 그들을 몰아내
소서 불 앞에서 밀이 녹음 같이 악
인이 하나님 앞에서 망하게 하소서
3 의인은 기뻐하여 하나님 앞에서 뛰
놀며 기뻐하고 즐거워할지어다
4 하나님께 노래하며 그의 이름을 찬
양하라 하늘을 타고 광야에 행하
시던 이를 위하여 대로를 수축하라
그의 이름은 야훼이시니 그의 앞에
서 뛰놀지어다
5 그의 거룩한 처소에 계신 하나님은
고아의 아버지시며 과부의 재판장
이시라
6 하나님이 고독한 자들은 가족과 함
께 살게 하시며 갇힌 자들은 이끌
어 내사 형통하게 하시느니라 오직
거역하는 자들의 거처는 메마른 땅

이로다
7 하나님이여 주의 백성 앞에서 앞서
나가사 광야에서 행진하셨을 때에
(셀라)
8 땅이 진동하며 하늘이 하나님 앞에
서 떨어지며 저 시내 산도 하나님
곧 이스라엘의 하나님 앞에서 진동
하였나이다
9 하나님이여 주께서 흡족한 비를 보
내사 주의 기업이 곤핍할 때에 주
께서 그것을 견고하게 하셨고
10 주의 회중을 그 가운데에 살게 하
셨나이다 하나님이여 주께서 가난
한 자를 위하여 주의 은택을 준비
하셨나이다
11 주께서 말씀을 주시니 소식을 공포
하는 여자들은 큰 무리라
12 여러 군대의 왕들이 도망하고 도망
하니 집에 있던 여자들도 탈취물을
나누도다
13 너희가 양 우리에 누울 때에는 그
날개를 은으로 입히고 그 깃을 황
금으로 입힌 비둘기 같도다
14 전능하신 이가 왕들을 그 중에서
흩으실 때에는 살몬에 눈이 날림
같도다
15 바산의 산은 하나님의 산임이여 바
산의 산은 높은 산이로다
16 너희 높은 산들아 어찌하여 하나님
이 계시려 하는 산을 시기하여 보느

기록일 : . . .

나 진실로 야훼께서 이 산에 영원
히 계시리로다
17 하나님의 병거는 천천이요 만만이
라 주께서 그 중에 계심이 시내 산
성소에 계심 같도다
18 주께서 높은 곳으로 오르시며 사로
잡은 자들을 취하시고 선물들을 사
람들에게서 받으시며 반역자들로부
터도 받으시니 야훼 하나님이 그들
과 함께 계시기 때문이로다
19 날마다 우리 짐을 지시는 주 곧 우
리의 구원이신 하나님을 찬송할지
로다 (셀라)
20 하나님은 우리에게 구원의 하나님
이시라 사망에서 벗어남은 주 야훼
로 말미암거니와
21 그의 원수들의 머리 곧 죄를 짓고
다니는 자의 정수리는 하나님이 쳐
서 깨뜨리시리로다
22 주께서 말씀하시기를 내가 그들을
바산에서 돌아오게 하며 바다 깊은
곳에서 도로 나오게 하고
23 네가 그들을 심히 치고 그들의 피
에 네 발을 잠그게 하며 네 집의 개
의 혀로 네 원수들에게서 제 분깃
을 얻게 하리라 하시도다
24 하나님이여 그들이 주께서 행차하
심을 보았으니 곧 나의 하나님, 나
의 왕이 성소로 행차하시는 것이라
25 소고 치는 처녀들 중에서 노래 부
르는 자들은 앞서고 악기를 연주하
는 자들은 뒤따르나이다
26 이스라엘의 근원에서 나온 너희여
대회 중에 하나님 곧 주를 송축할
지어다
27 거기에는 그들을 주관하는 작은 베
냐민과 유다의 고관과 그들의 무리
와 스불론의 고관과 납달리의 고관
이 있도다
28 네 하나님이 너의 힘을 명령하셨도
다 하나님이여 우리를 위하여 행하
신 것을 견고하게 하소서
29 예루살렘에 있는 주의 전을 위하여
왕들이 주께 예물을 드리리이다
30 갈밭의 들짐승과 수소의 무리와 만
민의 송아지를 꾸짖으시고 은 조각
을 발 아래에 밟으소서 그가 전쟁
을 즐기는 백성을 흩으셨도다
31 고관들은 애굽에서 나오고 구스인
은 하나님을 향하여 그 손을 신속
히 들리로다
32 땅의 왕국들아 하나님께 노래하고
주께 찬송할지어다 (셀라)
33 옛적 하늘들의 하늘을 타신 자에게
찬송하라 주께서 그 소리를 내시니
웅장한 소리로다
34 너희는 하나님께 능력을 돌릴지어
다 그의 위엄이 이스라엘 위에 있
고 그의 능력이 구름 속에 있도다
35 하나님이여 위엄을 성소에서 나타

기록일 : . . .

내시나이다 이스라엘의 하나님은
그의 백성에게 힘과 능력을 주시나
니 하나님을 찬송할지어다

69

하나님이여 나를 구원하소서 물
들이 내 영혼에까지 흘러 들어왔나
이다
2 나는 설 곳이 없는 깊은 수렁에 빠
지며 깊은 물에 들어가니 큰 물이
내게 넘치나이다
3 내가 부르짖음으로 피곤하여 나의
목이 마르며 나의 하나님을 바라서
나의 눈이 쇠하였나이다
4 까닭 없이 나를 미워하는 자가 나
의 머리털보다 많고 부당하게 나의
원수가 되어 나를 끊으려 하는 자
가 강하였으니 내가 빼앗지 아니한
것도 물어 주게 되었나이다
5 하나님이여 주는 나의 우매함을 아
시오니 나의 죄가 주 앞에서 숨김
이 없나이다
6 주 만군의 야훼여 주를 바라는 자
들이 나를 인하여 수치를 당하게
하지 마옵소서 이스라엘의 하나님
이여 주를 찾는 자가 나로 말미암
아 욕을 당하게 하지 마옵소서
7 내가 주를 위하여 비방을 받았사오
니 수치가 나의 얼굴에 덮였나이다
8 내가 나의 형제에게는 객이 되고
나의 어머니의 자녀에게는 낯선 사
람이 되었나이다
9 주의 집을 위하는 열성이 나를 삼
키고 주를 비방하는 비방이 내게
미쳤나이다
10 내가 곡하고 금식하였더니 그것이
도리어 나의 욕이 되었으며
11 내가 굵은 베로 내 옷을 삼았더니
내가 그들의 말 거리가 되었나이다
12 성문에 앉은 자가 나를 비난하며
독주에 취한 무리가 나를 두고 노
래하나이다
13 야훼여 나를 반기시는 때에 내가
주께 기도하오니 하나님이여 많은
인자와 구원의 진리로 내게 응답하
소서
14 나를 수렁에서 건지사 빠지지 말게
하시고 나를 미워하는 자에게서와
깊은 물에서 건지소서
15 큰 물이 나를 휩쓸거나 깊음이 나
를 삼키지 못하게 하시며 웅덩이가
내 위에 덮쳐 그것의 입을 닫지 못
하게 하소서
16 야훼여 주의 인자하심이 선하시오
니 내게 응답하시며 주의 많은 긍
휼에 따라 내게로 돌이키소서
17 주의 얼굴을 주의 종에게서 숨기지
마소서 내가 환난 중에 있사오니
속히 내게 응답하소서
18 내 영혼에게 가까이하사 구원하시
며 내 원수로 말미암아 나를 속량
하소서

기록일 : . . .

19 주께서 나의 비방과 수치와 능욕을
아시나이다 나의 대적자들이 다 주
님 앞에 있나이다
20 비방이 나의 마음을 상하게 하여
근심이 충만하니 불쌍히 여길 자를
바라나 없고 긍휼히 여길 자를 바
라나 찾지 못하였나이다
21 그들이 쓸개를 나의 음식물로 주며
목마를 때에는 초를 마시게 하였사
오니
22 그들의 밥상이 올무가 되게 하시며
그들의 평안이 덫이 되게 하소서
23 그들의 눈이 어두워 보지 못하게
하시며 그들의 허리가 항상 떨리게
하소서
24 주의 분노를 그들의 위에 부으시며
주의 맹렬하신 노가 그들에게 미치
게 하소서
25 그들의 거처가 황폐하게 하시며 그
들의 장막에 사는 자가 없게 하소서
26 무릇 그들이 주께서 치신 자를 핍
박하며 주께서 상하게 하신 자의
슬픔을 말하였사오니
27 그들의 죄악에 죄악을 더하사 주의
공의에 들어오지 못하게 하소서
28 그들을 생명책에서 지우사 의인들
과 함께 기록되지 말게 하소서
29 오직 나는 가난하고 슬프오니 하
나님이여 주의 구원으로 나를 높이
소서
30 내가 노래로 하나님의 이름을 찬송
하며 감사함으로 하나님을 위대하
시다 하리니
31 이것이 소 곧 뿔과 굽이 있는 황소
를 드림보다 야훼를 더욱 기쁘시게
함이 될 것이라
32 곤고한 자가 이를 보고 기뻐하나니
하나님을 찾는 너희들아 너희 마음
을 소생하게 할지어다
33 야훼는 궁핍한 자의 소리를 들으시
며 자기로 말미암아 갇힌 자를 멸시
하지 아니하시나니
34 천지가 그를 찬송할 것이요 바다와
그 중의 모든 생물도 그리할지로다
35 하나님이 시온을 구원하시고 유다
성읍들을 건설하시리니 무리가 거
기에 살며 소유를 삼으리로다
36 그의 종들의 후손이 또한 이를 상
속하고 그의 이름을 사랑하는 자가
그 중에 살리로다

70

하나님이여 나를 건지소서 야훼여
속히 나를 도우소서
2 나의 영혼을 찾는 자들이 수치와
무안을 당하게 하시며 나의 상함을
기뻐하는 자들이 뒤로 물러가 수모
를 당하게 하소서
3 아하, 아하 하는 자들이 자기 수치
로 말미암아 뒤로 물러가게 하소서
4 주를 찾는 모든 자들이 주로 말미
암아 기뻐하고 즐거워하게 하시며

주의 구원을 사랑하는 자들이 항상
말하기를 하나님은 위대하시다 하
게 하소서
5 나는 가난하고 궁핍하오니 하나님
이여 속히 내게 임하소서 주는 나
의 도움이시요 나를 건지시는 이시
오니 야훼여 지체하지 마소서

71

야훼여 내가 주께 피하오니 내가
영원히 수치를 당하게 하지 마소서
2 주의 의로 나를 건지시며 나를 풀
어 주시며 주의 귀를 내게 기울이
사 나를 구원하소서
3 주는 내가 항상 피하여 숨을 바위
가 되소서 주께서 나를 구원하라
명령하셨으니 이는 주께서 나의 반
석이시요 나의 요새이심이니이다
4 나의 하나님이여 나를 악인의 손
곧 불의한 자와 흉악한 자의 장중
에서 피하게 하소서
5 주 야훼여 주는 나의 소망이시요
내가 어릴 때부터 신뢰한 이시라
6 내가 모태에서부터 주를 의지하였
으며 나의 어머니의 배에서부터 주
께서 나를 택하셨사오니 나는 항상
주를 찬송하리이다
7 나는 무리에게 이상한 징조 같이
되었사오나 주는 나의 견고한 피난
처시오니
8 주를 찬송함과 주께 영광 돌림이
종일토록 내 입에 가득하리이다
9 늙을 때에 나를 버리지 마시며 내
힘이 쇠약할 때에 나를 떠나지 마
소서
10 내 원수들이 내게 대하여 말하며
내 영혼을 엿보는 자들이 서로 꾀
하여
11 이르기를 하나님이 그를 버리셨은즉
따라 잡으라 건질 자가 없다 하오니
12 하나님이여 나를 멀리 하지 마소
서 나의 하나님이여 속히 나를 도우
소서
13 내 영혼을 대적하는 자들이 수치와
멸망을 당하게 하시며 나를 모해하
려 하는 자들에게는 욕과 수욕이
덮이게 하소서
14 나는 항상 소망을 품고 주를 더욱
더욱 찬송하리이다
15 내가 측량할 수 없는 주의 공의와
구원을 내 입으로 종일 전하리이다
16 내가 주 야훼의 능하신 행적을 가
지고 오겠사오며 주의 공의만 전하
겠나이다
17 하나님이여 나를 어려서부터 교훈
하셨으므로 내가 지금까지 주의 기
이한 일들을 전하였나이다
18 하나님이여 내가 늙어 백발이 될
때에도 나를 버리지 마시며 내가
주의 힘을 후대에 전하고 주의 능
력을 장래의 모든 사람에게 전하기
까지 나를 버리지 마소서

기록일 : . . .

19 하나님이여 주의 의가 또한 지극히
높으시니이다 하나님이여 주께서
큰 일을 행하셨사오니 누가 주와
같으리이까
20 우리에게 여러 가지 심한 고난을
보이신 주께서 우리를 다시 살리시
며 땅 깊은 곳에서 다시 이끌어 올
리시리이다
21 나를 더욱 창대하게 하시고 돌이키
사 나를 위로하소서
22 나의 하나님이여 내가 또 비파로
주를 찬양하며 주의 성실을 찬양하
리이다 이스라엘의 거룩하신 주여
내가 수금으로 주를 찬양하리이다
23 내가 주를 찬양할 때에 나의 입술
이 기뻐 외치며 주께서 속량하신
내 영혼이 즐거워하리이다
24 나의 혀도 종일토록 주의 의를 작
은 소리로 읊조리오리니 나를 모해
하려 하던 자들이 수치와 무안을
당함이니이다

72 하나님이여 주의 판단력을 왕에
게 주시고 주의 공의를 왕의 아들
에게 주소서
2 그가 주의 백성을 공의로 재판하
며 주의 가난한 자를 정의로 재판
하리니
3 의로 말미암아 산들이 백성에게 평
강을 주며 작은 산들도 그리하리
로다
4 그가 가난한 백성의 억울함을 풀어
주며 궁핍한 자의 자손을 구원하며
압박하는 자를 꺾으리로다
5 그들이 해가 있을 동안에도 주를
두려워하며 달이 있을 동안에도 대
대로 그리하리로다
6 그는 벤 풀 위에 내리는 비 같이,
땅을 적시는 소낙비 같이 내리리니
7 그의 날에 의인이 흥왕하여 평강의
풍성함이 달이 다할 때까지 이르리
로다
8 그가 바다에서부터 바다까지와 강
에서부터 땅 끝까지 다스리리니
9 광야에 사는 자는 그 앞에 굽히며
그의 원수들은 티끌을 핥을 것이며
10 다시스와 섬의 왕들이 조공을 바치
며 스바와 시바 왕들이 예물을 드
리리로다
11 모든 왕이 그의 앞에 부복하며 모
든 민족이 다 그를 섬기리로다
12 그는 궁핍한 자가 부르짖을 때에
건지며 도움이 없는 가난한 자도 건
지며
13 그는 가난한 자와 궁핍한 자를 불
쌍히 여기며 궁핍한 자의 생명을
구원하며
14 그들의 생명을 압박과 강포에서 구
원하리니 그들의 피가 그의 눈 앞
에서 존귀히 여김을 받으리로다
15 그들이 생존하여 스바의 금을 그

기록일 : . . .

에게 드리며 사람들이 그를 위하여
항상 기도하고 종일 찬송하리로다
16 산 꼭대기의 땅에도 곡식이 풍성하
고 그것의 열매가 레바논 같이 흔
들리며 성에 있는 자가 땅의 풀 같
이 왕성하리로다
17 그의 이름이 영구함이여 그의 이름
이 해와 같이 장구하리로다 사람
들이 그로 말미암아 복을 받으리니
모든 민족이 다 그를 복되다 하리
로다
18 홀로 기이한 일들을 행하시는 야훼
하나님 곧 이스라엘의 하나님을 찬
송하며
19 그 영화로운 이름을 영원히 찬송할
지어다 온 땅에 그의 영광이 충만
할지어다 아멘 아멘
20 이새의 아들 다윗의 기도가 끝나
니라

73

하나님이 참으로 이스라엘 중 마
음이 정결한 자에게 선을 행하시나
2 나는 거의 넘어질 뻔하였고 나의
걸음이 미끄러질 뻔하였으니
3 이는 내가 악인의 형통함을 보고
오만한 자를 질투하였음이로다
4 그들은 죽을 때에도 고통이 없고
그 힘이 강건하며
5 사람들이 당하는 고난이 그들에게
는 없고 사람들이 당하는 재앙도
그들에게는 없나니
6 그러므로 교만이 그들의 목걸이요
강포가 그들의 옷이며
7 살찜으로 그들의 눈이 솟아나며
그들의 소득은 마음의 소원보다
많으며
8 그들은 능욕하며 악하게 말하며 높
은 데서 거만하게 말하며
9 그들의 입은 하늘에 두고 그들의
혀는 땅에 두루 다니도다
10 그러므로 그의 백성이 이리로 돌아
와서 잔에 가득한 물을 다 마시며
11 말하기를 하나님이 어찌 알랴 지존
자에게 지식이 있으랴 하는도다
12 볼지어다 이들은 악인들이라도 항상
평안하고 재물은 더욱 불어나도다
13 내가 내 마음을 깨끗하게 하며 내
손을 씻어 무죄하다 한 것이 실로
헛되도다
14 나는 종일 재난을 당하며 아침마다
징벌을 받았도다
15 내가 만일 스스로 이르기를 내가
그들처럼 말하리라 하였더라면 나
는 주의 아들들의 세대에 대하여
악행을 행하였으리이다
16 내가 어쩌면 이를 알까 하여 생각
한즉 그것이 내게 심한 고통이 되
었더니
17 하나님의 성소에 들어갈 때에야 그
들의 종말을 내가 깨달았나이다
18 주께서 참으로 그들을 미끄러운 곳

기록일 : . . .

에 두시며 파멸에 던지시니
19 그들이 어찌하여 그리 갑자기 황폐
되었는가 놀랄 정도로 그들은 전멸
하였나이다
20 주여 사람이 깬 후에는 꿈을 무시
함 같이 주께서 깨신 후에는 그들
의 형상을 멸시하시리이다
21 내 마음이 산란하며 내 양심이 찔
렸나이다
22 내가 이같이 우매 무지함으로 주
앞에 짐승이오나
23 내가 항상 주와 함께 하니 주께서
내 오른손을 붙드셨나이다
24 주의 교훈으로 나를 인도하시고 후
에는 영광으로 나를 영접하시리니
25 하늘에서는 주 외에 누가 내게 있
으리요 땅에서는 주 밖에 내가 사
모할 이 없나이다
26 내 육체와 마음은 쇠약하나 하나
님은 내 마음의 반석이시요 영원한
분깃이시라
27 무릇 주를 멀리하는 자는 망하리니
음녀 같이 주를 떠난 자를 주께서
다 멸하셨나이다
28 하나님께 가까이 함이 내게 복이라
내가 주 야훼를 나의 피난처로 삼아
주의 모든 행적을 전파하리이다

74 하나님이여 주께서 어찌하여 우
리를 영원히 버리시나이까 어찌하
여 주께서 기르시는 양을 향하여
진노의 연기를 뿜으시나이까
2 옛적부터 얻으시고 속량하사 주의
기업의 지파로 삼으신 주의 회중을
기억하시며 주께서 계시던 시온 산
도 생각하소서
3 영구히 파멸된 곳을 향하여 주의
발을 옮겨 놓으소서 원수가 성소에
서 모든 악을 행하였나이다
4 주의 대적이 주의 회중 가운데에서
떠들며 자기들의 깃발을 세워 표적
으로 삼았으니
5 그들은 마치 도끼를 들어 삼림을
베는 사람 같으니이다
6 이제 그들이 도끼와 철퇴로 성소의
모든 조각품을 쳐서 부수고
7 주의 성소를 불사르며 주의 이름이
계신 곳을 더럽혀 땅에 엎었나이다
8 그들이 마음속으로 이르기를 우리
가 그들을 진멸하자 하고 이 땅에
있는 하나님의 모든 회당을 불살랐
나이다
9 우리의 표적은 보이지 아니하며 선
지자도 더 이상 없으며 이런 일이
얼마나 오랠는지 우리 중에 아는
자도 없나이다
10 하나님이여 대적이 언제까지 비방
하겠으며 원수가 주의 이름을 영원
히 능욕하리이까
11 주께서 어찌하여 주의 손 곧 주의
오른손을 거두시나이까 주의 품에

기록일 : . . .

서 손을 빼내시어 그들을 멸하소서
12 하나님은 예로부터 나의 왕이시라
사람에게 구원을 베푸셨나이다
13 주께서 주의 능력으로 바다를 나누
시고 물 가운데 용들의 머리를 깨
뜨리셨으며
14 리워야단의 머리를 부수시고 그것
을 사막에 사는 자에게 음식물로
주셨으며
15 주께서 바위를 쪼개어 큰 물을 내
시며 주께서 늘 흐르는 강들을 마
르게 하셨나이다
16 낮도 주의 것이요 밤도 주의 것이
라 주께서 빛과 해를 마련하셨으며
17 주께서 땅의 경계를 정하시며 주께
서 여름과 겨울을 만드셨나이다
18 야훼여 이것을 기억하소서 원수가
주를 비방하며 우매한 백성이 주의
이름을 능욕하였나이다
19 주의 멧비둘기의 생명을 들짐승에
게 주지 마시며 주의 가난한 자의
목숨을 영원히 잊지 마소서
20 그 언약을 눈여겨 보소서 무릇 땅
의 어두운 곳에 포악한 자의 처소
가 가득하나이다
21 학대 받은 자가 부끄러이 돌아가게
하지 마시고 가난한 자와 궁핍한
자가 주의 이름을 찬송하게 하소서
22 하나님이여 일어나 주의 원통함을
푸시고 우매한 자가 종일 주를 비
방하는 것을 기억하소서
23 주의 대적들의 소리를 잊지 마소서
일어나 주께 항거하는 자의 떠드는
소리가 항상 주께 상달되나이다

75

하나님이여 우리가 주께 감사하
고 감사함은 주의 이름이 가까움
이라 사람들이 주의 기이한 일들을
전파하나이다
2 주의 말씀이 내가 정한 기약이 이
르면 내가 바르게 심판하리니
3 땅의 기둥은 내가 세웠거니와 땅과
그 모든 주민이 소멸되리라 하시도
다 (셀라)
4 내가 오만한 자들에게 오만하게 행
하지 말라 하며 악인들에게 뿔을
들지 말라 하였노니
5 너희 뿔을 높이 들지 말며 교만한
목으로 말하지 말지어다
6 무릇 높이는 일이 동쪽에서나 서쪽
에서 말미암지 아니하며 남쪽에서
도 말미암지 아니하고
7 오직 재판장이신 하나님이 이를 낮
추시고 저를 높이시느니라
8 야훼의 손에 잔이 있어 술 거품이
일어나는도다 속에 섞은 것이 가득
한 그 잔을 하나님이 쏟아 내시나
니 실로 그 찌꺼기까지도 땅의 모
든 악인이 기울여 마시리로다
9 나는 야곱의 하나님을 영원히 선포
하며 찬양하며

기록일 : . . .

10 또 악인들의 뿔을 다 베고 의인의
뿔은 높이 들리로다

76

하나님은 유다에 알려지셨으며
그의 이름이 이스라엘에 알려지셨
도다
2 그의 장막은 살렘에 있음이여 그의
처소는 시온에 있도다
3 거기에서 그가 화살과 방패와 칼과
전쟁을 없이하셨도다 (셀라)
4 주는 약탈한 산에서 영화로우시며
존귀하시도다
5 마음이 강한 자도 가진 것을 빼앗
기고 잠에 빠질 것이며 장사들도
모두 그들에게 도움을 줄 손을 만
날 수 없도다
6 야곱의 하나님이여 주께서 꾸짖으
시매 병거와 말이 다 깊이 잠들었나
이다
7 주께서는 경외 받을 이시니 주께서
한 번 노하실 때에 누가 주의 목전
에 서리이까
8 주께서 하늘에서 판결을 선포하시
매 땅이 두려워 잠잠하였나니
9 곧 하나님이 땅의 모든 온유한 자
를 구원하시려고 심판하러 일어나
신 때에로다 (셀라)
10 진실로 사람의 노여움은 주를 찬송
하게 될 것이요 그 남은 노여움은
주께서 금하시리이다
11 너희는 야훼 너희 하나님께 서원하
고 갚으라 사방에 있는 모든 사람
도 마땅히 경외할 이에게 예물을
드릴지로다
12 그가 고관들의 기를 꺾으시리니 그
는 세상의 왕들에게 두려움이시로다

77

내가 내 음성으로 하나님께 부르
짖으리니 내 음성으로 하나님께 부
르짖으면 내게 귀를 기울이시리로다
2 나의 환난 날에 내가 주를 찾았으
며 밤에는 내 손을 들고 거두지 아
니하였나니 내 영혼이 위로 받기를
거절하였도다
3 내가 하나님을 기억하고 불안하여
근심하니 내 심령이 상하도다 (셀라)
4 주께서 내가 눈을 붙이지 못하게 하
시니 내가 괴로워 말할 수 없나이다
5 내가 옛날 곧 지나간 세월을 생각
하였사오며
6 밤에 부른 노래를 내가 기억하여
내 심령으로, 내가 내 마음으로 간
구하기를
7 주께서 영원히 버리실까, 다시는 은
혜를 베풀지 아니하실까,
8 그의 인자하심은 영원히 끝났는
가, 그의 약속하심도 영구히 폐하였
는가,
9 하나님이 그가 베푸실 은혜를 잊으
셨는가, 노하심으로 그가 베푸실 긍
휼을 그치셨는가 하였나이다 (셀라)
10 또 내가 말하기를 이는 나의 잘못

기록일 : . . .

이라 지존자의 오른손의 해
11 곧 야훼의 일들을 기억하며 주께서
옛적에 행하신 기이한 일을 기억하
리이다
12 또 주의 모든 일을 작은 소리로 읊
조리며 주의 행사를 낮은 소리로
되뇌이리이다
13 하나님이여 주의 도는 극히 거룩하
시오니 하나님과 같이 위대하신 신
이 누구오니이까
14 주는 기이한 일을 행하신 하나님이
시라 민족들 중에 주의 능력을 알
리시고
15 주의 팔로 주의 백성 곧 야곱과 요
셉의 자손을 속량하셨나이다 (셀라)
16 하나님이여 물들이 주를 보았나이
다 물들이 주를 보고 두려워하며
깊음도 진동하였고
17 구름이 물을 쏟고 궁창이 소리를
내며 주의 화살도 날아갔나이다
18 회오리바람 중에 주의 우렛소리가
있으며 번개가 세계를 비추며 땅이
흔들리고 움직였나이다
19 주의 길이 바다에 있었고 주의 곧
은 길이 큰 물에 있었으나 주의 발
자취를 알 수 없었나이다
20 주의 백성을 양 떼 같이 모세와 아
론의 손으로 인도하셨나이다

78
내 백성이여, 내 율법을 들으며
내 입의 말에 귀를 기울일지어다
2 내가 입을 열어 비유로 말하며 예
로부터 감추어졌던 것을 드러내려
하니
3 이는 우리가 들어서 아는 바요 우
리의 조상들이 우리에게 전한 바라
4 우리가 이를 그들의 자손에게 숨
기지 아니하고 야훼의 영예와 그의
능력과 그가 행하신 기이한 사적을
후대에 전하리로다
5 야훼께서 증거를 야곱에게 세우시
며 법도를 이스라엘에게 정하시고
우리 조상들에게 명령하사 그들의
자손에게 알리라 하셨으니
6 이는 그들로 후대 곧 태어날 자손
에게 이를 알게 하고 그들은 일어
나 그들의 자손에게 일러서
7 그들로 그들의 소망을 하나님께 두
며 하나님께서 행하신 일을 잊지 아
니하고 오직 그의 계명을 지켜서
8 그들의 조상들 곧 완고하고 패역
하여 그들의 마음이 정직하지 못하
며 그 심령이 하나님께 충성하지 아
니하는 세대와 같이 되지 아니하게
하려 하심이로다
9 에브라임 자손은 무기를 갖추며
활을 가졌으나 전쟁의 날에 물러갔
도다
10 그들이 하나님의 언약을 지키지 아
니하고 그의 율법 준행을 거절하며
11 야훼께서 행하신 것과 그들에게 보

기록일 : . . .

이신 그의 기이한 일을 잊었도다
12 옛적에 하나님이 애굽 땅 소안 들
에서 기이한 일을 그들의 조상들의
목전에서 행하셨으되
13 그가 바다를 갈라 물을 무더기 같
이 서게 하시고 그들을 지나가게
하셨으며
14 낮에는 구름으로, 밤에는 불빛으로
인도하셨으며
15 광야에서 반석을 쪼개시고 매우 깊
은 곳에서 나오는 물처럼 흡족하게
마시게 하셨으며
16 또 바위에서 시내를 내사 물이 강
같이 흐르게 하셨으나
17 그들은 계속해서 하나님께 범죄하
여 메마른 땅에서 지존자를 배반하
였도다
18 그들이 그들의 탐욕대로 음식을 구
하여 그들의 심중에 하나님을 시험
하였으며
19 그뿐 아니라 하나님을 대적하여 말
하기를 하나님이 광야에서 식탁을
베푸실 수 있으랴
20 보라 그가 반석을 쳐서 물을 내시
니 시내가 넘쳤으나 그가 능히 떡
도 주시며 자기 백성을 위하여 고기
도 예비하시랴 하였도다
21 그러므로 야훼께서 듣고 노하셨으
며 야곱에게 불 같이 노하셨고 또
한 이스라엘에게 진노가 불타 올랐
으니
22 이는 하나님을 믿지 아니하며 그의
구원을 의지하지 아니한 때문이로다
23 그러나 그가 위의 궁창을 명령하시
며 하늘 문을 여시고
24 그들에게 만나를 비 같이 내려 먹
이시며 하늘 양식을 그들에게 주셨
나니
25 사람이 힘센 자의 떡을 먹었으며
그가 음식을 그들에게 충족히 주셨
도다
26 그가 동풍을 하늘에서 일게 하시며
그의 권능으로 남풍을 인도하시고
27 먼지처럼 많은 고기를 비 같이 내리
시고 나는 새를 바다의 모래 같이
내리셨도다
28 그가 그것들을 그들의 진중에 떨어
지게 하사 그들의 거처에 두르셨으
므로
29 그들이 먹고 심히 배불렀나니 하나
님이 그들의 원대로 그들에게 주셨
도다
30 그러나 그들이 그들의 욕심을 버리
지 아니하여 그들의 먹을 것이 아직
그들의 입에 있을 때에
31 하나님이 그들에게 노염을 나타내
사 그들 중 강한 자를 죽이시며 이
스라엘의 청년을 쳐 엎드러뜨리셨
도다
32 이러함에도 그들은 여전히 범죄하

기록일 : . . .

여 그의 기이한 일들을 믿지 아니하
였으므로
33 하나님이 그들의 날들을 헛되이 보
내게 하시며 그들의 햇수를 두려움
으로 보내게 하셨도다
34 하나님이 그들을 죽이실 때에 그들
이 그에게 구하며 돌이켜 하나님을
간절히 찾았고
35 하나님이 그들의 반석이시며 지존
하신 하나님이 그들의 구속자이심
을 기억하였도다
36 그러나 그들이 입으로 그에게 아첨
하며 자기 혀로 그에게 거짓을 말
하였으니
37 이는 하나님께 향하는 그들의 마음
이 정함이 없으며 그의 언약에 성실
하지 아니하였음이로다
38 오직 하나님은 긍휼하시므로 죄악
을 덮어 주시어 멸망시키지 아니하
시고 그의 진노를 여러 번 돌이키시
며 그의 모든 분을 다 쏟아 내지 아
니하셨으니
39 그들은 육체이며 가고 다시 돌아오
지 못하는 바람임을 기억하셨음이라
40 그들이 광야에서 그에게 반항하며
사막에서 그를 슬프시게 함이 몇
번인가
41 그들이 돌이켜 하나님을 거듭거듭
시험하며 이스라엘의 거룩하신 이
를 노엽게 하였도다

42 그들이 그의 권능의 손을 기억하지
아니하며 대적에게서 그들을 구원
하신 날도 기억하지 아니하였도다
43 그 때에 하나님이 애굽에서 그의
표적들을, 소안 들에서 그의 징조
들을 나타내사
44 그들의 강과 시내를 피로 변하여
그들로 마실 수 없게 하시며
45 쇠파리 떼를 그들에게 보내어 그
들을 물게 하시고 개구리를 보내어
해하게 하셨으며
46 그들의 토산물을 황충에게 주셨고
그들이 수고한 것을 메뚜기에게 주
셨으며
47 그들의 포도나무를 우박으로, 그들
의 뽕나무를 서리로 죽이셨으며
48 그들의 가축을 우박에, 그들의 양
떼를 번갯불에 넘기셨으며
49 그의 맹렬한 노여움과 진노와 분노
와 고난 곧 재앙의 천사들을 그들
에게 내려보내셨으며
50 그는 진노로 길을 닦으사 그들의
목숨이 죽음을 면하지 못하게 하시
고 그들의 생명을 전염병에 붙이셨
으며
51 애굽에서 모든 장자 곧 함의 장막
에 있는 그들의 기력의 처음 것을
치셨으나
52 그가 자기 백성은 양 같이 인도하
여 내시고 광야에서 양 떼 같이 지

기록일 : . . .

도하셨도다
53 그들을 안전히 인도하시니 그들은
두려움이 없었으나 그들의 원수는
바다에 빠졌도다
54 그들을 그의 성소의 영역 곧 그의
오른손으로 만드신 산으로 인도하
시고
55 또 나라를 그들의 앞에서 쫓아내시
며 줄을 쳐서 그들의 소유를 분배
하시고 이스라엘의 지파들이 그들
의 장막에 살게 하셨도다
56 그러나 그들은 지존하신 하나님을
시험하고 반항하여 그의 명령을 지
키지 아니하며
57 그들의 조상들 같이 배반하고 거짓
을 행하여 속이는 활 같이 빗나가서
58 자기 산당들로 그의 노여움을 일으
키며 그들의 조각한 우상들로 그를
진노하게 하였으매
59 하나님이 들으시고 분내어 이스라
엘을 크게 미워하사
60 사람 가운데 세우신 장막 곧 실로
의 성막을 떠나시고
61 그가 그의 능력을 포로에게 넘겨
주시며 그의 영광을 대적의 손에
붙이시고
62 그가 그의 소유 때문에 분내사 그
의 백성을 칼에 넘기셨으니
63 그들의 청년은 불에 살라지고 그들
의 처녀들은 혼인 노래를 들을 수
없었으며
64 그들의 제사장들은 칼에 엎드러지
고 그들의 과부들은 애곡도 하지
못하였도다
65 그 때에 주께서 잠에서 깨어난 것
처럼, 포도주를 마시고 고함치는 용
사처럼 일어나사
66 그의 대적들을 쳐 물리쳐서 영원히
그들에게 욕되게 하셨도다
67 또 요셉의 장막을 버리시며 에브라
임 지파를 택하지 아니하시고
68 오직 유다 지파와 그가 사랑하시는
시온 산을 택하시며
69 그의 성소를 산의 높음 같이, 영원
히 두신 땅 같이 지으셨도다
70 또 그의 종 다윗을 택하시되 양의
우리에서 취하시며
71 젖 양을 지키는 중에서 그들을 이끌
어 내사 그의 백성인 야곱, 그의 소
유인 이스라엘을 기르게 하셨더니
72 이에 그가 그들을 자기 마음의 완
전함으로 기르고 그의 손의 능숙함
으로 그들을 지도하였도다

79 하나님이여 이방 나라들이 주의
기업의 땅에 들어와서 주의 성전을
더럽히고 예루살렘이 돌무더기가
되게 하였나이다
2 그들이 주의 종들의 시체를 공중의
새에게 밥으로, 주의 성도들의 육
체를 땅의 짐승에게 주며

기록일 : . . .

3 그들의 피를 예루살렘 사방에 물
같이 흘렸으나 그들을 매장하는 자
가 없었나이다
4 우리는 우리 이웃에게 비방 거리가
되며 우리를 에워싼 자에게 조소와
조롱 거리가 되었나이다
5 야훼여 어느 때까지니이까 영원히
노하시리이까 주의 질투가 불붙듯
하시리이까
6 주를 알지 아니하는 민족들과 주의
이름을 부르지 아니하는 나라들에
게 주의 노를 쏟으소서
7 그들이 야곱을 삼키고 그의 거처를
황폐하게 함이니이다
8 우리 조상들의 죄악을 기억하지 마
시고 주의 긍휼로 우리를 속히 영
접하소서 우리가 매우 가련하게 되
었나이다
9 우리 구원의 하나님이여 주의 이름
의 영광스러운 행사를 위하여 우리
를 도우시며 주의 이름을 증거하기
위하여 우리를 건지시며 우리 죄를
사하소서
10 이방 나라들이 어찌하여 그들의 하
나님이 어디 있느냐 말하나이까 주
의 종들이 피 흘림에 대한 복수를
우리의 목전에서 이방 나라에게 보
여 주소서
11 갇힌 자의 탄식을 주의 앞에 이르
게 하시며 죽이기로 정해진 자도 주
의 크신 능력을 따라 보존하소서
12 주여 우리 이웃이 주를 비방한 그
비방을 그들의 품에 칠 배나 갚으
소서
13 우리는 주의 백성이요 주의 목장의
양이니 우리는 영원히 주께 감사하
며 주의 영예를 대대에 전하리이다

80

요셉을 양 떼 같이 인도하시는 이
스라엘의 목자여 귀를 기울이소서
그룹 사이에 좌정하신 이여 빛을 비
추소서
2 에브라임과 베냐민과 므낫세 앞에
서 주의 능력을 나타내사 우리를
구원하러 오소서
3 하나님이여 우리를 돌이키시고 주
의 얼굴빛을 비추사 우리가 구원을
얻게 하소서
4 만군의 하나님 야훼여 주의 백성의
기도에 대하여 어느 때까지 노하시
리이까
5 주께서 그들에게 눈물의 양식을 먹
이시며 많은 눈물을 마시게 하셨나
이다
6 우리를 우리 이웃에게 다툼 거리가
되게 하시니 우리 원수들이 서로 비
웃나이다
7 만군의 하나님이여 우리를 회복하
여 주시고 주의 얼굴의 광채를 비
추사 우리가 구원을 얻게 하소서
8 주께서 한 포도나무를 애굽에서 가

기록일 : . . .

져다가 민족들을 쫓아내시고 그것
을 심으셨나이다
9 주께서 그 앞서 가꾸셨으므로 그
뿌리가 깊이 박혀서 땅에 가득하며
10 그 그늘이 산들을 가리고 그 가지
는 하나님의 백향목 같으며
11 그 가지가 바다까지 뻗고 넝쿨이
강까지 미쳤거늘
12 주께서 어찌하여 그 담을 허시사
길을 지나가는 모든 이들이 그것을
따게 하셨나이까
13 숲 속의 멧돼지들이 상해하며 들짐
승들이 먹나이다
14 만군의 하나님이여 구하옵나니 돌
아오소서 하늘에서 굽어보시고 이
포도나무를 돌보소서
15 주의 오른손으로 심으신 줄기요 주
를 위하여 힘있게 하신 가지니이다
16 그것이 불타고 베임을 당하며 주의
면책으로 말미암아 멸망하오니
17 주의 오른쪽에 있는 자 곧 주를 위
하여 힘있게 하신 인자에게 주의
손을 얹으소서
18 그리하시면 우리가 주에게서 물러
가지 아니하오리니 우리를 소생하
게 하소서 우리가 주의 이름을 부
르리이다
19 만군의 하나님 야훼여 우리를 돌이
켜 주시고 주의 얼굴의 광채를 우
리에게 비추소서 우리가 구원을 얻
으리이다

81

우리의 능력이 되시는 하나님을
향하여 기쁘게 노래하며 야곱의 하
나님을 향하여 즐거이 소리칠지어다
2 시를 읊으며 소고를 치고 아름다운
수금에 비파를 아우를지어다
3 초하루와 보름과 우리의 명절에 나
팔을 불지어다
4 이는 이스라엘의 율례요 야곱의 하
나님의 규례로다
5 하나님이 애굽 땅을 치러 나아가시
던 때에 요셉의 족속 중에 이를 증
거로 세우셨도다 거기서 내가 알지
못하던 말씀을 들었나니
6 이르시되 내가 그의 어깨에서 짐을
벗기고 그의 손에서 광주리를 놓게
하였도다
7 네가 고난 중에 부르짖으매 내가
너를 건졌고 우렛소리의 은밀한 곳
에서 네게 응답하며 므리바 물 가
에서 너를 시험하였도다 (셀라)
8 내 백성이여 들으라 내가 네게 증
언하리라 이스라엘이여 내게 듣기
를 원하노라
9 너희 중에 다른 신을 두지 말며 이
방 신에게 절하지 말지어다
10 나는 너를 애굽 땅에서 인도하여
낸 야훼 네 하나님이니 네 입을 크
게 열라 내가 채우리라 하였으나
11 내 백성이 내 소리를 듣지 아니하며

기록일 : . . .

이스라엘이 나를 원하지 아니하였
도다
12 그러므로 내가 그의 마음을 완악한
대로 버려 두어 그의 임의대로 행
하게 하였도다
13 내 백성아 내 말을 들으라 이스라
엘아 내 도를 따르라
14 그리하면 내가 속히 그들의 원수를
누르고 내 손을 돌려 그들의 대적
들을 치리니
15 야훼를 미워하는 자는 그에게 복종
하는 체할지라도 그들의 시대는 영
원히 계속되리라
16 또 내가 기름진 밀을 그들에게 먹
이며 반석에서 나오는 꿀로 너를
만족하게 하리라 하셨도다

82 하나님은 신들의 모임 가운데에
서시며 하나님은 그들 가운데에서
재판하시느니라
2 너희가 불공평한 판단을 하며 악인
의 낯 보기를 언제까지 하려느냐
(셀라)
3 가난한 자와 고아를 위하여 판단하
며 곤란한 자와 빈궁한 자에게 공
의를 베풀지며
4 가난한 자와 궁핍한 자를 구원하여
악인들의 손에서 건질지니라 하시
는도다
5 그들은 알지도 못하고 깨닫지도 못
하여 흑암 중에 왕래하니 땅의 모
든 터가 흔들리도다
6 내가 말하기를 너희는 신들이며 다
지존자의 아들들이라 하였으나
7 그러나 너희는 사람처럼 죽으며 고
관의 하나 같이 넘어지리로다
8 하나님이여 일어나사 세상을 심판
하소서 모든 나라가 주의 소유이기
때문이니이다

83 하나님이여 침묵하지 마소서 하나
님이여 잠잠하지 마시고 조용하지
마소서
2 무릇 주의 원수들이 떠들며 주를 미
워하는 자들이 머리를 들었나이다
3 그들이 주의 백성을 치려 하여 간
계를 꾀하며 주께서 숨기신 자를
치려고 서로 의논하여
4 말하기를 가서 그들을 멸하여 다시
나라가 되지 못하게 하여 이스라엘
의 이름으로 다시는 기억되지 못하
게 하자 하나이다
5 그들이 한마음으로 의논하고 주를
대적하여 서로 동맹하니
6 곧 에돔의 장막과 이스마엘인과 모
압과 하갈인이며
7 그발과 암몬과 아말렉이며 블레셋
과 두로 사람이요
8 앗수르도 그들과 연합하여 롯 자손
의 도움이 되었나이다 (셀라)
9 주는 미디안인에게 행하신 것 같이,
기손 시내에서 시스라와 야빈에게

기록일 : . . .

행하신 것 같이 그들에게도 행하
소서
10 그들은 엔돌에서 패망하여 땅에 거
름이 되었나이다
11 그들의 귀인들이 오렙과 스엡 같게
하시며 그들의 모든 고관들은 세바
와 살문나와 같게 하소서
12 그들이 말하기를 우리가 하나님의
목장을 우리의 소유로 취하자 하였
나이다
13 나의 하나님이여 그들이 굴러가는
검불 같게 하시며 바람에 날리는
지푸라기 같게 하소서
14 삼림을 사르는 불과 산에 붙는 불
길 같이
15 주의 광풍으로 그들을 쫓으시며 주
의 폭풍으로 그들을 두렵게 하소서
16 야훼여 그들의 얼굴에 수치가 가득
하게 하사 그들이 주의 이름을 찾
게 하소서
17 그들로 수치를 당하여 영원히 놀라
게 하시며 낭패와 멸망을 당하게
하사
18 야훼라 이름하신 주만 온 세계의
지존자로 알게 하소서

84

만군의 야훼여 주의 장막이 어찌
그리 사랑스러운지요
2 내 영혼이 야훼의 궁정을 사모하여
쇠약함이여 내 마음과 육체가 살아
계시는 하나님께 부르짖나이다
3 나의 왕, 나의 하나님, 만군의 야훼
여 주의 제단에서 참새도 제 집을
얻고 제비도 새끼 둘 보금자리를
얻었나이다
4 주의 집에 사는 자들은 복이 있나
니 그들이 항상 주를 찬송하리이다
(셀라)
5 주께 힘을 얻고 그 마음에 시온의
대로가 있는 자는 복이 있나이다
6 그들이 눈물 골짜기로 지나갈 때에
그 곳에 많은 샘이 있을 것이며 이
른 비가 복을 채워 주나이다
7 그들은 힘을 얻고 더 얻어 나아가
시온에서 하나님 앞에 각기 나타나
리이다
8 만군의 하나님 야훼여 내 기도를
들으소서 야곱의 하나님이여 귀를
기울이소서 (셀라)
9 우리 방패이신 하나님이여 주께서
기름 부으신 자의 얼굴을 살펴 보
옵소서
10 주의 궁정에서의 한 날이 다른 곳
에서의 천 날보다 나은즉 악인의
장막에 사는 것보다 내 하나님의
성전 문지기로 있는 것이 좋사오니
11 야훼 하나님은 해요 방패이시라 야
훼께서 은혜와 영화를 주시며 정직
하게 행하는 자에게 좋은 것을 아
끼지 아니하실 것임이니이다
12 만군의 야훼여 주께 의지하는 자는

기록일 : . . .

복이 있나이다

85

야훼여 주께서 주의 땅에 은혜를
베푸사 야곱의 포로 된 자들이 돌
아오게 하셨으며
2 주의 백성의 죄악을 사하시고 그들
의 모든 죄를 덮으셨나이다 (셀라)
3 주의 모든 분노를 거두시며 주의
진노를 돌이키셨나이다
4 우리 구원의 하나님이여 우리를 돌
이키시고 우리에게 향하신 주의 분
노를 거두소서
5 주께서 우리에게 영원히 노하시며
대대에 진노하시겠나이까
6 주께서 우리를 다시 살리사 주의
백성이 주를 기뻐하도록 하지 아니
하시겠나이까
7 야훼여 주의 인자하심을 우리에게
보이시며 주의 구원을 우리에게 주
소서
8 내가 하나님 야훼께서 하실 말씀을
들으리니 무릇 그의 백성, 그의 성
도들에게 화평을 말씀하실 것이라
그들은 다시 어리석은 데로 돌아가
지 말지로다
9 진실로 그의 구원이 그를 경외하는
자에게 가까우니 영광이 우리 땅에
머무르리이다
10 인애와 진리가 같이 만나고 의와
화평이 서로 입맞추었으며
11 진리는 땅에서 솟아나고 의는 하늘
에서 굽어보도다
12 야훼께서 좋은 것을 주시리니 우리
땅이 그 산물을 내리로다
13 의가 주의 앞에 앞서 가며 주의 길
을 닦으리로다

86

야훼여 나는 가난하고 궁핍하오
니 주의 귀를 기울여 내게 응답하
소서
2 나는 경건하오니 내 영혼을 보존하
소서 내 주 하나님이여 주를 의지
하는 종을 구원하소서
3 주여 내게 은혜를 베푸소서 내가
종일 주께 부르짖나이다
4 주여 내 영혼이 주를 우러러보오니
주여 내 영혼을 기쁘게 하소서
5 주는 선하사 사죄하기를 즐거워하
시며 주께 부르짖는 자에게 인자함
이 후하심이니이다
6 야훼여 나의 기도에 귀를 기울이시
고 내가 간구하는 소리를 들으소서
7 나의 환난 날에 내가 주께 부르짖으
리니 주께서 내게 응답하시리이다
8 주여 신들 중에 주와 같은 자 없사
오며 주의 행하심과 같은 일도 없
나이다
9 주여 주께서 지으신 모든 민족이
와서 주의 앞에 경배하며 주의 이
름에 영광을 돌리리이다
10 무릇 주는 위대하사 기이한 일들
을 행하시오니 주만이 하나님이시

기록일 : . . .

니이다
11 야훼여 주의 도를 내게 가르치소서
내가 주의 진리에 행하오리니 일심
으로 주의 이름을 경외하게 하소서
12 주 나의 하나님이여 내가 전심으로
주를 찬송하고 영원토록 주의 이름
에 영광을 돌리오리니
13 이는 내게 향하신 주의 인자하심이
크사 내 영혼을 깊은 스올에서 건
지셨음이니이다
14 하나님이여 교만한 자들이 일어나
나를 치고 포악한 자의 무리가 내
영혼을 찾았사오며 자기 앞에 주를
두지 아니하였나이다
15 그러나 주여 주는 긍휼히 여기시며
은혜를 베푸시며 노하기를 더디하
시며 인자와 진실이 풍성하신 하나
님이시오니
16 내게로 돌이키사 내게 은혜를 베푸
소서 주의 종에게 힘을 주시고 주
의 여종의 아들을 구원하소서
17 은총의 표적을 내게 보이소서 그러
면 나를 미워하는 그들이 보고 부
끄러워하오리니 야훼여 주는 나를
돕고 위로하시는 이시니이다

87 그의 터전이 성산에 있음이여
2 야훼께서 야곱의 모든 거처보다
시온의 문들을 사랑하시는도다
3 하나님의 성이여 너를 가리켜 영광
스럽다 말하는도다 (셀라)
4 나는 라합과 바벨론이 나를 아는
자 중에 있다 말하리라 보라 블레
셋과 두로와 구스여 이것들도 거기
서 났다 하리로다
5 시온에 대하여 말하기를 이 사람,
저 사람이 거기서 났다고 말하리니
지존자가 친히 시온을 세우리라 하
는도다
6 야훼께서 민족들을 등록하실 때에
는 그 수를 세시며 이 사람이 거기
서 났다 하시리로다 (셀라)
7 노래하는 자와 뛰어 노는 자들이
말하기를 나의 모든 근원이 네게
있다 하리로다

88 야훼 내 구원의 하나님이여 내가
주야로 주 앞에서 부르짖었사오니
2 나의 기도가 주 앞에 이르게 하시
며 나의 부르짖음에 주의 귀를 기
울여 주소서
3 무릇 나의 영혼에는 재난이 가득
하며 나의 생명은 스올에 가까웠사
오니
4 나는 무덤에 내려가는 자 같이 인
정되고 힘없는 용사와 같으며
5 죽은 자 중에 던져진 바 되었으며
죽임을 당하여 무덤에 누운 자 같
으니이다 주께서 그들을 다시 기억
하지 아니하시니 그들은 주의 손에
서 끊어진 자니이다
6 주께서 나를 깊은 웅덩이와 어둡고

기록일 :   .   .   .

음침한 곳에 두셨사오며
7 주의 노가 나를 심히 누르시고 주
의 모든 파도가 나를 괴롭게 하셨
나이다 (셀라)
8 주께서 내가 아는 자를 내게서 멀
리 떠나게 하시고 나를 그들에게
가증한 것이 되게 하셨사오니 나는
갇혀서 나갈 수 없게 되었나이다
9 곤란으로 말미암아 내 눈이 쇠하였
나이다 야훼여 내가 매일 주를 부
르며 주를 향하여 나의 두 손을 들
었나이다
10 주께서 죽은 자에게 기이한 일을
보이시겠나이까 유령들이 일어나
주를 찬송하리이까 (셀라)
11 주의 인자하심을 무덤에서, 주의 성
실하심을 멸망 중에서 선포할 수 있
으리이까
12 흑암 중에서 주의 기적과 잊음의 땅
에서 주의 공의를 알 수 있으리이까
13 야훼여 오직 내가 주께 부르짖었사
오니 아침에 나의 기도가 주의 앞
에 이르리이다
14 야훼여 어찌하여 나의 영혼을 버리
시며 어찌하여 주의 얼굴을 내게서
숨기시나이까
15 내가 어릴 적부터 고난을 당하여
죽게 되었사오며 주께서 두렵게 하
실 때에 당황하였나이다
16 주의 진노가 내게 넘치고 주의 두
려움이 나를 끊었나이다
17 이런 일이 물 같이 종일 나를 에우
며 함께 나를 둘러쌌나이다
18 주는 내게서 사랑하는 자와 친구를
멀리 떠나게 하시며 내가 아는 자
를 흑암에 두셨나이다

89

내가 야훼의 인자하심을 영원히
노래하며 주의 성실하심을 내 입으
로 대대에 알게 하리이다
2 내가 말하기를 인자하심을 영원히
세우시며 주의 성실하심을 하늘에
서 견고히 하시리라 하였나이다
3 주께서 이르시되 나는 내가 택한
자와 언약을 맺으며 내 종 다윗에
게 맹세하기를
4 내가 네 자손을 영원히 견고히 하
며 네 왕위를 대대에 세우리라 하
셨나이다 (셀라)
5 야훼여 주의 기이한 일을 하늘이
찬양할 것이요 주의 성실도 거룩한
자들의 모임 가운데에서 찬양하리
이다
6 무릇 구름 위에서 능히 야훼와 비
교할 자 누구며 신들 중에서 야훼
와 같은 자 누구리이까
7 하나님은 거룩한 자의 모임 가운데
에서 매우 무서워할 이시오며 둘러
있는 모든 자 위에 더욱 두려워할
이시니이다
8 야훼 만군의 하나님이여 주와 같

기록일 : . . .

이 능력 있는 이가 누구리이까 야
훼여 주의 성실하심이 주를 둘렀나
이다
9 주께서 바다의 파도를 다스리시며
그 파도가 일어날 때에 잔잔하게
하시나이다
10 주께서 라합을 죽임 당한 자 같이
깨뜨리시고 주의 원수를 주의 능력
의 팔로 흩으셨나이다
11 하늘이 주의 것이요 땅도 주의 것
이라 세계와 그 중에 충만한 것을
주께서 건설하셨나이다
12 남북을 주께서 창조하셨으니 다볼
과 헤르몬이 주의 이름으로 말미암
아 즐거워하나이다
13 주의 팔에 능력이 있사오며 주의
손은 강하고 주의 오른손은 높이
들리우셨나이다
14 의와 공의가 주의 보좌의 기초라 인
자함과 진실함이 주 앞에 있나이다
15 즐겁게 소리칠 줄 아는 백성은 복
이 있나니 야훼여 그들이 주의 얼굴
빛 안에서 다니리로다
16 그들은 종일 주의 이름 때문에 기
뻐하며 주의 공의로 말미암아 높아
지오니
17 주는 그들의 힘의 영광이심이라 우
리의 뿔이 주의 은총으로 높아지오
리니
18 우리의 방패는 야훼께 속하였고 우
리의 왕은 이스라엘의 거룩한 이에
게 속하였기 때문이니이다
19 그 때에 주께서 환상 중에 주의 성
도들에게 말씀하여 이르시기를 내
가 능력 있는 용사에게는 돕는 힘
을 더하며 백성 중에서 택함 받은
자를 높였으되
20 내가 내 종 다윗을 찾아내어 나의
거룩한 기름을 그에게 부었도다
21 내 손이 그와 함께 하여 견고하게
하고 내 팔이 그를 힘이 있게 하리
로다
22 원수가 그에게서 강탈하지 못하며
악한 자가 그를 곤고하게 못하리
로다
23 내가 그의 앞에서 그 대적들을 박
멸하며 그를 미워하는 자들을 치려
니와
24 나의 성실함과 인자함이 그와 함께
하리니 내 이름으로 말미암아 그의
뿔이 높아지리로다
25 내가 또 그의 손을 바다 위에 놓으
며 오른손을 강들 위에 놓으리니
26 그가 내게 부르기를 주는 나의 아
버지시요 나의 하나님이시요 나의
구원의 바위시라 하리로다
27 내가 또 그를 장자로 삼고 세상 왕
들에게 지존자가 되게 하며
28 그를 위하여 나의 인자함을 영원히
지키고 그와 맺은 나의 언약을 굳

기록일 : . . .

게 세우며
29 또 그의 후손을 영구하게 하여 그
의 왕위를 하늘의 날과 같게 하리
로다
30 만일 그의 자손이 내 법을 버리며
내 규례대로 행하지 아니하며
31 내 율례를 깨뜨리며 내 계명을 지
키지 아니하면
32 내가 회초리로 그들의 죄를 다스리
며 채찍으로 그들의 죄악을 벌하리
로다
33 그러나 나의 인자함을 그에게서 다
거두지는 아니하며 나의 성실함도
폐하지 아니하며
34 내 언약을 깨뜨리지 아니하고 내
입술에서 낸 것은 변하지 아니하리
로다
35 내가 나의 거룩함으로 한 번 맹세
하였은즉 다윗에게 거짓말을 하지
아니할 것이라
36 그의 후손이 장구하고 그의 왕위는
해 같이 내 앞에 항상 있으며
37 또 궁창의 확실한 증인인 달 같이
영원히 견고하게 되리라 하셨도다
(셀라)
38 그러나 주께서 주의 기름 부음 받
은 자에게 노하사 물리치셔서 버리
셨으며
39 주의 종의 언약을 미워하사 그의
관을 땅에 던져 욕되게 하셨으며
40 그의 모든 울타리를 파괴하시며 그
요새를 무너뜨리셨으므로
41 길로 지나가는 자들에게 다 탈취를
당하며 그의 이웃에게 욕을 당하나
이다
42 주께서 그의 대적들의 오른손을 높
이시고 그들의 모든 원수들은 기쁘
게 하셨으나
43 그의 칼날은 둔하게 하사 그가 전
장에서 더 이상 버티지 못하게 하셨
으며
44 그의 영광을 그치게 하시고 그의
왕위를 땅에 엎으셨으며
45 그의 젊은 날들을 짧게 하시고 그
를 수치로 덮으셨나이다 (셀라)
46 야훼여 언제까지니이까 스스로 영
원히 숨기시리이까 주의 노가 언제
까지 불붙듯 하시겠나이까
47 나의 때가 얼마나 짧은지 기억하소
서 주께서 모든 사람을 어찌 그리
허무하게 창조하셨는지요
48 누가 살아서 죽음을 보지 아니하고
자기의 영혼을 스올의 권세에서 건
지리이까 (셀라)
49 주여 주의 성실하심으로 다윗에게
맹세하신 그 전의 인자하심이 어디
있나이까
50 주는 주의 종들이 받은 비방을 기
억하소서 많은 민족의 비방이 내
품에 있사오니

기록일 : . . .

51 야훼여 이 비방은 주의 원수들이
주의 기름 부음 받은 자의 행동을
비방한 것이로소이다
52 야훼를 영원히 찬송할지어다 아멘
아멘

90 주여 주는 대대에 우리의 거처가
되셨나이다
2 산이 생기기 전, 땅과 세계도 주께
서 조성하시기 전 곧 영원부터 영원
까지 주는 하나님이시니이다
3 주께서 사람을 티끌로 돌아가게 하
시고 말씀하시기를 너희 인생들은
돌아가라 하셨사오니
4 주의 목전에는 천 년이 지나간 어제
같으며 밤의 한 순간 같을 뿐임이
니이다
5 주께서 그들을 홍수처럼 쓸어가시
나이다 그들은 잠깐 자는 것 같으
며 아침에 돋는 풀 같으니이다
6 풀은 아침에 꽃이 피어 자라다가
저녁에는 시들어 마르나이다
7 우리는 주의 노에 소멸되며 주의
분내심에 놀라나이다
8 주께서 우리의 죄악을 주의 앞에
놓으시며 우리의 은밀한 죄를 주의
얼굴 빛 가운데에 두셨사오니
9 우리의 모든 날이 주의 분노 중에
지나가며 우리의 평생이 순식간에
다하였나이다
10 우리의 연수가 칠십이요 강건하면
팔십이라도 그 연수의 자랑은 수고
와 슬픔뿐이요 신속히 가니 우리가
날아가나이다
11 누가 주의 노여움의 능력을 알며 누
가 주의 진노의 두려움을 알리이까
12 우리에게 우리 날 계수함을 가르치
사 지혜로운 마음을 얻게 하소서
13 야훼여 돌아오소서 언제까지니이까
주의 종들을 불쌍히 여기소서
14 아침에 주의 인자하심이 우리를 만
족하게 하사 우리를 일생 동안 즐
겁고 기쁘게 하소서
15 우리를 괴롭게 하신 날수대로와 우
리가 화를 당한 연수대로 우리를
기쁘게 하소서
16 주께서 행하신 일을 주의 종들에게
나타내시며 주의 영광을 그들의 자
손에게 나타내소서
17 주 우리 하나님의 은총을 우리에게
내리게 하사 우리의 손이 행한 일을
우리에게 견고하게 하소서 우리의
손이 행한 일을 견고하게 하소서

91 지존자의 은밀한 곳에 거주하며
전능자의 그늘 아래에 사는 자여,
2 나는 야훼를 향하여 말하기를 그는
나의 피난처요 나의 요새요 내가
의뢰하는 하나님이라 하리니
3 이는 그가 너를 새 사냥꾼의 올무
에서와 심한 전염병에서 건지실 것
임이로다

기록일 : . . .

4 그가 너를 그의 깃으로 덮으시리니
네가 그의 날개 아래에 피하리로다
그의 진실함은 방패와 손 방패가
되시나니
5 너는 밤에 찾아오는 공포와 낮에
날아드는 화살과
6 어두울 때 퍼지는 전염병과 밝을
때 닥쳐오는 재앙을 두려워하지 아
니하리로다
7 천 명이 네 왼쪽에서, 만 명이 네
오른쪽에서 엎드러지나 이 재앙이
네게 가까이 하지 못하리로다
8 오직 너는 똑똑히 보리니 악인들의
보응을 네가 보리로다
9 네가 말하기를 야훼는 나의 피난
처시라 하고 지존자를 너의 거처로
삼았으므로
10 화가 네게 미치지 못하며 재앙이
네 장막에 가까이 오지 못하리니
11 그가 너를 위하여 그의 천사들을
명령하사 네 모든 길에서 너를 지키
게 하심이라
12 그들이 그들의 손으로 너를 붙들어
발이 돌에 부딪히지 아니하게 하리
로다
13 네가 사자와 독사를 밟으며 젊은
사자와 뱀을 발로 누르리로다
14 하나님이 이르시되 그가 나를 사랑
한즉 내가 그를 건지리라 그가 내
이름을 안즉 내가 그를 높이리라
15 그가 내게 간구하리니 내가 그에게
응답하리라 그들이 환난 당할 때에
내가 그와 함께 하여 그를 건지고
영화롭게 하리라
16 내가 그를 장수하게 함으로 그를
만족하게 하며 나의 구원을 그에게
보이리라 하시도다

92

1~3 지존자여 십현금과 비파와 수
금으로 야훼께 감사하며 주의 이름
을 찬양하고 아침마다 주의 인자하
심을 알리며 밤마다 주의 성실하심
을 베풂이 좋으니이다
4 야훼여 주께서 행하신 일로 나를 기
쁘게 하셨으니 주의 손이 행하신 일
로 말미암아 내가 높이 외치리이다
5 야훼여 주께서 행하신 일이 어찌
그리 크신지요 주의 생각이 매우
깊으시니이다
6 어리석은 자도 알지 못하며 무지한
자도 이를 깨닫지 못하나이다
7 악인들은 풀 같이 자라고 악을 행
하는 자들은 다 흥왕할지라도 영원
히 멸망하리이다
8 야훼여 주는 영원토록 지존하시니
이다
9 야훼여 주의 원수들은 패망하리이
다 정녕 주의 원수들은 패망하리니
죄악을 행하는 자들은 다 흩어지리
이다
10 그러나 주께서 내 뿔을 들소의 뿔

기록일 : . . .

같이 높이셨으며 내게 신선한 기름
을 부으셨나이다
11 내 원수들이 보응 받는 것을 내 눈
으로 보며 일어나 나를 치는 행악
자들이 보응 받는 것을 내 귀로 들
었도다
12 의인은 종려나무 같이 번성하며 레
바논의 백향목 같이 성장하리로다
13 이는 야훼의 집에 심겼음이여 우리
하나님의 뜰 안에서 번성하리로다
14 그는 늙어도 여전히 결실하며 진액
이 풍족하고 빛이 청청하니
15 야훼의 정직하심과 나의 바위 되심
과 그에게는 불의가 없음이 선포되
리로다

93 야훼께서 다스리시니 스스로 권
위를 입으셨도다 야훼께서 능력의
옷을 입으시며 띠를 띠셨으므로 세
계도 견고히 서서 흔들리지 아니하
는도다
2 주의 보좌는 예로부터 견고히 섰으
며 주는 영원부터 계셨나이다
3 야훼여 큰 물이 소리를 높였고 큰
물이 그 소리를 높였으니 큰 물이
그 물결을 높이나이다
4 높이 계신 야훼의 능력은 많은 물
소리와 바다의 큰 파도보다 크니
이다
5 야훼여 주의 증거들이 매우 확실하
고 거룩함이 주의 집에 합당하니
야훼는 영원무궁하시리이다

94 야훼여 복수하시는 하나님이여
복수하시는 하나님이여 빛을 비추
어 주소서
2 세계를 심판하시는 주여 일어나사
교만한 자들에게 마땅한 벌을 주
소서
3 야훼여 악인이 언제까지, 악인이 언
제까지 개가를 부르리이까
4 그들이 마구 지껄이며 오만하게 떠
들며 죄악을 행하는 자들이 다 자
만하나이다
5 야훼여 그들이 주의 백성을 짓밟으
며 주의 소유를 곤고하게 하며
6 과부와 나그네를 죽이며 고아들을
살해하며
7 말하기를 야훼가 보지 못하며 야곱
의 하나님이 알아차리지 못하리라
하나이다
8 백성 중의 어리석은 자들아 너희는
생각하라 무지한 자들아 너희가 언
제나 지혜로울까
9 귀를 지으신 이가 듣지 아니하시랴
눈을 만드신 이가 보지 아니하시랴
10 뭇 백성을 징벌하시는 이 곧 지식으
로 사람을 교훈하시는 이가 징벌하
지 아니하시랴
11 야훼께서는 사람의 생각이 허무함
을 아시느니라
12 야훼여 주로부터 징벌을 받으며 주

의 법으로 교훈하심을 받는 자가
복이 있나니
13 이런 사람에게는 환난의 날을 피
하게 하사 악인을 위하여 구덩이를
팔 때까지 평안을 주시리이다
14 야훼께서는 자기 백성을 버리지 아
니하시며 자기의 소유를 외면하지
아니하시리로다
15 심판이 의로 돌아가리니 마음이 정
직한 자가 다 따르리로다
16 누가 나를 위하여 일어나서 행악자
들을 치며 누가 나를 위하여 일어
나서 악행하는 자들을 칠까
17 야훼께서 내게 도움이 되지 아니하
셨더면 내 영혼이 벌써 침묵 속에
잠겼으리로다
18 야훼여 나의 발이 미끄러진다고 말
할 때에 주의 인자하심이 나를 붙
드셨사오며
19 내 속에 근심이 많을 때에 주의 위
안이 내 영혼을 즐겁게 하시나이다
20 율례를 빙자하고 재난을 꾸미는
악한 재판장이 어찌 주와 어울리
리이까
21 그들이 모여 의인의 영혼을 치려 하
며 무죄한 자를 정죄하여 피를 흘
리려 하나
22 야훼는 나의 요새이시요 나의 하나
님은 내가 피할 반석이시라
23 그들의 죄악을 그들에게로 되돌리
시며 그들의 악으로 말미암아 그들
을 끊으시리니 야훼 우리 하나님이
그들을 끊으시리로다

95

오라 우리가 야훼께 노래하며 우
리의 구원의 반석을 향하여 즐거이
외치자
2 우리가 감사함으로 그 앞에 나아가
며 시를 지어 즐거이 그를 노래하자
3 야훼는 크신 하나님이시요 모든 신
들보다 크신 왕이시기 때문이로다
4 땅의 깊은 곳이 그의 손 안에 있으
며 산들의 높은 곳도 그의 것이로다
5 바다도 그의 것이라 그가 만드셨고
육지도 그의 손이 지으셨도다
6 오라 우리가 굽혀 경배하며 우리를
지으신 야훼 앞에 무릎을 꿇자
7 그는 우리의 하나님이시요 우리는
그가 기르시는 백성이며 그의 손이
돌보시는 양이기 때문이라 너희가
오늘 그의 음성을 듣거든
8 너희는 므리바에서와 같이 또 광야
의 맛사에서 지냈던 날과 같이 너
희 마음을 완악하게 하지 말지어다
9 그 때에 너희 조상들이 내가 행한
일을 보고서도 나를 시험하고 조사
하였도다
10 내가 사십 년 동안 그 세대로 말미
암아 근심하여 이르기를 그들은 마
음이 미혹된 백성이라 내 길을 알지
못한다 하였도다

기록일 : . . .

11 그러므로 내가 노하여 맹세하기를
그들은 내 안식에 들어오지 못하리
라 하였도다

96 새 노래로 야훼께 노래하라 온
땅이여 야훼께 노래할지어다
2 야훼께 노래하여 그의 이름을 송축
하며 그의 구원을 날마다 전파할지
어다
3 그의 영광을 백성들 가운데에, 그
의 기이한 행적을 만민 가운데에
선포할지어다
4 야훼는 위대하시니 지극히 찬양할
것이요 모든 신들보다 경외할 것임
이여
5 만국의 모든 신들은 우상들이지만
야훼께서는 하늘을 지으셨음이로다
6 존귀와 위엄이 그의 앞에 있으며
능력과 아름다움이 그의 성소에 있
도다
7 만국의 족속들아 영광과 권능을
야훼께 돌릴지어다 야훼께 돌릴지
어다
8 야훼의 이름에 합당한 영광을 그
에게 돌릴지어다 예물을 들고 그의
궁정에 들어갈지어다
9 아름답고 거룩한 것으로 야훼께 예
배할지어다 온 땅이여 그 앞에서
떨지어다
10 모든 나라 가운데서 이르기를 야훼
께서 다스리시니 세계가 굳게 서고
흔들리지 않으리라 그가 만민을 공
평하게 심판하시리라 할지로다
11 하늘은 기뻐하고 땅은 즐거워하며
바다와 거기에 충만한 것이 외치고
12 밭과 그 가운데에 있는 모든 것은
즐거워할지로다 그 때 숲의 모든
나무들이 야훼 앞에서 즐거이 노래
하리니
13 그가 임하시되 땅을 심판하러 임하
실 것임이라 그가 의로 세계를 심
판하시며 그의 진실하심으로 백성
을 심판하시리로다

97 야훼께서 다스리시나니 땅은 즐거
워하며 허다한 섬은 기뻐할지어다
2 구름과 흑암이 그를 둘렀고 의와
공평이 그의 보좌의 기초로다
3 불이 그의 앞에서 나와 사방의 대
적들을 불사르시는도다
4 그의 번개가 세계를 비추니 땅이
보고 떨었도다
5 산들이 야훼의 앞 곧 온 땅의 주 앞
에서 밀랍 같이 녹았도다
6 하늘이 그의 의를 선포하니 모든
백성이 그의 영광을 보았도다
7 조각한 신상을 섬기며 허무한 것으
로 자랑하는 자는 다 수치를 당할
것이라 너희 신들아 야훼께 경배할
지어다
8 야훼여 시온이 주의 심판을 듣고
기뻐하며 유다의 딸들이 즐거워하

기록일 : . . .

였나이다
9 야훼여 주는 온 땅 위에 지존하시
고 모든 신들보다 위에 계시니이다
10 야훼를 사랑하는 너희여 악을 미워
하라 그가 그의 성도의 영혼을 보전
하사 악인의 손에서 건지시느니라
11 의인을 위하여 빛을 뿌리고 마음이
정직한 자를 위하여 기쁨을 뿌리시
는도다
12 의인이여 너희는 야훼로 말미암아
기뻐하며 그의 거룩한 이름에 감사
할지어다

98 새 노래로 야훼께 찬송하라 그는
기이한 일을 행하사 그의 오른손과
거룩한 팔로 자기를 위하여 구원을
베푸셨음이로다
2 야훼께서 그의 구원을 알게 하시며
그의 공의를 뭇 나라의 목전에서
명백히 나타내셨도다
3 그가 이스라엘의 집에 베푸신 인자
와 성실을 기억하셨으므로 땅 끝까
지 이르는 모든 것이 우리 하나님의
구원을 보았도다
4 온 땅이여 야훼께 즐거이 소리칠
지어다 소리 내어 즐겁게 노래하며
찬송할지어다
5 수금으로 야훼를 노래하라 수금과
음성으로 노래할지어다
6 나팔과 호각 소리로 왕이신 야훼
앞에 즐겁게 소리칠지어다
7 바다와 거기 충만한 것과 세계와
그 중에 거주하는 자는 다 외칠지
어다
8 야훼 앞에서 큰 물은 박수할지어다
산악이 함께 즐겁게 노래할지어다
9 그가 땅을 심판하러 임하실 것임이
로다 그가 의로 세계를 판단하시며
공평으로 그의 백성을 심판하시리
로다

99 야훼께서 다스리시니 만민이 떨
것이요 야훼께서 그룹 사이에 좌정
하시니 땅이 흔들릴 것이로다
2 시온에 계시는 야훼는 위대하시고
모든 민족보다 높으시도다
3 주의 크고 두려운 이름을 찬송할지
니 그는 거룩하심이로다
4 능력 있는 왕은 정의를 사랑하느니
라 주께서 공의를 견고하게 세우시
고 주께서 야곱에게 정의와 공의를
행하시나이다
5 너희는 야훼 우리 하나님을 높여
그의 발등상 앞에서 경배할지어다
그는 거룩하시도다
6 그의 제사장들 중에는 모세와 아론
이 있고 그의 이름을 부르는 자들
중에는 사무엘이 있도다 그들이 야
훼께 간구하매 응답하셨도다
7 야훼께서 구름 기둥 가운데서 그들
에게 말씀하시니 그들은 그가 그들
에게 주신 증거와 율례를 지켰도다

기록일 : . . .

8 야훼 우리 하나님이여 주께서는 그
들에게 응답하셨고 그들의 행한 대
로 갚기는 하셨으나 그들을 용서하
신 하나님이시니이다
9 너희는 야훼 우리 하나님을 높이고
그 성산에서 예배할지어다 야훼 우
리 하나님은 거룩하심이로다

100 온 땅이여 야훼께 즐거운 찬송을
부를지어다
2 기쁨으로 야훼를 섬기며 노래하면
서 그의 앞에 나아갈지어다
3 야훼가 우리 하나님이신 줄 너희는
알지어다 그는 우리를 지으신 이요
우리는 그의 것이니 그의 백성이요
그의 기르시는 양이로다
4 감사함으로 그의 문에 들어가며 찬
송함으로 그의 궁정에 들어가서 그
에게 감사하며 그의 이름을 송축할
지어다
5 야훼는 선하시니 그의 인자하심이
영원하고 그의 성실하심이 대대에
이르리로다

101 내가 인자와 정의를 노래하겠나이
다 야훼여 내가 주께 찬양하리이다
2 내가 완전한 길을 주목하오리니 주
께서 어느 때나 내게 임하시겠나이
까 내가 완전한 마음으로 내 집 안
에서 행하리이다
3 나는 비천한 것을 내 눈 앞에 두지
아니할 것이요 배교자들의 행위를
내가 미워하오리니 나는 그 어느
것도 붙들지 아니하리이다
4 사악한 마음이 내게서 떠날 것이니
악한 일을 내가 알지 아니하리로다
5 자기의 이웃을 은근히 헐뜯는 자를
내가 멸할 것이요 눈이 높고 마음
이 교만한 자를 내가 용납하지 아
니하리로다
6 내 눈이 이 땅의 충성된 자를 살펴
나와 함께 살게 하리니 완전한 길
에 행하는 자가 나를 따르리로다
7 거짓을 행하는 자는 내 집 안에 거
주하지 못하며 거짓말하는 자는 내
목전에 서지 못하리로다
8 아침마다 내가 이 땅의 모든 악인
을 멸하리니 악을 행하는 자는 야
훼의 성에서 다 끊어지리로다

102 야훼여 내 기도를 들으시고 나의
부르짖음을 주께 상달하게 하소서
2 나의 괴로운 날에 주의 얼굴을 내
게서 숨기지 마소서 주의 귀를 내
게 기울이사 내가 부르짖는 날에
속히 내게 응답하소서
3 내 날이 연기 같이 소멸하며 내 뼈
가 숯 같이 탔음이니이다
4 내가 음식 먹기도 잊었으므로 내
마음이 풀 같이 시들고 말라 버렸
사오며
5 나의 탄식 소리로 말미암아 나의
살이 뼈에 붙었나이다

기록일 : . . .

6 나는 광야의 올빼미 같고 황폐한
곳의 부엉이 같이 되었사오며
7 내가 밤을 새우니 지붕 위의 외로
운 참새 같으니이다
8 내 원수들이 종일 나를 비방하며
내게 대항하여 미칠 듯이 날뛰는
자들이 나를 가리켜 맹세하나이다
9 나는 재를 양식 같이 먹으며 나는
눈물 섞인 물을 마셨나이다
10 주의 분노와 진노로 말미암음이라
주께서 나를 들어서 던지셨나이다
11 내 날이 기울어지는 그림자 같고
내가 풀의 시들어짐 같으니이다
12 야훼여 주는 영원히 계시고 주에
대한 기억은 대대에 이르리이다
13 주께서 일어나사 시온을 긍휼히 여
기시리니 지금은 그에게 은혜를 베
푸실 때라 정한 기한이 다가옴이니
이다
14 주의 종들이 시온의 돌들을 즐거워
하며 그의 티끌도 은혜를 받나이다
15 이에 뭇 나라가 야훼의 이름을 경
외하며 이 땅의 모든 왕들이 주의
영광을 경외하리니
16 야훼께서 시온을 건설하시고 그의
영광 중에 나타나셨음이라
17 야훼께서 빈궁한 자의 기도를 돌아
보시며 그들의 기도를 멸시하지 아
니하셨도다
18 이 일이 장래 세대를 위하여 기록
되리니 창조함을 받을 백성이 야훼
를 찬양하리로다
19 야훼께서 그의 높은 성소에서 굽
어보시며 하늘에서 땅을 살펴 보셨
으니
20 이는 갇힌 자의 탄식을 들으시며
죽이기로 정한 자를 해방하사
21 야훼의 이름을 시온에서, 그 영예를
예루살렘에서 선포하게 하려 하심
이라
22 그 때에 민족들과 나라들이 함께
모여 야훼를 섬기리로다
23 그가 내 힘을 중도에 쇠약하게 하
시며 내 날을 짧게 하셨도다
24 나의 말이 나의 하나님이여 나의
중년에 나를 데려가지 마옵소서 주
의 연대는 대대에 무궁하니이다
25 주께서 옛적에 땅의 기초를 놓으셨
사오며 하늘도 주의 손으로 지으신
바니이다
26 천지는 없어지려니와 주는 영존하시
겠고 그것들은 다 옷 같이 낡으리니
의복 같이 바꾸시면 바뀌려니와
27 주는 한결같으시고 주의 연대는 무
궁하리이다
28 주의 종들의 자손은 항상 안전히
거주하고 그의 후손은 주 앞에 굳
게 서리이다 하였도다

103

내 영혼아 야훼를 송축하라 내 속
에 있는 것들아 다 그의 거룩한 이

기록일 : . . .

름을 송축하라
2 내 영혼아 야훼를 송축하며 그의
모든 은택을 잊지 말지어다
3 그가 네 모든 죄악을 사하시며 네
모든 병을 고치시며
4 네 생명을 파멸에서 속량하시고 인
자와 긍휼로 관을 씌우시며
5 좋은 것으로 네 소원을 만족하게
하사 네 청춘을 독수리 같이 새롭
게 하시는도다
6 야훼께서 공의로운 일을 행하시며
억압 당하는 모든 자를 위하여 심
판하시는도다
7 그의 행위를 모세에게, 그의 행사
를 이스라엘 자손에게 알리셨도다
8 야훼는 긍휼이 많으시고 은혜로우
시며 노하기를 더디 하시고 인자하
심이 풍부하시도다
9 자주 경책하지 아니하시며 노를 영
원히 품지 아니하시리로다
10 우리의 죄를 따라 우리를 처벌하지
는 아니하시며 우리의 죄악을 따라
우리에게 그대로 갚지는 아니하셨
으니
11 이는 하늘이 땅에서 높음 같이 그
를 경외하는 자에게 그의 인자하심
이 크심이로다
12 동이 서에서 먼 것 같이 우리의 죄
과를 우리에게서 멀리 옮기셨으며
13 아버지가 자식을 긍휼히 여김 같이
야훼께서는 자기를 경외하는 자를
긍휼히 여기시나니
14 이는 그가 우리의 체질을 아시며
우리가 단지 먼지뿐임을 기억하심
이로다
15 인생은 그 날이 풀과 같으며 그 영
화가 들의 꽃과 같도다
16 그것은 바람이 지나가면 없어지나
니 그 있던 자리도 다시 알지 못하
거니와
17 야훼의 인자하심은 자기를 경외하
는 자에게 영원부터 영원까지 이르
며 그의 의는 자손의 자손에게 이
르리니
18 곧 그의 언약을 지키고 그의 법도
를 기억하여 행하는 자에게로다
19 야훼께서 그의 보좌를 하늘에 세우
시고 그의 왕권으로 만유를 다스리
시도다
20 능력이 있어 야훼의 말씀을 행하며
그의 말씀의 소리를 듣는 야훼의
천사들이여 야훼를 송축하라
21 그에게 수종들며 그의 뜻을 행하는
모든 천군이여 야훼를 송축하라
22 야훼의 지으심을 받고 그가 다스리
시는 모든 곳에 있는 너희여 야훼
를 송축하라 내 영혼아 야훼를 송
축하라
104 내 영혼아 야훼를 송축하라 야훼
나의 하나님이여 주는 심히 위대

하시며 존귀와 권위로 옷 입으셨나
이다
2 주께서 옷을 입음 같이 빛을 입으
시며 하늘을 휘장 같이 치시며
3 물에 자기 누각의 들보를 얹으시며
구름으로 자기 수레를 삼으시고 바
람 날개로 다니시며
4 바람을 자기 사신으로 삼으시고 불
꽃으로 자기 사역자를 삼으시며
5 땅에 기초를 놓으사 영원히 흔들리
지 아니하게 하셨나이다
6 옷으로 덮음 같이 주께서 땅을 깊
은 바다로 덮으시매 물이 산들 위
로 솟아올랐으나
7 주께서 꾸짖으시니 물은 도망하며
주의 우렛소리로 말미암아 빨리
가며
8 주께서 그들을 위하여 정하여 주신
곳으로 흘러갔고 산은 오르고 골짜
기는 내려갔나이다
9 주께서 물의 경계를 정하여 넘치지
못하게 하시며 다시 돌아와 땅을
덮지 못하게 하셨나이다
10 야훼께서 샘을 골짜기에서 솟아나
게 하시고 산 사이에 흐르게 하사
11 각종 들짐승에게 마시게 하시니 들
나귀들도 해갈하며
12 공중의 새들도 그 가에서 깃들이며
나뭇가지 사이에서 지저귀는도다
13 그가 그의 누각에서부터 산에 물을
부어 주시니 주께서 하시는 일의 결
실이 땅을 만족시켜 주는도다
14 그가 가축을 위한 풀과 사람을 위
한 채소를 자라게 하시며 땅에서
먹을 것이 나게 하셔서
15 사람의 마음을 기쁘게 하는 포도주
와 사람의 얼굴을 윤택하게 하는
기름과 사람의 마음을 힘있게 하는
양식을 주셨도다
16 야훼의 나무에는 물이 흡족함이여
곧 그가 심으신 레바논 백향목들이
로다
17 새들이 그 속에 깃들임이여 학은
잣나무로 집을 삼는도다
18 높은 산들은 산양을 위함이여 바위
는 너구리의 피난처로다
19 야훼께서 달로 절기를 정하심이여
해는 그 지는 때를 알도다
20 주께서 흑암을 지어 밤이 되게 하
시니 삼림의 모든 짐승이 기어나오
나이다
21 젊은 사자들은 그들의 먹이를 쫓아
부르짖으며 그들의 먹이를 하나님
께 구하다가
22 해가 돋으면 물러가서 그들의 굴
속에 눕고
23 사람은 나와서 일하며 저녁까지 수
고하는도다
24 야훼여 주께서 하신 일이 어찌 그
리 많은지요 주께서 지혜로 그들을

다 지으셨으니 주께서 지으신 것들
이 땅에 가득하니이다
25 거기에는 크고 넓은 바다가 있고
그 속에는 생물 곧 크고 작은 동물
들이 무수하니이다
26 그 곳에는 배들이 다니며 주께서
지으신 리워야단이 그 속에서 노나
이다
27 이것들은 다 주께서 때를 따라 먹
을 것을 주시기를 바라나이다
28 주께서 주신즉 그들이 받으며 주께
서 손을 펴신즉 그들이 좋은 것으
로 만족하다가
29 주께서 낯을 숨기신즉 그들이 떨고
주께서 그들의 호흡을 거두신즉 그
들은 죽어 먼지로 돌아가나이다
30 주의 영을 보내어 그들을 창조하사
지면을 새롭게 하시나이다
31 야훼의 영광이 영원히 계속할지며
야훼는 자신께서 행하시는 일들로
말미암아 즐거워하시리로다
32 그가 땅을 보신즉 땅이 진동하며
산들을 만지신즉 연기가 나는도다
33 내가 평생토록 야훼께 노래하며 내
가 살아 있는 동안 내 하나님을 찬
양하리로다
34 나의 기도를 기쁘게 여기시기를 바
라나니 나는 야훼로 말미암아 즐거
워하리로다
35 죄인들을 땅에서 소멸하시며 악인들
을 다시 있지 못하게 하시리로다 내
영혼아 야훼를 송축하라 할렐루야

105 야훼께 감사하고 그의 이름을 불
러 아뢰며 그가 하는 일을 만민 중
에 알게 할지어다
2 그에게 노래하며 그를 찬양하며 그
의 모든 기이한 일들을 말할지어다
3 그의 거룩한 이름을 자랑하라 야훼
를 구하는 자들은 마음이 즐거울지
로다
4 야훼와 그의 능력을 구할지어다 그
의 얼굴을 항상 구할지어다
5 그의 종 아브라함의 후손 곧 택하
~6 신 야곱의 자손 너희는 그가 행하
신 기적과 그의 이적과 그의 입의
판단을 기억할지어다
7 그는 야훼 우리 하나님이시라 그의
판단이 온 땅에 있도다
8 그는 그의 언약 곧 천 대에 걸쳐 명
령하신 말씀을 영원히 기억하셨으니
9 이것은 아브라함과 맺은 언약이고
이삭에게 하신 맹세이며
10 야곱에게 세우신 율례 곧 이스라엘
에게 하신 영원한 언약이라
11 이르시기를 내가 가나안 땅을 네게
주어 너희에게 할당된 소유가 되게
하리라 하셨도다
12 그 때에 그들의 사람 수가 적어 그
땅의 나그네가 되었고
13 이 족속에게서 저 족속에게로, 이

나라에서 다른 민족에게로 떠돌아
다녔도다
14 그러나 그는 사람이 그들을 억압하
는 것을 용납하지 아니하시고 그들
로 말미암아 왕들을 꾸짖어
15 이르시기를 나의 기름 부은 자를
손대지 말며 나의 선지자들을 해하
지 말라 하셨도다
16 그가 또 그 땅에 기근이 들게 하사
그들이 의지하고 있는 양식을 다
끊으셨도다
17 그가 한 사람을 앞서 보내셨음이여
요셉이 종으로 팔렸도다
18 그의 발은 차꼬를 차고 그의 몸은
쇠사슬에 매였으니
19 곧 야훼의 말씀이 응할 때까지라
그의 말씀이 그를 단련하였도다
20 왕이 사람을 보내어 그를 석방함이
여 뭇 백성의 통치자가 그를 자유
롭게 하였도다
21 그를 그의 집의 주관자로 삼아 그
의 모든 소유를 관리하게 하고
22 그의 뜻대로 모든 신하를 다스리며
그의 지혜로 장로들을 교훈하게 하
였도다
23 이에 이스라엘이 애굽에 들어감이
여 야곱이 함의 땅에 나그네가 되
었도다
24 야훼께서 자기의 백성을 크게 번성
하게 하사 그의 대적들보다 강하게
하셨으며
25 또 그 대적들의 마음이 변하게 하
여 그의 백성을 미워하게 하시며
그의 종들에게 교활하게 행하게 하
셨도다
26 그리하여 그는 그의 종 모세와 그
의 택하신 아론을 보내시니
27 그들이 그들의 백성 중에서 야훼의
표적을 보이고 함의 땅에서 징조들
을 행하였도다
28 야훼께서 흑암을 보내사 그곳을 어
둡게 하셨으나 그들은 그의 말씀을
지키지 아니하였도다
29 그들의 물도 변하여 피가 되게 하
사 그들의 물고기를 죽이셨도다
30 그 땅에 개구리가 많아져서 왕의
궁실에도 있었도다
31 야훼께서 말씀하신즉 파리 떼가 오
며 그들의 온 영토에 이가 생겼도다
32 비 대신 우박을 내리시며 그들의
땅에 화염을 내리셨도다
33 그들의 포도나무와 무화과나무를
치시며 그들의 지경에 있는 나무를
찍으셨도다
34 야훼께서 말씀하신즉 황충과 수많
은 메뚜기가 몰려와
35 그들의 땅에 있는 모든 채소를 먹
으며 그들의 밭에 있는 열매를 먹
었도다
36 또 야훼께서 그들의 기력의 시작인

기록일 : . . .

그 땅의 모든 장자를 치셨도다
37 마침내 그들을 인도하여 은 금을
가지고 나오게 하시니 그의 지파
중에 비틀거리는 자가 하나도 없었
도다
38 그들이 떠날 때에 애굽이 기뻐하
였으니 그들이 그들을 두려워함이
로다
39 야훼께서 낮에는 구름을 펴사 덮
개를 삼으시고 밤에는 불로 밝히
셨으며
40 그들이 구한즉 메추라기를 가져 오
시고 또 하늘의 양식으로 그들을
만족하게 하셨도다
41 반석을 여신즉 물이 흘러나와 마른
땅에 강 같이 흘렀으니
42 이는 그의 거룩한 말씀과 그의 종
아브라함을 기억하셨음이로다
43 그의 백성이 즐겁게 나오게 하시며
그의 택한 자는 노래하며 나오게
하시고
44 여러 나라의 땅을 그들에게 주시며
민족들이 수고한 것을 소유로 가지
게 하셨으니
45 이는 그들이 그의 율례를 지키고
그의 율법을 따르게 하려 하심이로
다 할렐루야

106

할렐루야 야훼께 감사하라 그는
선하시며 그 인자하심이 영원함이
로다
2 누가 능히 야훼의 권능을 다 말하
며 주께서 받으실 찬양을 다 선포
하랴
3 정의를 지키는 자들과 항상 공의를
행하는 자는 복이 있도다
4 야훼여 주의 백성에게 베푸시는 은
혜로 나를 기억하시며 주의 구원으
로 나를 돌보사
5 내가 주의 택하신 자가 형통함을
보고 주의 나라의 기쁨을 나누어
가지게 하사 주의 유산을 자랑하게
하소서
6 우리가 우리의 조상들처럼 범죄하
여 사악을 행하며 악을 지었나이다
7 우리의 조상들이 애굽에 있을 때 주
의 기이한 일들을 깨닫지 못하며 주
의 크신 인자를 기억하지 아니하고
바다 곧 홍해에서 거역하였나이다
8 그러나 야훼께서는 자기의 이름을
위하여 그들을 구원하셨으니 그의
큰 권능을 만인이 알게 하려 하심
이로다
9 이에 홍해를 꾸짖으시니 곧 마르니
그들을 인도하여 바다 건너가기를
마치 광야를 지나감 같게 하사
10 그들을 그 미워하는 자의 손에서
구원하시며 그 원수의 손에서 구원
하셨고
11 그들의 대적들은 물로 덮으시매 그
들 중에서 하나도 살아 남지 못하

기록일 : . . .

였도다
12 이에 그들이 그의 말씀을 믿고 그
를 찬양하는 노래를 불렀도다
13 그러나 그들은 그가 행하신 일을
곧 잊어버리며 그의 가르침을 기다
리지 아니하고
14 광야에서 욕심을 크게 내며 사막에
서 하나님을 시험하였도다
15 그러므로 야훼께서는 그들이 요구
한 것을 그들에게 주셨을지라도 그
들의 영혼은 쇠약하게 하셨도다
16 그들이 진영에서 모세와 야훼의 거
룩한 자 아론을 질투하매
17 땅이 갈라져 다단을 삼키며 아비람
의 당을 덮었고
18 불이 그들의 당에 붙음이여 화염이
악인들을 살랐도다
19 그들이 호렙에서 송아지를 만들고
부어 만든 우상을 경배하여
20 자기 영광을 풀 먹는 소의 형상으
로 바꾸었도다
21 애굽에서 큰 일을 행하신 그의 구
원자 하나님을 그들이 잊었나니
22 그는 함의 땅에서 기사와 홍해에서
놀랄 만한 일을 행하신 이시로다
23 그러므로 야훼께서 그들을 멸하리
라 하셨으나 그가 택하신 모세가
그 어려움 가운데에서 그의 앞에
서서 그의 노를 돌이켜 멸하시지 아
니하게 하였도다
24 그들이 그 기쁨의 땅을 멸시하며
그 말씀을 믿지 아니하고
25 그들의 장막에서 원망하며 야훼의
음성을 듣지 아니하였도다
26 이러므로 그가 그의 손을 들어 그
들에게 맹세하기를 그들이 광야에
엎드러지게 하고
27 또 그들의 후손을 뭇 백성 중에 엎
드러뜨리며 여러 나라로 흩어지게
하리라 하셨도다
28 그들이 또 브올의 바알과 연합하여
죽은 자에게 제사한 음식을 먹어서
29 그 행위로 주를 격노하게 함으로
써 재앙이 그들 중에 크게 유행하였
도다
30 그 때에 비느하스가 일어서서 중재
하니 이에 재앙이 그쳤도다
31 이 일이 그의 의로 인정되었으니 대
대로 영원까지로다
32 그들이 또 므리바 물에서 야훼를
노하시게 하였으므로 그들 때문에
재난이 모세에게 이르렀나니
33 이는 그들이 그의 뜻을 거역함으로
말미암아 모세가 그의 입술로 망령
되이 말하였음이로다
34 그들은 야훼께서 멸하라고 말씀하신
그 이방 민족들을 멸하지 아니하고
35 그 이방 나라들과 섞여서 그들의
행위를 배우며
36 그들의 우상들을 섬기므로 그것들

기록일 : . . .

이 그들에게 올무가 되었도다
37 그들이 그들의 자녀를 악귀들에게
희생제물로 바쳤도다
38 무죄한 피 곧 그들의 자녀의 피를
흘려 가나안의 우상들에게 제사하
므로 그 땅이 피로 더러워졌도다
39 그들은 그들의 행위로 더러워지니
그들의 행동이 음탕하도다
40 그러므로 야훼께서 자기 백성에게
맹렬히 노하시며 자기의 유업을 미
워하사
41 그들을 이방 나라의 손에 넘기시매
그들을 미워하는 자들이 그들을 다
스렸도다
42 그들이 원수들의 압박을 받고 그들
의 수하에 복종하게 되었도다
43 야훼께서 여러 번 그들을 건지시나
그들은 교묘하게 거역하며 자기 죄
악으로 말미암아 낮아짐을 당하였
도다
44 그러나 야훼께서 그들의 부르짖음
을 들으실 때에 그들의 고통을 돌
보시며
45 그들을 위하여 그의 언약을 기억하
시고 그 크신 인자하심을 따라 뜻
을 돌이키사
46 그들을 사로잡은 모든 자에게서 긍
휼히 여김을 받게 하셨도다
47 야훼 우리 하나님이여 우리를 구원
하사 여러 나라로부터 모으시고 우
리가 주의 거룩하신 이름을 감사하
며 주의 영예를 찬양하게 하소서
48 야훼 이스라엘의 하나님을 영원부
터 영원까지 찬양할지어다 모든 백
성들아 아멘 할지어다 할렐루야

107

야훼께 감사하라 그는 선하시며
그 인자하심이 영원함이로다
2 야훼의 속량을 받은 자들은 이같이
말할지어다 야훼께서 대적의 손에
서 그들을 속량하사
3 동서 남북 각 지방에서부터 모으셨
도다
4 그들이 광야 사막 길에서 방황하며
거주할 성읍을 찾지 못하고
5 주리고 목이 말라 그들의 영혼이
그들 안에서 피곤하였도다
6 이에 그들이 근심 중에 야훼께 부르
짖으매 그들의 고통에서 건지시고
7 또 바른 길로 인도하사 거주할 성
읍에 이르게 하셨도다
8 야훼의 인자하심과 인생에게 행하
신 기적으로 말미암아 그를 찬송할
지로다
9 그가 사모하는 영혼에게 만족을 주
시며 주린 영혼에게 좋은 것으로
채워주심이로다
10 사람이 흑암과 사망의 그늘에 앉으
며 곤고와 쇠사슬에 매임은
11 하나님의 말씀을 거역하며 지존자
의 뜻을 멸시함이라

기록일 : . . .

12 그러므로 그가 고통을 주어 그들의
마음을 겸손하게 하셨으니 그들이
엎드러져도 돕는 자가 없었도다
13 이에 그들이 그 환난 중에 야훼께
부르짖으매 그들의 고통에서 구원
하시되
14 흑암과 사망의 그늘에서 인도하여
내시고 그들의 얽어 맨 줄을 끊으
셨도다
15 야훼의 인자하심과 인생에게 행하
신 기적으로 말미암아 그를 찬송할
지로다
16 그가 놋문을 깨뜨리시며 쇠빗장을
꺾으셨음이로다
17 미련한 자들은 그들의 죄악의 길을
따르고 그들의 악을 범하기 때문에
고난을 받아
18 그들은 그들의 모든 음식물을 싫어
하게 되어 사망의 문에 이르렀도다
19 이에 그들이 그들의 고통 때문에
야훼께 부르짖으매 그가 그들의 고
통에서 그들을 구원하시되
20 그가 그의 말씀을 보내어 그들을
고치시고 위험한 지경에서 건지시
는도다
21 야훼의 인자하심과 인생에게 행하
신 기적으로 말미암아 그를 찬송할
지로다
22 감사제를 드리며 노래하여 그가 행
하신 일을 선포할지로다

23 배들을 바다에 띄우며 큰 물에서
일을 하는 자는
24 야훼께서 행하신 일들과 그의 기이
한 일들을 깊은 바다에서 보나니
25 야훼께서 명령하신즉 광풍이 일어
나 바다 물결을 일으키는도다
26 그들이 하늘로 솟구쳤다가 깊은 곳
으로 내려가나니 그 위험 때문에
그들의 영혼이 녹는도다
27 그들이 이리저리 구르며 취한 자 같
이 비틀거리니 그들의 모든 지각이
혼돈 속에 빠지는도다
28 이에 그들이 그들의 고통 때문에
야훼께 부르짖으매 그가 그들의 고
통에서 그들을 인도하여 내시고
29 광풍을 고요하게 하사 물결도 잔잔
하게 하시는도다
30 그들이 평온함으로 말미암아 기뻐
하는 중에 야훼께서 그들이 바라는
항구로 인도하시는도다
31 야훼의 인자하심과 인생에게 행하
신 기적으로 말미암아 그를 찬송할
지로다
32 백성의 모임에서 그를 높이며 장로
들의 자리에서 그를 찬송할지로다
33 야훼께서는 강이 변하여 광야가 되
게 하시며 샘이 변하여 마른 땅이
되게 하시며
34 그 주민의 악으로 말미암아 옥토가
변하여 염전이 되게 하시며

기록일 : . . .

35 또 광야가 변하여 못이 되게 하시
며 마른 땅이 변하여 샘물이 되게
하시고
36 주린 자들로 말미암아 거기에 살게
하사 그들이 거주할 성읍을 준비하
게 하시고
37 밭에 파종하며 포도원을 재배하여
풍성한 소출을 거두게 하시며
38 또 복을 주사 그들이 크게 번성하
게 하시고 그의 가축이 감소하지
아니하게 하실지라도
39 다시 압박과 재난과 우환을 통하여
그들의 수를 줄이시며 낮추시는도다
40 야훼께서 고관들에게는 능욕을 쏟
아 부으시고 길 없는 황야에서 유
리하게 하시나
41 궁핍한 자는 그의 고통으로부터 건
져 주시고 그의 가족을 양 떼 같이
지켜 주시나니
42 정직한 자는 보고 기뻐하며 모든
사악한 자는 자기 입을 봉하리로다
43 지혜 있는 자들은 이러한 일들을 지
켜 보고 야훼의 인자하심을 깨달으
리로다

108 하나님이여 내 마음을 정하였사
오니 내가 노래하며 나의 마음을
다하여 찬양하리로다
2 비파야, 수금아, 깰지어다 내가 새
벽을 깨우리로다
3 야훼여 내가 만민 중에서 주께 감
사하고 뭇 나라 중에서 주를 찬양
하오리니
4 주의 인자하심이 하늘보다 높으시며
주의 진실은 궁창에까지 이르나이다
5 하나님이여 주는 하늘 위에 높이
들리시며 주의 영광이 온 땅에서
높임 받으시기를 원하나이다
6 주께서 사랑하시는 자들을 건지시
기 위하여 우리에게 응답하사 오른
손으로 구원하소서
7 하나님이 그의 성소에서 말씀하시
되 내가 기뻐하리라 내가 세겜을
나누며 숙곳 골짜기를 측량하리라
8 길르앗이 내 것이요 므낫세도 내
것이며 에브라임은 내 머리의 투구
요 유다는 나의 규이며
9 모압은 내 목욕통이라 에돔에는 내
신발을 벗어 던질지며 블레셋 위에
서 내가 외치리라 하셨도다
10 누가 나를 이끌어 견고한 성읍으로
인도해 들이며 누가 나를 에돔으로
인도할꼬
11 하나님이여 주께서 우리를 버리지
아니하셨나이까 하나님이여 주께서
우리의 군대들과 함께 나아가지 아
니하시나이다
12 우리를 도와 대적을 치게 하소서
사람의 구원은 헛됨이니이다
13 우리가 하나님을 의지하고 용감히
행하리니 그는 우리의 대적들을 밟

으실 자이심이로다

109

내가 찬양하는 하나님이여 잠잠
하지 마옵소서
2 그들이 악한 입과 거짓된 입을 열어
나를 치며 속이는 혀로 내게 말하며
3 또 미워하는 말로 나를 두르고 까
닭 없이 나를 공격하였음이니이다
4 나는 사랑하나 그들은 도리어 나를
대적하니 나는 기도할 뿐이라
5 그들이 악으로 나의 선을 갚으며 미
워함으로 나의 사랑을 갚았사오니
6 악인이 그를 다스리게 하시며 사탄
이 그의 오른쪽에 서게 하소서
7 그가 심판을 받을 때에 죄인이 되
어 나오게 하시며 그의 기도가 죄
로 변하게 하시며
8 그의 연수를 짧게 하시며 그의 직
분을 타인이 빼앗게 하시며
9 그의 자녀는 고아가 되고 그의 아
내는 과부가 되며
10 그의 자녀들은 유리하며 구걸하고
그들의 황폐한 집을 떠나 빌어먹게
하소서
11 고리대금하는 자가 그의 소유를 다
빼앗게 하시며 그가 수고한 것을
낯선 사람이 탈취하게 하시며
12 그에게 인애를 베풀 자가 없게 하
시며 그의 고아에게 은혜를 베풀
자도 없게 하시며
13 그의 자손이 끊어지게 하시며 후대
에 그들의 이름이 지워지게 하소서
14 야훼는 그의 조상들의 죄악을 기억
하시며 그의 어머니의 죄를 지워 버
리지 마시고
15 그 죄악을 항상 야훼 앞에 있게 하
사 그들의 기억을 땅에서 끊으소서
16 그가 인자를 베풀 일을 생각하지
아니하고 가난하고 궁핍한 자와 마
음이 상한 자를 핍박하여 죽이려
하였기 때문이니이다
17 그가 저주하기를 좋아하더니 그것
이 자기에게 임하고 축복하기를 기
뻐하지 아니하더니 복이 그를 멀리
떠났으며
18 또 저주하기를 옷 입듯 하더니 저주
가 물 같이 그의 몸 속으로 들어가
며 기름 같이 그의 뼈 속으로 들어
갔나이다
19 저주가 그에게는 입는 옷 같고 항
상 띠는 띠와 같게 하소서
20 이는 나의 대적들이 곧 내 영혼을
대적하여 악담하는 자들이 야훼께
받는 보응이니이다
21 그러나 주 야훼여 주의 이름으로 말
미암아 나를 선대하소서 주의 인자
하심이 선하시오니 나를 건지소서
22 나는 가난하고 궁핍하여 나의 중심
이 상함이니이다
23 나는 석양 그림자 같이 지나가고
또 메뚜기 같이 불려 가오며

기록일 : . . .

24 금식하므로 내 무릎이 흔들리고 내
육체는 수척하오며
25 나는 또 그들의 비방 거리라 그들
이 나를 보면 머리를 흔드나이다
26 야훼 나의 하나님이여 나를 도우시
며 주의 인자하심을 따라 나를 구
원하소서
27 이것이 주의 손이 하신 일인 줄을
그들이 알게 하소서 주 야훼께서
이를 행하셨나이다
28 그들은 내게 저주하여도 주는 내게
복을 주소서 그들은 일어날 때에
수치를 당할지라도 주의 종은 즐거
워하리이다
29 나의 대적들이 욕을 옷 입듯 하게
하시며 자기 수치를 겉옷 같이 입게
하소서
30 내가 입으로 야훼께 크게 감사하며
많은 사람 중에서 찬송하리니
31 그가 궁핍한 자의 오른쪽에 서사
그의 영혼을 심판하려 하는 자들에
게서 구원하실 것임이로다

110 야훼께서 내 주에게 말씀하시기
를 내가 네 원수들로 네 발판이 되
게 하기까지 너는 내 오른쪽에 앉
아 있으라 하셨도다
2 야훼께서 시온에서부터 주의 권능
의 규를 내보내시리니 주는 원수들
중에서 다스리소서
3 주의 권능의 날에 주의 백성이 거
룩한 옷을 입고 즐거이 헌신하니 새
벽 이슬 같은 주의 청년들이 주께
나오는도다
4 야훼는 맹세하고 변하지 아니하시
리라 이르시기를 너는 멜기세덱의
서열을 따라 영원한 제사장이라 하
셨도다
5 주의 오른쪽에 계신 주께서 그의
노하시는 날에 왕들을 쳐서 깨뜨리
실 것이라
6 뭇 나라를 심판하여 시체로 가득하
게 하시고 여러 나라의 머리를 쳐서
깨뜨리시며
7 길 가의 시냇물을 마시므로 그의
머리를 드시리로다

111 할렐루야, 내가 정직한 자들의 모
임과 회중 가운데에서 전심으로 야
훼께 감사하리로다
2 야훼께서 행하시는 일들이 크시오
니 이를 즐거워하는 자들이 다 기리
는도다
3 그의 행하시는 일이 존귀하고 엄위
하며 그의 의가 영원히 서 있도다
4 그의 기적을 사람이 기억하게 하셨
으니 야훼는 은혜로우시고 자비로
우시도다
5 야훼께서 자기를 경외하는 자들에
게 양식을 주시며 그의 언약을 영
원히 기억하시리로다
6 그가 그들에게 뭇 나라의 기업을

기록일 : . . .

주사 그가 행하시는 일의 능력을
그들에게 알리셨도다
7 그의 손이 하는 일은 진실과 정의이
며 그의 법도는 다 확실하니
8 영원무궁토록 정하신 바요 진실과
정의로 행하신 바로다
9 야훼께서 그의 백성을 속량하시며
그의 언약을 영원히 세우셨으니 그
의 이름이 거룩하고 지존하시도다
10 야훼를 경외함이 지혜의 근본이라
그의 계명을 지키는 자는 다 훌륭
한 지각을 가진 자이니 야훼를 찬
양함이 영원히 계속되리로다

112 할렐루야, 야훼를 경외하며 그의
계명을 크게 즐거워하는 자는 복이
있도다
2 그의 후손이 땅에서 강성함이여 정
직한 자들의 후손에게 복이 있으리
로다
3 부와 재물이 그의 집에 있음이여
그의 공의가 영구히 서 있으리로다
4 정직한 자들에게는 흑암 중에 빛이
일어나나니 그는 자비롭고 긍휼이
많으며 의로운 이로다
5 은혜를 베풀며 꾸어 주는 자는 잘
되나니 그 일을 정의로 행하리로다
6 그는 영원히 흔들리지 아니함이여
의인은 영원히 기억되리로다
7 그는 흉한 소문을 두려워하지 아니
함이여 야훼를 의뢰하고 그의 마음
을 굳게 정하였도다
8 그의 마음이 견고하여 두려워하지
아니할 것이라 그의 대적들이 받는
보응을 마침내 보리로다
9 그가 재물을 흩어 빈궁한 자들에게
주었으니 그의 의가 영구히 있고
그의 뿔이 영광 중에 들리리로다
10 악인은 이를 보고 한탄하여 이를
갈면서 소멸되리니 악인들의 욕망
은 사라지리로다

113 할렐루야, 야훼의 종들아 찬양하
라 야훼의 이름을 찬양하라
2 이제부터 영원까지 야훼의 이름을
찬송할지로다
3 해 돋는 데에서부터 해 지는 데에
까지 야훼의 이름이 찬양을 받으시
리로다
4 야훼는 모든 나라보다 높으시며 그
의 영광은 하늘보다 높으시도다
5 야훼 우리 하나님과 같은 이가 누
구리요 높은 곳에 앉으셨으나
6 스스로 낮추사 천지를 살피시고
7 가난한 자를 먼지 더미에서 일으키
시며 궁핍한 자를 거름 더미에서 들
어 세워
8 지도자들 곧 그의 백성의 지도자들
과 함께 세우시며
9 또 임신하지 못하던 여자를 집에 살
게 하사 자녀들을 즐겁게 하는 어
머니가 되게 하시는도다 할렐루야

기록일 : . . .

114 이스라엘이 애굽에서 나오며 야
곱의 집안이 언어가 다른 민족에게
서 나올 때에
2 유다는 야훼의 성소가 되고 이스라
엘은 그의 영토가 되었도다
3 바다가 보고 도망하며 요단은 물러
갔으니
4 산들은 숫양들 같이 뛰놀며 작은
산들은 어린 양들 같이 뛰었도다
5 바다야 네가 도망함은 어찌함이며
요단아 네가 물러감은 어찌함인가
6 너희 산들아 숫양들 같이 뛰놀며
작은 산들아 어린 양들 같이 뛰놂
은 어찌함인가
7 땅이여 너는 주 앞 곧 야곱의 하나
님 앞에서 떨지어다
8 그가 반석을 쳐서 못물이 되게 하
시며 차돌로 샘물이 되게 하셨도다

115 야훼여 영광을 우리에게 돌리지
마옵소서 우리에게 돌리지 마옵소서
오직 주는 인자하시고 진실하시므
로 주의 이름에만 영광을 돌리소서
2 어찌하여 뭇 나라가 그들의 하나님
이 이제 어디 있느냐 말하게 하리
이까
3 오직 우리 하나님은 하늘에 계셔서
원하시는 모든 것을 행하셨나이다
4 그들의 우상들은 은과 금이요 사람
이 손으로 만든 것이라
5 입이 있어도 말하지 못하며 눈이 있
어도 보지 못하며
6 귀가 있어도 듣지 못하며 코가 있어
도 냄새 맡지 못하며
7 손이 있어도 만지지 못하며 발이 있
어도 걷지 못하며 목구멍이 있어도
작은 소리조차 내지 못하느니라
8 우상들을 만드는 자들과 그것을 의
지하는 자들이 다 그와 같으리로다
9 이스라엘아 야훼를 의지하라 그는
너희의 도움이시요 너희의 방패시
로다
10 아론의 집이여 야훼를 의지하라 그
는 너희의 도움이시요 너희의 방패
시로다
11 야훼를 경외하는 자들아 너희는 야
훼를 의지하여라 그는 너희의 도움
이시요 너희의 방패시로다
12 야훼께서 우리를 생각하사 복을 주
시되 이스라엘 집에도 복을 주시고
아론의 집에도 복을 주시며
13 높은 사람이나 낮은 사람을 막론하
고 야훼를 경외하는 자들에게 복을
주시리로다
14 야훼께서 너희를 곧 너희와 너희의
자손을 더욱 번창하게 하시기를 원
하노라
15 너희는 천지를 지으신 야훼께 복을
받는 자로다
16 하늘은 야훼의 하늘이라도 땅은 사
람에게 주셨도다

17 죽은 자들은 야훼를 찬양하지 못하
나니 적막한 데로 내려가는 자들은
아무도 찬양하지 못하리로다
18 우리는 이제부터 영원까지 야훼를
송축하리로다 할렐루야

116 야훼께서 내 음성과 내 간구를 들
으시므로 내가 그를 사랑하는도다
2 그의 귀를 내게 기울이셨으므로 내
가 평생에 기도하리로다
3 사망의 줄이 나를 두르고 스올의
고통이 내게 이르므로 내가 환난과
슬픔을 만났을 때에
4 내가 야훼의 이름으로 기도하기를
야훼여 주께 구하오니 내 영혼을
건지소서 하였도다
5 야훼는 은혜로우시며 의로우시며
우리 하나님은 긍휼이 많으시도다
6 야훼께서는 순진한 자를 지키시나
니 내가 어려울 때에 나를 구원하
셨도다
7 내 영혼아 네 평안함으로 돌아갈지
어다 야훼께서 너를 후대하심이로다
8 주께서 내 영혼을 사망에서, 내 눈
을 눈물에서, 내 발을 넘어짐에서
건지셨나이다
9 내가 생명이 있는 땅에서 야훼 앞
에 행하리로다
10 내가 크게 고통을 당하였다고 말할
때에도 나는 믿었도다
11 내가 놀라서 이르기를 모든 사람이
거짓말쟁이라 하였도다
12 내게 주신 모든 은혜를 내가 야훼
께 무엇으로 보답할까
13 내가 구원의 잔을 들고 야훼의 이
름을 부르며
14 야훼의 모든 백성 앞에서 나는 나
의 서원을 야훼께 갚으리로다
15 그의 경건한 자들의 죽음은 야훼께
서 보시기에 귀중한 것이로다
16 야훼여 나는 진실로 주의 종이요
주의 여종의 아들 곧 주의 종이라
주께서 나의 결박을 푸셨나이다
17 내가 주께 감사제를 드리고 야훼의
이름을 부르리이다
18 내가 야훼께 서원한 것을 그의 모
든 백성이 보는 앞에서 내가 지키리
로다
19 예루살렘아, 네 한가운데에서 곧
야훼의 성전 뜰에서 지키리로다 할
렐루야

117 너희 모든 나라들아 야훼를 찬양
하며 너희 모든 백성들아 그를 찬
송할지어다
2 우리에게 향하신 야훼의 인자하심
이 크시고 야훼의 진실하심이 영원
함이로다 할렐루야

118 야훼께 감사하라 그는 선하시며
그의 인자하심이 영원함이로다
2 이제 이스라엘은 말하기를 그의 인
자하심이 영원하다 할지로다

기록일 : . . .

3 이제 아론의 집은 말하기를 그의
인자하심이 영원하다 할지로다
4 이제 야훼를 경외하는 자는 말하기
를 그의 인자하심이 영원하다 할지
로다
5 내가 고통 중에 야훼께 부르짖었더
니 야훼께서 응답하시고 나를 넓은
곳에 세우셨도다
6 야훼는 내 편이시라 내가 두려워하
지 아니하리니 사람이 내게 어찌
할까
7 야훼께서 내 편이 되사 나를 돕는
자들 중에 계시니 그러므로 나를
미워하는 자들에게 보응하시는 것
을 내가 보리로다
8 야훼께 피하는 것이 사람을 신뢰하
는 것보다 나으며
9 야훼께 피하는 것이 고관들을 신뢰
하는 것보다 낫도다
10 뭇 나라가 나를 에워쌌으니 내가 야
훼의 이름으로 그들을 끊으리로다
11 그들이 나를 에워싸고 에워쌌으니
내가 야훼의 이름으로 그들을 끊으
리로다
12 그들이 벌들처럼 나를 에워쌌으나
가시덤불의 불 같이 타 없어졌나니
내가 야훼의 이름으로 그들을 끊으
리로다
13 너는 나를 밀쳐 넘어뜨리려 하였으
나 야훼께서는 나를 도우셨도다
14 야훼는 나의 능력과 찬송이시요 또
나의 구원이 되셨도다
15 의인들의 장막에는 기쁜 소리, 구
원의 소리가 있음이여 야훼의 오른
손이 권능을 베푸시며
16 야훼의 오른손이 높이 들렸으며 야
훼의 오른손이 권능을 베푸시는도다
17 내가 죽지 않고 살아서 야훼께서
하시는 일을 선포하리로다
18 야훼께서 나를 심히 경책하셨어도
죽음에는 넘기지 아니하셨도다
19 내게 의의 문들을 열지어다 내가 그
리로 들어가서 야훼께 감사하리로다
20 이는 야훼의 문이라 의인들이 그리
로 들어가리로다
21 주께서 내게 응답하시고 나의 구
원이 되셨으니 내가 주께 감사하리
이다
22 건축자가 버린 돌이 집 모퉁이의 머
릿돌이 되었나니
23 이는 야훼께서 행하신 것이요 우리
눈에 기이한 바로다
24 이 날은 야훼께서 정하신 것이라 이
날에 우리가 즐거워하고 기뻐하리
로다
25 야훼여 구하옵나니 이제 구원하소
서 야훼여 우리가 구하옵나니 이제
형통하게 하소서
26 야훼의 이름으로 오는 자가 복이
있음이여 우리가 야훼의 집에서 너

기록일 : . . .

희를 축복하였도다
27 야훼는 하나님이시라 그가 우리에
게 빛을 비추셨으니 밧줄로 절기 제
물을 제단 뿔에 맬지어다
28 주는 나의 하나님이시라 내가 주께
감사하리이다 주는 나의 하나님이
시라 내가 주를 높이리이다
29 야훼께 감사하라 그는 선하시며 그
의 인자하심이 영원함이로다

119

행위가 온전하여 야훼의 율법을
따라 행하는 자들은 복이 있음이여
2 야훼의 증거들을 지키고 전심으로
야훼를 구하는 자는 복이 있도다
3 참으로 그들은 불의를 행하지 아니
하고 주의 도를 행하는도다
4 주께서 명령하사 주의 법도를 잘
지키게 하셨나이다
5 내 길을 굳게 정하사 주의 율례를
지키게 하소서
6 내가 주의 모든 계명에 주의할 때
에는 부끄럽지 아니하리이다
7 내가 주의 의로운 판단을 배울 때
에는 정직한 마음으로 주께 감사하
리이다
8 내가 주의 율례들을 지키오리니 나
를 아주 버리지 마옵소서
9 청년이 무엇으로 그의 행실을 깨끗
하게 하리이까 주의 말씀만 지킬
따름이니이다
10 내가 전심으로 주를 찾았사오니 주
의 계명에서 떠나지 말게 하소서
11 내가 주께 범죄하지 아니하려 하여
주의 말씀을 내 마음에 두었나이다
12 찬송을 받으실 주 야훼여 주의 율
례들을 내게 가르치소서
13 주의 입의 모든 규례들을 나의 입
술로 선포하였으며
14 내가 모든 재물을 즐거워함 같이
주의 증거들의 도를 즐거워하였나
이다
15 내가 주의 법도들을 작은 소리로
읊조리며 주의 길들에 주의하며
16 주의 율례들을 즐거워하며 주의 말
씀을 잊지 아니하리이다
17 주의 종을 후대하여 살게 하소서 그
리하시면 주의 말씀을 지키리이다
18 내 눈을 열어서 주의 율법에서 놀
라운 것을 보게 하소서
19 나는 땅에서 나그네가 되었사오니
주의 계명들을 내게 숨기지 마소서
20 주의 규례들을 항상 사모함으로 내
마음이 상하나이다
21 교만하여 저주를 받으며 주의 계명
들에서 떠나는 자들을 주께서 꾸짖
으셨나이다
22 내가 주의 교훈들을 지켰사오니 비
방과 멸시를 내게서 떠나게 하소서
23 고관들도 앉아서 나를 비방하였사
오나 주의 종은 주의 율례들을 작
은 소리로 읊조렸나이다

기록일 : . . .

24 주의 증거들은 나의 즐거움이요 나
의 충고자니이다
25 내 영혼이 진토에 붙었사오니 주의
말씀대로 나를 살아나게 하소서
26 내가 나의 행위를 아뢰매 주께서
내게 응답하셨사오니 주의 율례들
을 내게 가르치소서
27 나에게 주의 법도들의 길을 깨닫게
하여 주소서 그리하시면 내가 주의
기이한 일들을 작은 소리로 읊조리
리이다
28 나의 영혼이 눌림으로 말미암아 녹
사오니 주의 말씀대로 나를 세우
소서
29 거짓 행위를 내게서 떠나게 하시고
주의 법을 내게 은혜로이 베푸소서
30 내가 성실한 길을 택하고 주의 규
례들을 내 앞에 두었나이다
31 내가 주의 증거들에 매달렸사오니
야훼여 내가 수치를 당하지 말게
하소서
32 주께서 내 마음을 넓히시면 내가
주의 계명들의 길로 달려가리이다
33 야훼여 주의 율례들의 도를 내게 가
르치소서 내가 끝까지 지키리이다
34 나로 하여금 깨닫게 하여 주소서
내가 주의 법을 준행하며 전심으로
지키리이다
35 나로 하여금 주의 계명들의 길로
행하게 하소서 내가 이를 즐거워함
이니이다
36 내 마음을 주의 증거들에게 향하
게 하시고 탐욕으로 향하지 말게
하소서
37 내 눈을 돌이켜 허탄한 것을 보지
말게 하시고 주의 길에서 나를 살
아나게 하소서
38 주를 경외하게 하는 주의 말씀을
주의 종에게 세우소서
39 내가 두려워하는 비방을 내게서 떠
나게 하소서 주의 규례들은 선하심
이니이다
40 내가 주의 법도들을 사모하였사오
니 주의 의로 나를 살아나게 하소서
41 야훼여 주의 말씀대로 주의 인자하
심과 주의 구원을 내게 임하게 하
소서
42 그리하시면 내가 나를 비방하는 자
들에게 대답할 말이 있사오리니 내
가 주의 말씀을 의지함이니이다
43 진리의 말씀이 내 입에서 조금도
떠나지 말게 하소서 내가 주의 규
례를 바랐음이니이다
44 내가 주의 율법을 항상 지키리이다
영원히 지키리이다
45 내가 주의 법도들을 구하였사오니
자유롭게 걸어갈 것이오며
46 또 왕들 앞에서 주의 교훈들을 말할
때에 수치를 당하지 아니하겠사오며
47 내가 사랑하는 주의 계명들을 스스

기록일 : . . .

로 즐거워하며
48 또 내가 사랑하는 주의 계명들을
향하여 내 손을 들고 주의 율례들
을 작은 소리로 읊조리리이다
49 주의 종에게 하신 말씀을 기억하소
서 주께서 내게 소망을 가지게 하
셨나이다
50 이 말씀은 나의 고난 중의 위로라
주의 말씀이 나를 살리셨기 때문이
니이다
51 교만한 자들이 나를 심히 조롱하였
어도 나는 주의 법을 떠나지 아니
하였나이다
52 야훼여 주의 옛 규례들을 내가 기
억하고 스스로 위로하였나이다
53 주의 율법을 버린 악인들로 말미암
아 내가 맹렬한 분노에 사로잡혔나
이다
54 내가 나그네 된 집에서 주의 율례
들이 나의 노래가 되었나이다
55 야훼여 내가 밤에 주의 이름을 기
억하고 주의 법을 지켰나이다
56 내 소유는 이것이니 곧 주의 법도
들을 지킨 것이니이다
57 야훼는 나의 분깃이시니 나는 주의
말씀을 지키리라 하였나이다
58 내가 전심으로 주께 간구하였사오
니 주의 말씀대로 내게 은혜를 베
푸소서
59 내가 내 행위를 생각하고 주의 증
거들을 향하여 내 발길을 돌이켰사
오며
60 주의 계명들을 지키기에 신속히 하
고 지체하지 아니하였나이다
61 악인들의 줄이 내게 두루 얽혔을지
라도 나는 주의 법을 잊지 아니하
였나이다
62 내가 주의 의로운 규례들로 말미
암아 밤중에 일어나 주께 감사하
리이다
63 나는 주를 경외하는 모든 자들과 주
의 법도들을 지키는 자들의 친구라
64 야훼여 주의 인자하심이 땅에 충만
하였사오니 주의 율례들로 나를 가
르치소서
65 야훼여 주의 말씀대로 주의 종을
선대하셨나이다
66 내가 주의 계명들을 믿었사오니 좋
은 명철과 지식을 내게 가르치소서
67 고난 당하기 전에는 내가 그릇 행
하였더니 이제는 주의 말씀을 지키
나이다
68 주는 선하사 선을 행하시오니 주의
율례들로 나를 가르치소서
69 교만한 자들이 거짓을 지어 나를 치
려 하였사오나 나는 전심으로 주의
법도들을 지키리이다
70 그들의 마음은 살져서 기름덩이 같
으나 나는 주의 법을 즐거워하나
이다

기록일 : . . .

71 고난 당한 것이 내게 유익이라 이
로 말미암아 내가 주의 율례들을
배우게 되었나이다
72 주의 입의 법이 내게는 천천 금은
보다 좋으니이다
73 주의 손이 나를 만들고 세우셨사오
니 내가 깨달아 주의 계명들을 배
우게 하소서
74 주를 경외하는 자들이 나를 보고
기뻐하는 것은 내가 주의 말씀을
바라는 까닭이니이다
75 야훼여 내가 알거니와 주의 심판은
의로우시고 주께서 나를 괴롭게 하
심은 성실하심 때문이니이다
76 구하오니 주의 종에게 하신 말씀
대로 주의 인자하심이 나의 위안이
되게 하시며
77 주의 긍휼히 여기심이 내게 임하사
내가 살게 하소서 주의 법은 나의
즐거움이니이다
78 교만한 자들이 거짓으로 나를 엎드
러뜨렸으니 그들이 수치를 당하게
하소서 나는 주의 법도들을 작은
소리로 읊조리리이다
79 주를 경외하는 자들이 내게 돌아오
게 하소서 그리하시면 그들이 주의
증거들을 알리이다
80 내 마음으로 주의 율례들에 완전하
게 하사 내가 수치를 당하지 아니
하게 하소서

81 나의 영혼이 주의 구원을 사모하기
에 피곤하오나 나는 주의 말씀을
바라나이다
82 나의 말이 주께서 언제나 나를 안
위하실까 하면서 내 눈이 주의 말
씀을 바라기에 피곤하니이다
83 내가 연기 속의 가죽 부대 같이 되
었으나 주의 율례들을 잊지 아니하
나이다
84 주의 종의 날이 얼마나 되나이까
나를 핍박하는 자들을 주께서 언제
나 심판하시리이까
85 주의 법을 따르지 아니하는 교만한
자들이 나를 해하려고 웅덩이를 팠
나이다
86 주의 모든 계명들은 신실하니이다
그들이 이유 없이 나를 핍박하오니
나를 도우소서
87 그들이 나를 세상에서 거의 멸하였
으나 나는 주의 법도들을 버리지
아니하였사오니
88 주의 인자하심을 따라 나를 살아
나게 하소서 그리하시면 주의 입의
교훈들을 내가 지키리이다
89 야훼여 주의 말씀은 영원히 하늘에
굳게 섰사오며
90 주의 성실하심은 대대에 이르나이
다 주께서 땅을 세우셨으므로 땅이
항상 있사오니
91 천지가 주의 규례들대로 오늘까지

기록일 : . . .

있음은 만물이 주의 종이 된 까닭
이니이다
92 주의 법이 나의 즐거움이 되지 아니
하였더면 내가 내 고난 중에 멸망
하였으리이다
93 내가 주의 법도들을 영원히 잊지
아니하오니 주께서 이것들 때문에
나를 살게 하심이니이다
94 나는 주의 것이오니 나를 구원하
소서 내가 주의 법도들만을 찾았나
이다
95 악인들이 나를 멸하려고 엿보오나
나는 주의 증거들만을 생각하겠나
이다
96 내가 보니 모든 완전한 것이 다 끝
이 있어도 주의 계명들은 심히 넓으
니이다
97 내가 주의 법을 어찌 그리 사랑하
는지요 내가 그것을 종일 작은 소
리로 읊조리나이다
98 주의 계명들이 항상 나와 함께 하
므로 그것들이 나를 원수보다 지혜
롭게 하나이다
99 내가 주의 증거들을 늘 읊조리므로
나의 명철함이 나의 모든 스승보다
나으며
100 주의 법도들을 지키므로 나의 명철
함이 노인보다 나으니이다
101 내가 주의 말씀을 지키려고 발을
금하여 모든 악한 길로 가지 아니
하였사오며
102 주께서 나를 가르치셨으므로 내가
주의 규례들에서 떠나지 아니하였
나이다
103 주의 말씀의 맛이 내게 어찌 그리
단지요 내 입에 꿀보다 더 다니이다
104 주의 법도들로 말미암아 내가 명철
하게 되었으므로 모든 거짓 행위를
미워하나이다
105 주의 말씀은 내 발에 등이요 내 길
에 빛이니이다
106 주의 의로운 규례들을 지키기로 맹
세하고 굳게 정하였나이다
107 나의 고난이 매우 심하오니 야훼여
주의 말씀대로 나를 살아나게 하
소서
108 야훼여 구하오니 내 입이 드리는
자원제물을 받으시고 주의 공의를
내게 가르치소서
109 나의 생명이 항상 위기에 있사오나
나는 주의 법을 잊지 아니하나이다
110 악인들이 나를 해하려고 올무를 놓
았사오나 나는 주의 법도들에서 떠
나지 아니하였나이다
111 주의 증거들로 내가 영원히 나의
기업을 삼았사오니 이는 내 마음의
즐거움이 됨이니이다
112 내가 주의 율례들을 영원히 행하려
고 내 마음을 기울였나이다
113 내가 두 마음 품는 자들을 미워하

기록일 : . . .

고 주의 법을 사랑하나이다
114 주는 나의 은신처요 방패시라 내가
주의 말씀을 바라나이다
115 너희 행악자들이여 나를 떠날지어
다 나는 내 하나님의 계명들을 지
키리로다
116 주의 말씀대로 나를 붙들어 살게
하시고 내 소망이 부끄럽지 않게
하소서
117 나를 붙드소서 그리하시면 내가 구
원을 얻고 주의 율례들에 항상 주
의하리이다
118 주의 율례들에서 떠나는 자는 주께
서 다 멸시하셨으니 그들의 속임수
는 허무함이니이다
119 주께서 세상의 모든 악인들을 찌꺼
기 같이 버리시니 그러므로 내가 주
의 증거들을 사랑하나이다
120 내 육체가 주를 두려워함으로 떨
며 내가 또 주의 심판을 두려워하나
이다
121 내가 정의와 공의를 행하였사오니
나를 박해하는 자들에게 나를 넘기
지 마옵소서
122 주의 종을 보증하사 복을 얻게 하
시고 교만한 자들이 나를 박해하지
못하게 하소서
123 내 눈이 주의 구원과 주의 의로운
말씀을 사모하기에 피곤하니이다
124 주의 인자하심대로 주의 종에게
행하사 내게 주의 율례들을 가르
치소서
125 나는 주의 종이오니 나를 깨닫게
하사 주의 증거들을 알게 하소서
126 그들이 주의 법을 폐하였사오니 지
금은 야훼께서 일하실 때니이다
127 그러므로 내가 주의 계명들을 금
곧 순금보다 더 사랑하나이다
128 그러므로 내가 범사에 모든 주의
법도들을 바르게 여기고 모든 거짓
행위를 미워하나이다
129 주의 증거들은 놀라우므로 내 영혼
이 이를 지키나이다
130 주의 말씀을 열면 빛이 비치어 우둔
한 사람들을 깨닫게 하나이다
131 내가 주의 계명들을 사모하므로 내
가 입을 열고 헐떡였나이다
132 주의 이름을 사랑하는 자들에게 베
푸시던 대로 내게 돌이키사 내게
은혜를 베푸소서
133 나의 발걸음을 주의 말씀에 굳게
세우시고 어떤 죄악도 나를 주관하
지 못하게 하소서
134 사람의 박해에서 나를 구원하소서
그리하시면 내가 주의 법도들을 지
키리이다
135 주의 얼굴을 주의 종에게 비추시고
주의 율례로 나를 가르치소서
136 그들이 주의 법을 지키지 아니하므
로 내 눈물이 시냇물 같이 흐르나

기록일 : . . .

이다
137 야훼여 주는 의로우시고 주의 판단
은 옳으니이다
138 주께서 명령하신 증거들은 의롭고
지극히 성실하니이다
139 내 대적들이 주의 말씀을 잊어버렸
으므로 내 열정이 나를 삼켰나이다
140 주의 말씀이 심히 순수하므로 주의
종이 이를 사랑하나이다
141 내가 미천하여 멸시를 당하나 주의
법도를 잊지 아니하였나이다
142 주의 의는 영원한 의요 주의 율법
은 진리로소이다
143 환난과 우환이 내게 미쳤으나 주의
계명은 나의 즐거움이니이다
144 주의 증거들은 영원히 의로우시니
나로 하여금 깨닫게 하사 살게 하
소서
145 야훼여 내가 전심으로 부르짖었사
오니 내게 응답하소서 내가 주의
교훈들을 지키리이다
146 내가 주께 부르짖었사오니 나를 구
원하소서 내가 주의 증거들을 지키
리이다
147 내가 날이 밝기 전에 부르짖으며
주의 말씀을 바랐사오며
148 주의 말씀을 조용히 읊조리려고 내
가 새벽녘에 눈을 떴나이다
149 주의 인자하심을 따라 내 소리를
들으소서 야훼여 주의 규례들을 따
라 나를 살리소서
150 악을 따르는 자들이 가까이 왔사오
니 그들은 주의 법에서 머니이다
151 야훼여 주께서 가까이 계시오니 주
의 모든 계명들은 진리니이다
152 내가 전부터 주의 증거들을 알고
있었으므로 주께서 영원히 세우신
것인 줄을 알았나이다
153 나의 고난을 보시고 나를 건지소서
내가 주의 율법을 잊지 아니함이니
이다
154 주께서 나를 변호하시고 나를 구하
사 주의 말씀대로 나를 살리소서
155 구원이 악인들에게서 멀어짐은 그
들이 주의 율례들을 구하지 아니함
이니이다
156 야훼여 주의 긍휼이 많으오니 주의
규례들에 따라 나를 살리소서
157 나를 핍박하는 자들과 나의 대적
들이 많으나 나는 주의 증거들에서
떠나지 아니하였나이다
158 주의 말씀을 지키지 아니하는 거짓
된 자들을 내가 보고 슬퍼하였나
이다
159 내가 주의 법도들을 사랑함을 보옵
소서 야훼여 주의 인자하심을 따라
나를 살리소서
160 주의 말씀의 강령은 진리이오니 주
의 의로운 모든 규례들은 영원하리
이다

기록일 : . . .

161 고관들이 거짓으로 나를 핍박하오
나 나의 마음은 주의 말씀만 경외
하나이다
162 사람이 많은 탈취물을 얻은 것처럼
나는 주의 말씀을 즐거워하나이다
163 나는 거짓을 미워하며 싫어하고 주
의 율법을 사랑하나이다
164 주의 의로운 규례들로 말미암아 내
가 하루 일곱 번씩 주를 찬양하나
이다
165 주의 법을 사랑하는 자에게는 큰
평안이 있으니 그들에게 장애물이
없으리이다
166 야훼여 내가 주의 구원을 바라며
주의 계명들을 행하였나이다
167 내 영혼이 주의 증거들을 지켰사오
며 내가 이를 지극히 사랑하나이다
168 내가 주의 법도들과 증거들을 지켰
사오니 나의 모든 행위가 주 앞에
있음이니이다
169 야훼여 나의 부르짖음이 주의 앞에
이르게 하시고 주의 말씀대로 나를
깨닫게 하소서
170 나의 간구가 주의 앞에 이르게 하
시고 주의 말씀대로 나를 건지소서
171 주께서 율례를 내게 가르치시므로
내 입술이 주를 찬양하리이다
172 주의 모든 계명들이 의로우므로 내
혀가 주의 말씀을 노래하리이다
173 내가 주의 법도들을 택하였사오니
주의 손이 항상 나의 도움이 되게
하소서
174 야훼여 내가 주의 구원을 사모하였
사오며 주의 율법을 즐거워하나이다
175 내 영혼을 살게 하소서 그리하시면
주를 찬송하리이다 주의 규례들이
나를 돕게 하소서
176 잃은 양 같이 내가 방황하오니 주
의 종을 찾으소서 내가 주의 계명
들을 잊지 아니함이니이다

120 내가 환난 중에 야훼께 부르짖었
더니 내게 응답하셨도다
2 야훼여 거짓된 입술과 속이는 혀에
서 내 생명을 건져 주소서
3 너 속이는 혀여 무엇을 네게 주며
무엇을 네게 더할꼬
4 장사의 날카로운 화살과 로뎀 나무
숯불이리로다
5 메섹에 머물며 게달의 장막 중에
머무는 것이 내게 화로다
6 내가 화평을 미워하는 자들과 함께
오래 거주하였도다
7 나는 화평을 원할지라도 내가 말할
때에 그들은 싸우려 하는도다

121 내가 산을 향하여 눈을 들리라 나
의 도움이 어디서 올까
2 나의 도움은 천지를 지으신 야훼에
게서로다
3 야훼께서 너를 실족하지 아니하게
하시며 너를 지키시는 이가 졸지 아

기록일 : . . .

니하시리로다
4 이스라엘을 지키시는 이는 졸지도
아니하시고 주무시지도 아니하시리
로다
5 야훼는 너를 지키시는 이시라 야훼
께서 네 오른쪽에서 네 그늘이 되
시나니
6 낮의 해가 너를 상하게 하지 아니
하며 밤의 달도 너를 해치지 아니
하리로다
7 야훼께서 너를 지켜 모든 환난을
면하게 하시며 또 네 영혼을 지키시
리로다
8 야훼께서 너의 출입을 지금부터 영
원까지 지키시리로다

122 사람이 내게 말하기를 야훼의 집
에 올라가자 할 때에 내가 기뻐하
였도다
2 예루살렘아 우리 발이 네 성문 안
에 섰도다
3 예루살렘아 너는 잘 짜여진 성읍과
같이 건설되었도다
4 지파들 곧 야훼의 지파들이 야훼의
이름에 감사하려고 이스라엘의 전
례대로 그리로 올라가는도다
5 거기에 심판의 보좌를 두셨으니 곧
다윗의 집의 보좌로다
6 예루살렘을 위하여 평안을 구하라
예루살렘을 사랑하는 자는 형통하
리로다
7 네 성 안에는 평안이 있고 네 궁중
에는 형통함이 있을지어다
8 내가 내 형제와 친구를 위하여 이
제 말하리니 네 가운데에 평안이
있을지어다
9 야훼 우리 하나님의 집을 위하여
내가 너를 위하여 복을 구하리로다

123 하늘에 계시는 주여 내가 눈을 들
어 주께 향하나이다
2 상전의 손을 바라보는 종들의 눈
같이, 여주인의 손을 바라보는 여종
의 눈 같이 우리의 눈이 야훼 우리
하나님을 바라보며 우리에게 은혜
베풀어 주시기를 기다리나이다
3 야훼여 우리에게 은혜를 베푸시고
또 은혜를 베푸소서 심한 멸시가
우리에게 넘치나이다
4 안일한 자의 조소와 교만한 자의
멸시가 우리 영혼에 넘치나이다

124 이스라엘은 이제 말하기를 야훼
께서 우리 편에 계시지 아니하셨더
라면 우리가 어떻게 하였으랴
2 사람들이 우리를 치러 일어날 때에
야훼께서 우리 편에 계시지 아니하
셨더라면
3 그 때에 그들의 노여움이 우리에게
맹렬하여 우리를 산채로 삼켰을 것
이며
4 그 때에 물이 우리를 휩쓸며 시내
가 우리 영혼을 삼켰을 것이며

기록일 : . . .

5 그 때에 넘치는 물이 우리 영혼을
삼켰을 것이라 할 것이로다
6 우리를 내주어 그들의 이에 씹히지
아니하게 하신 야훼를 찬송할지로다
7 우리의 영혼이 사냥꾼의 올무에서
벗어난 새 같이 되었나니 올무가
끊어지므로 우리가 벗어났도다
8 우리의 도움은 천지를 지으신 야훼
의 이름에 있도다

125 야훼를 의지하는 자는 시온 산이
흔들리지 아니하고 영원히 있음 같
도다
2 산들이 예루살렘을 두름과 같이 야
훼께서 그의 백성을 지금부터 영원
까지 두르시리로다
3 악인의 규가 의인들의 땅에서는 그
권세를 누리지 못하리니 이는 의인
들로 하여금 죄악에 손을 대지 아
니하게 함이로다
4 야훼여 선한 자들과 마음이 정직한
자들에게 선대하소서
5 자기의 굽은 길로 치우치는 자들은
야훼께서 죄를 범하는 자들과 함께
다니게 하시리로다 이스라엘에게는
평강이 있을지어다

126 야훼께서 시온의 포로를 돌려 보
내실 때에 우리는 꿈꾸는 것 같았
도다
2 그 때에 우리 입에는 웃음이 가득
하고 우리 혀에는 찬양이 찼었도
다 그 때에 뭇 나라 가운데에서 말
하기를 야훼께서 그들을 위하여 큰
일을 행하셨다 하였도다
3 야훼께서 우리를 위하여 큰 일을
행하셨으니 우리는 기쁘도다
4 야훼여 우리의 포로를 남방 시내들
같이 돌려 보내소서
5 눈물을 흘리며 씨를 뿌리는 자는
기쁨으로 거두리로다
6 울며 씨를 뿌리러 나가는 자는 반
드시 기쁨으로 그 곡식 단을 가지
고 돌아오리로다

127 야훼께서 집을 세우지 아니하시
면 세우는 자의 수고가 헛되며 야
훼께서 성을 지키지 아니하시면 파
수꾼의 깨어 있음이 헛되도다
2 너희가 일찍이 일어나고 늦게 누우
며 수고의 떡을 먹음이 헛되도다
그러므로 야훼께서 그의 사랑하시
는 자에게는 잠을 주시는도다
3 보라 자식들은 야훼의 기업이요 태
의 열매는 그의 상급이로다
4 젊은 자의 자식은 장사의 수중의
화살 같으니
5 이것이 그의 화살통에 가득한 자는
복되도다 그들이 성문에서 그들의
원수와 담판할 때에 수치를 당하지
아니하리로다

128 야훼를 경외하며 그의 길을 걷는
자마다 복이 있도다

기록일 : . . .

2 네가 네 손이 수고한 대로 먹을 것
이라 네가 복되고 형통하리로다
3 네 집 안방에 있는 네 아내는 결실
한 포도나무 같으며 네 식탁에 둘
러 앉은 자식들은 어린 감람나무
같으리로다
4 야훼를 경외하는 자는 이같이 복을
얻으리로다
5 야훼께서 시온에서 네게 복을 주실
지어다 너는 평생에 예루살렘의 번
영을 보며
6 네 자식의 자식을 볼지어다 이스라
엘에게 평강이 있을지로다

129 이스라엘은 이제 말하기를 그들
이 내가 어릴 때부터 여러 번 나를
괴롭혔도다
2 그들이 내가 어릴 때부터 여러 번
나를 괴롭혔으나 나를 이기지 못하
였도다
3 밭 가는 자들이 내 등을 갈아 그 고
랑을 길게 지었도다
4 야훼께서는 의로우사 악인들의 줄
을 끊으셨도다
5 무릇 시온을 미워하는 자들은 수치
를 당하여 물러갈지어다
6 그들은 지붕의 풀과 같을지어다 그
것은 자라기 전에 마르는 것이라
7 이런 것은 베는 자의 손과 묶는 자
의 품에 차지 아니하나니
8 지나가는 자들도 야훼의 복이 너희
에게 있을지어다 하거나 우리가 야
훼의 이름으로 너희에게 축복한다
하지 아니하느니라

130 야훼여 내가 깊은 곳에서 주께 부
르짖었나이다
2 주여 내 소리를 들으시며 나의 부
르짖는 소리에 귀를 기울이소서
3 야훼여 주께서 죄악을 지켜보실진
대 주여 누가 서리이까
4 그러나 사유하심이 주께 있음은 주
를 경외하게 하심이니이다
5 나 곧 내 영혼은 야훼를 기다리며
나는 주의 말씀을 바라는도다
6 파수꾼이 아침을 기다림보다 내 영
혼이 주를 더 기다리나니 참으로
파수꾼이 아침을 기다림보다 더하
도다
7 이스라엘아 야훼를 바랄지어다 야
훼께서는 인자하심과 풍성한 속량
이 있음이라
8 그가 이스라엘을 그의 모든 죄악에
서 속량하시리로다

131 야훼여 내 마음이 교만하지 아니
하고 내 눈이 오만하지 아니하오며
내가 큰 일과 감당하지 못할 놀라운
일을 하려고 힘쓰지 아니하나이다
2 실로 내가 내 영혼으로 고요하고
평온하게 하기를 젖 뗀 아이가 그
의 어머니 품에 있음 같게 하였나니
내 영혼이 젖 뗀 아이와 같도다

기록일 : . . .

3 이스라엘아 지금부터 영원까지 야
훼를 바랄지어다

132 야훼여 다윗을 위하여 그의 모든
겸손을 기억하소서
2 그가 야훼께 맹세하며 야곱의 전능
자에게 서원하기를
3 내가 내 장막 집에 들어가지 아니
하며 내 침상에 오르지 아니하고
4 내 눈으로 잠들게 하지 아니하며
내 눈꺼풀로 졸게 하지 아니하기를
5 야훼의 처소 곧 야곱의 전능자의
성막을 발견하기까지 하리라 하였
나이다
6 우리가 그것이 에브라다에 있다 함
을 들었더니 나무 밭에서 찾았도다
7 우리가 그의 계신 곳으로 들어가서
그의 발등상 앞에서 엎드려 예배하
리로다
8 야훼여 일어나사 주의 권능의 궤와
함께 평안한 곳으로 들어가소서
9 주의 제사장들은 의를 옷 입고 주
의 성도들은 즐거이 외칠지어다
10 주의 종 다윗을 위하여 주의 기름
부음 받은 자의 얼굴을 외면하지
마옵소서
11 야훼께서 다윗에게 성실히 맹세하
셨으니 변하지 아니하실지라 이르
시기를 네 몸의 소생을 네 왕위에
둘지라
12 네 자손이 내 언약과 그들에게 교
훈하는 내 증거를 지킬진대 그들의
후손도 영원히 네 왕위에 앉으리라
하셨도다
13 야훼께서 시온을 택하시고 자기 거
처를 삼고자 하여 이르시기를
14 이는 내가 영원히 쉴 곳이라 내가
여기 거주할 것은 이를 원하였음이
로다
15 내가 이 성의 식료품에 풍족히 복
을 주고 떡으로 그 빈민을 만족하
게 하리로다
16 내가 그 제사장들에게 구원을 옷
입히리니 그 성도들은 즐거이 외치
리로다
17 내가 거기서 다윗에게 뿔이 나게
할 것이라 내가 내 기름 부음 받은
자를 위하여 등을 준비하였도다
18 내가 그의 원수에게는 수치를 옷
입히고 그에게는 왕관이 빛나게 하
리라 하셨도다

133 보라 형제가 연합하여 동거함이
어찌 그리 선하고 아름다운고
2 머리에 있는 보배로운 기름이 수염
곧 아론의 수염에 흘러서 그의 옷
깃까지 내림 같고
3 헐몬의 이슬이 시온의 산들에 내림
같도다 거기서 야훼께서 복을 명령
하셨나니 곧 영생이로다

134 보라 밤에 야훼의 성전에 서 있
는 야훼의 모든 종들아 야훼를 송

기록일 : . . .

축하라

2 성소를 향하여 너희 손을 들고 여
호와를 송축하라

3 천지를 지으신 여호와께서 시온에서
네게 복을 주실지어다

135

할렐루야 여호와의 이름을 찬송하
라 여호와의 종들아 찬송하라

2 여호와의 집 우리 하나님의 성전 곧 우
리 하나님의 성전 뜰에 서 있는 너
희여

3 여호와를 찬송하라 여호와는 선하시며
그의 이름이 아름다우니 그의 이름
을 찬양하라

4 여호와께서 자기를 위하여 야곱 곧
이스라엘을 자기의 특별한 소유로
택하셨음이로다

5 내가 알거니와 여호와께서는 위대하
시며 우리 주는 모든 신들보다 위
대하시도다

6 여호와께서 그가 기뻐하시는 모든 일
을 천지와 바다와 모든 깊은 데서
다 행하셨도다

7 안개를 땅 끝에서 일으키시며 비를
위하여 번개를 만드시며 바람을 그
곳간에서 내시는도다

8 그가 애굽의 처음 난 자를 사람부
터 짐승까지 치셨도다

9 애굽이여 여호와께서 네게 행한 표적
들과 징조들을 바로와 그의 모든
신하들에게 보내셨도다

10 그가 많은 나라를 치시고 강한 왕
들을 죽이셨나니

11 곧 아모리인의 왕 시혼과 바산 왕
옥과 가나안의 모든 국왕이로다

12 그들의 땅을 기업으로 주시되 자기
백성 이스라엘에게 기업으로 주셨
도다

13 여호와여 주의 이름이 영원하시니이
다 여호와여 주를 기념함이 대대에
이르리이다

14 여호와께서 자기 백성을 판단하시며
그의 종들로 말미암아 위로를 받으
시리로다

15 열국의 우상은 은금이요 사람의 손
으로 만든 것이라

16 입이 있어도 말하지 못하며 눈이 있
어도 보지 못하며

17 귀가 있어도 듣지 못하며 그들의
입에는 아무 호흡도 없나니

18 그것을 만든 자와 그것을 의지하는
자가 다 그것과 같으리로다

19 이스라엘 족속아 여호와를 송축하라
아론의 족속아 여호와를 송축하라

20 레위 족속아 여호와를 송축하라 여호와
를 경외하는 너희들아 여호와를 송축
하라

21 예루살렘에 계시는 여호와는 시온에
서 찬송을 받으실지어다 할렐루야

136

여호와께 감사하라 그는 선하시며
그 인자하심이 영원함이로다

기록일 : . . .

2 신들 중에 뛰어난 하나님께 감사하
라 그 인자하심이 영원함이로다
3 주들 중에 뛰어난 주께 감사하라
그 인자하심이 영원함이로다
4 홀로 큰 기이한 일들을 행하시는
이에게 감사하라 그 인자하심이 영
원함이로다
5 지혜로 하늘을 지으신 이에게 감사
하라 그 인자하심이 영원함이로다
6 땅을 물 위에 펴신 이에게 감사하
라 그 인자하심이 영원함이로다
7 큰 빛들을 지으신 이에게 감사하라
그 인자하심이 영원함이로다
8 해로 낮을 주관하게 하신 이에게
감사하라 그 인자하심이 영원함이
로다
9 달과 별들로 밤을 주관하게 하신
이에게 감사하라 그 인자하심이 영
원함이로다
10 애굽의 장자를 치신 이에게 감사하
라 그 인자하심이 영원함이로다
11 이스라엘을 그들 중에서 인도하여
내신 이에게 감사하라 그 인자하심
이 영원함이로다
12 강한 손과 펴신 팔로 인도하여 내
신 이에게 감사하라 그 인자하심이
영원함이로다
13 홍해를 가르신 이에게 감사하라 그
인자하심이 영원함이로다
14 이스라엘을 그 가운데로 통과하게
하신 이에게 감사하라 그 인자하심
이 영원함이로다
15 바로와 그의 군대를 홍해에 엎드러
뜨리신 이에게 감사하라 그 인자하
심이 영원함이로다
16 그의 백성을 인도하여 광야를 통과
하게 하신 이에게 감사하라 그 인
자하심이 영원함이로다
17 큰 왕들을 치신 이에게 감사하라
그 인자하심이 영원함이로다
18 유명한 왕들을 죽이신 이에게 감사
하라 그 인자하심이 영원함이로다
19 아모리인의 왕 시혼을 죽이신 이에
게 감사하라 그 인자하심이 영원함
이로다
20 바산 왕 옥을 죽이신 이에게 감사
하라 그 인자하심이 영원함이로다
21 그들의 땅을 기업으로 주신 이에게
감사하라 그 인자하심이 영원함이
로다
22 곧 그 종 이스라엘에게 기업으로
주신 이에게 감사하라 그 인자하심
이 영원함이로다
23 우리를 비천한 가운데에서도 기억
해 주신 이에게 감사하라 그 인자
하심이 영원함이로다
24 우리를 우리의 대적에게서 건지신
이에게 감사하라 그 인자하심이 영
원함이로다
25 모든 육체에게 먹을 것을 주신 이

기록일 : . . .

에게 감사하라 그 인자하심이 영원
함이로다
26 하늘의 하나님께 감사하라 그 인자
하심이 영원함이로다

137 우리가 바벨론의 여러 강변 거기에
앉아서 시온을 기억하며 울었도다
2 그 중의 버드나무에 우리가 우리의
수금을 걸었나니
3 이는 우리를 사로잡은 자가 거기서
우리에게 노래를 청하며 우리를 황
폐하게 한 자가 기쁨을 청하고 자
기들을 위하여 시온의 노래 중 하
나를 노래하라 함이로다
4 우리가 이방 땅에서 어찌 야훼의
노래를 부를까
5 예루살렘아 내가 너를 잊을진대 내
오른손이 그의 재주를 잊을지로다
6 내가 예루살렘을 기억하지 아니하
거나 내가 가장 즐거워하는 것보다
더 즐거워하지 아니할진대 내 혀가
내 입천장에 붙을지로다
7 야훼여 예루살렘이 멸망하던 날을
기억하시고 에돔 자손을 치소서 그
들의 말이 헐어 버리라 헐어 버리
라 그 기초까지 헐어 버리라 하였
나이다
8 멸망할 딸 바벨론아 네가 우리에게
행한 대로 네게 갚는 자가 복이 있
으리로다
9 네 어린 것들을 바위에 메어치는
자는 복이 있으리로다

138 내가 전심으로 주께 감사하며 신
들 앞에서 주께 찬송하리이다
2 내가 주의 성전을 향하여 예배하며
주의 인자하심과 성실하심으로 말
미암아 주의 이름에 감사하오리니
이는 주께서 주의 말씀을 주의 모
든 이름보다 높게 하셨음이라
3 내가 간구하는 날에 주께서 응답하
시고 내 영혼에 힘을 주어 나를 강
하게 하셨나이다
4 야훼여 세상의 모든 왕들이 주께
감사할 것은 그들이 주의 입의 말
씀을 들음이오며
5 그들이 야훼의 도를 노래할 것은
야훼의 영광이 크심이니이다
6 야훼께서는 높이 계셔도 낮은 자를
굽어살피시며 멀리서도 교만한 자
를 아심이니이다
7 내가 환난 중에 다닐지라도 주께서
나를 살아나게 하시고 주의 손을 펴
사 내 원수들의 분노를 막으시며 주
의 오른손이 나를 구원하시리이다
8 야훼께서 나를 위하여 보상해 주시
리이다 야훼여 주의 인자하심이 영
원하오니 주의 손으로 지으신 것을
버리지 마옵소서

139 야훼여 주께서 나를 살펴 보셨으
므로 나를 아시나이다
2 주께서 내가 앉고 일어섬을 아시고

기록일 : . . .

멀리서도 나의 생각을 밝히 아시
오며
3 나의 모든 길과 내가 눕는 것을 살
펴 보셨으므로 나의 모든 행위를
익히 아시오니
4 여호와여 내 혀의 말을 알지 못하시
는 것이 하나도 없으시니이다
5 주께서 나의 앞뒤를 둘러싸시고 내
게 안수하셨나이다
6 이 지식이 내게 너무 기이하니 높아
서 내가 능히 미치지 못하나이다
7 내가 주의 영을 떠나 어디로 가며
주의 앞에서 어디로 피하리이까
8 내가 하늘에 올라갈지라도 거기 계
시며 스올에 내 자리를 펼지라도 거
기 계시니이다
9 내가 새벽 날개를 치며 바다 끝에
가서 거주할지라도
10 거기서도 주의 손이 나를 인도하
시며 주의 오른손이 나를 붙드시리
이다
11 내가 혹시 말하기를 흑암이 반드시
나를 덮고 나를 두른 빛은 밤이 되
리라 할지라도
12 주에게서는 흑암이 숨기지 못하며
밤이 낮과 같이 비추이나니 주에게
는 흑암과 빛이 같음이니이다
13 주께서 내 내장을 지으시며 나의
모태에서 나를 만드셨나이다
14 내가 주께 감사하옴은 나를 지으심
이 심히 기묘하심이라 주께서 하시
는 일이 기이함을 내 영혼이 잘 아
나이다
15 내가 은밀한 데서 지음을 받고 땅
의 깊은 곳에서 기이하게 지음을
받은 때에 나의 형체가 주의 앞에
숨겨지지 못하였나이다
16 내 형질이 이루어지기 전에 주의 눈
이 보셨으며 나를 위하여 정한 날이
하루도 되기 전에 주의 책에 다 기
록이 되었나이다
17 하나님이여 주의 생각이 내게 어찌
그리 보배로우신지요 그 수가 어찌
그리 많은지요
18 내가 세려고 할지라도 그 수가 모
래보다 많도소이다 내가 깰 때에도
여전히 주와 함께 있나이다
19 하나님이여 주께서 반드시 악인을
죽이시리이다 피 흘리기를 즐기는
자들아 나를 떠날지어다
20 그들이 주를 대하여 악하게 말하며
주의 원수들이 주의 이름으로 헛되
이 맹세하나이다
21 여호와여 내가 주를 미워하는 자들을
미워하지 아니하오며 주를 치러 일
어나는 자들을 미워하지 아니하나
이까
22 내가 그들을 심히 미워하니 그들은
나의 원수들이니이다
23 하나님이여 나를 살피사 내 마음을

기록일 : . . .

아시며 나를 시험하사 내 뜻을 아
옵소서
24 내게 무슨 악한 행위가 있나 보시
고 나를 영원한 길로 인도하소서

140

야훼여 악인에게서 나를 건지시며
포악한 자에게서 나를 보전하소서
2 그들이 마음속으로 악을 꾀하고 싸
우기 위하여 매일 모이오며
3 뱀 같이 그 혀를 날카롭게 하니 그
입술 아래에는 독사의 독이 있나이
다 (셀라)
4 야훼여 나를 지키사 악인의 손에 빠
지지 않게 하시며 나를 보전하사 포
악한 자에게서 벗어나게 하소서 그
들은 나의 걸음을 밀치려 하나이다
5 교만한 자가 나를 해하려고 올무와
줄을 놓으며 길 곁에 그물을 치며
함정을 두었나이다 (셀라)
6 내가 야훼께 말하기를 주는 나의 하
나님이시니 야훼여 나의 간구하는
소리에 귀를 기울이소서 하였나이다
7 내 구원의 능력이신 주 야훼여 전
쟁의 날에 주께서 내 머리를 가려
주셨나이다
8 야훼여 악인의 소원을 허락하지 마
시며 그의 악한 꾀를 이루지 못하
게 하소서 그들이 스스로 높일까
하나이다 (셀라)
9 나를 에워싸는 자들이 그들의 머리
를 들 때에 그들의 입술의 재난이
그들을 덮게 하소서
10 뜨거운 숯불이 그들 위에 떨어지게
하시며 불 가운데와 깊은 웅덩이에
그들로 하여금 빠져 다시 일어나지
못하게 하소서
11 악담하는 자는 세상에서 굳게 서지
못하며 포악한 자는 재앙이 따라서
패망하게 하리이다
12 내가 알거니와 야훼는 고난 당하는
자를 변호해 주시며 궁핍한 자에게
정의를 베푸시리이다
13 진실로 의인들이 주의 이름에 감사
하며 정직한 자들이 주의 앞에서
살리이다

141

야훼여 내가 주를 불렀사오니 속
히 내게 오시옵소서 내가 주께 부
르짖을 때에 내 음성에 귀를 기울
이소서
2 나의 기도가 주의 앞에 분향함과
같이 되며 나의 손 드는 것이 저녁
제사 같이 되게 하소서
3 야훼여 내 입에 파수꾼을 세우시고
내 입술의 문을 지키소서
4 내 마음이 악한 일에 기울어 죄악
을 행하는 자들과 함께 악을 행하
지 말게 하시며 그들의 진수성찬을
먹지 말게 하소서
5 의인이 나를 칠지라도 은혜로 여기
며 책망할지라도 머리의 기름 같이
여겨서 내 머리가 이를 거절하지 아

기록일 : . . .

니할지라 그들의 재난 중에도 내가
항상 기도하리로다
6 그들의 재판관들이 바위 곁에 내려
던져졌도다 내 말이 달므로 무리가
들으리로다
7 사람이 밭 갈아 흙을 부스러뜨림
같이 우리의 해골이 스올 입구에
흩어졌도다
8 주 야훼여 내 눈이 주께 향하며 내
가 주께 피하오니 내 영혼을 빈궁
한 대로 버려 두지 마옵소서
9 나를 지키사 그들이 나를 잡으려고
놓은 올무와 악을 행하는 자들의
함정에서 벗어나게 하옵소서
10 악인은 자기 그물에 걸리게 하시고
나만은 온전히 면하게 하소서

142 내가 소리 내어 야훼께 부르짖으
며 소리 내어 야훼께 간구하는도다
2 내가 내 원통함을 그의 앞에 토로
하며 내 우환을 그의 앞에 진술하
는도다
3 내 영이 내 속에서 상할 때에도 주
께서 내 길을 아셨나이다 내가 가
는 길에 그들이 나를 잡으려고 올
무를 숨겼나이다
4 오른쪽을 살펴 보소서 나를 아는
이도 없고 나의 피난처도 없고 내
영혼을 돌보는 이도 없나이다
5 야훼여 내가 주께 부르짖어 말하기
를 주는 나의 피난처시요 살아 있
는 사람들의 땅에서 나의 분깃이시
라 하였나이다
6 나의 부르짖음을 들으소서 나는 심
히 비천하니이다 나를 핍박하는 자
들에게서 나를 건지소서 그들은 나
보다 강하니이다
7 내 영혼을 옥에서 이끌어 내사 주
의 이름을 감사하게 하소서 주께서
나에게 갚아 주시리니 의인들이 나
를 두르리이다

143 야훼여 내 기도를 들으시며 내 간
구에 귀를 기울이시고 주의 진실과
의로 내게 응답하소서
2 주의 종에게 심판을 행하지 마소서
주의 눈 앞에는 의로운 인생이 하
나도 없나이다
3 원수가 내 영혼을 핍박하며 내 생
명을 땅에 엎어서 나로 죽은 지 오
랜 자 같이 나를 암흑 속에 두었나
이다
4 그러므로 내 심령이 속에서 상하며
내 마음이 내 속에서 참담하니이다
5 내가 옛날을 기억하고 주의 모든
행하신 것을 읊조리며 주의 손이
행하는 일을 생각하고
6 주를 향하여 손을 펴고 내 영혼이
마른 땅 같이 주를 사모하나이다
(셀라)
7 야훼여 속히 내게 응답하소서 내 영
이 피곤하니이다 주의 얼굴을 내게

기록일 : . . .

서 숨기지 마소서 내가 무덤에 내려
가는 자 같을까 두려워하나이다
8 아침에 나로 하여금 주의 인자한
말씀을 듣게 하소서 내가 주를 의
뢰함이니이다 내가 다닐 길을 알게
하소서 내가 내 영혼을 주께 드림
이니이다
9 야훼여 나를 내 원수들에게서 건지
소서 내가 주께 피하여 숨었나이다
10 주는 나의 하나님이시니 나를 가르
쳐 주의 뜻을 행하게 하소서 주의
영은 선하시니 나를 공평한 땅에
인도하소서
11 야훼여 주의 이름을 위하여 나를
살리시고 주의 의로 내 영혼을 환
난에서 끌어내소서
12 주의 인자하심으로 나의 원수들을
끊으시고 내 영혼을 괴롭게 하는
자를 다 멸하소서 나는 주의 종이
니이다

144

나의 반석이신 야훼를 찬송하리
로다 그가 내 손을 가르쳐 싸우게
하시며 손가락을 가르쳐 전쟁하게
하시는도다
2 야훼는 나의 사랑이시요 나의 요새
이시요 나의 산성이시요 나를 건지
시는 이시요 나의 방패이시니 내가
그에게 피하였고 그가 내 백성을
내게 복종하게 하셨나이다
3 야훼여 사람이 무엇이기에 주께서
그를 알아 주시며 인생이 무엇이기
에 그를 생각하시나이까
4 사람은 헛것 같고 그의 날은 지나
가는 그림자 같으니이다
5 야훼여 주의 하늘을 드리우고 강림
하시며 산들에 접촉하사 연기를 내
게 하소서
6 번개를 번쩍이사 원수들을 흩으시
며 주의 화살을 쏘아 그들을 무찌
르소서
7 위에서부터 주의 손을 펴사 나를
큰 물과 이방인의 손에서 구하여
건지소서
8 그들의 입은 거짓을 말하며 그의
오른손은 거짓의 오른손이니이다
9 하나님이여 내가 주께 새 노래로
노래하며 열 줄 비파로 주를 찬양
하리이다
10 주는 왕들에게 구원을 베푸시는 자
시요 그의 종 다윗을 그 해하려는
칼에서 구하시는 자시니이다
11 이방인의 손에서 나를 구하여 건지
소서 그들의 입은 거짓을 말하며 그
오른손은 거짓의 오른손이니이다
12 우리 아들들은 어리다가 장성한 나
무들과 같으며 우리 딸들은 궁전의
양식대로 아름답게 다듬은 모퉁잇
돌들과 같으며
13 우리의 곳간에는 백곡이 가득하며
우리의 양은 들에서 천천과 만만으

로 번성하며
14 우리 수소는 무겁게 실었으며 또
우리를 침노하는 일이나 우리가 나
아가 막는 일이 없으며 우리 거리에
는 슬피 부르짖음이 없을진대
15 이러한 백성은 복이 있나니 야훼를
자기 하나님으로 삼는 백성은 복이
있도다

145 왕이신 나의 하나님이여 내가 주
를 높이고 영원히 주의 이름을 송
축하리이다
2 내가 날마다 주를 송축하며 영원히
주의 이름을 송축하리이다
3 야훼는 위대하시니 크게 찬양할 것
이라 그의 위대하심을 측량하지 못
하리로다
4 대대로 주께서 행하시는 일을 크게
찬양하며 주의 능한 일을 선포하리
로다
5 주의 존귀하고 영광스러운 위엄과
주의 기이한 일들을 나는 작은 소
리로 읊조리리이다
6 사람들은 주의 두려운 일의 권능을
말할 것이요 나도 주의 위대하심을
선포하리이다
7 그들이 주의 크신 은혜를 기념하여
말하며 주의 의를 노래하리이다
8 야훼는 은혜로우시며 긍휼이 많으
시며 노하기를 더디 하시며 인자하
심이 크시도다
9 야훼께서는 모든 것을 선대하시며
그 지으신 모든 것에 긍휼을 베푸
시는도다
10 야훼여 주께서 지으신 모든 것들이
주께 감사하며 주의 성도들이 주를
송축하리이다
11 그들이 주의 나라의 영광을 말하며
주의 업적을 일러서
12 주의 업적과 주의 나라의 위엄 있는
영광을 인생들에게 알게 하리이다
13 주의 나라는 영원한 나라이니 주의
통치는 대대에 이르리이다
14 야훼께서는 모든 넘어지는 자들을
붙드시며 비굴한 자들을 일으키시
는도다
15 모든 사람의 눈이 주를 앙망하오니
주는 때를 따라 그들에게 먹을 것
을 주시며
16 손을 펴사 모든 생물의 소원을 만
족하게 하시나이다
17 야훼께서는 그 모든 행위에 의로우
시며 그 모든 일에 은혜로우시도다
18 야훼께서는 자기에게 간구하는 모
든 자 곧 진실하게 간구하는 모든
자에게 가까이 하시는도다
19 그는 자기를 경외하는 자들의 소원
을 이루시며 또 그들의 부르짖음을
들으사 구원하시리로다
20 야훼께서 자기를 사랑하는 자들은
다 보호하시고 악인들은 다 멸하시

리로다
21 내 입이 야훼의 영예를 말하며 모
든 육체가 그의 거룩하신 이름을
영원히 송축할지로다

146

할렐루야 내 영혼아 야훼를 찬양
하라
2 나의 생전에 야훼를 찬양하며 나의
평생에 내 하나님을 찬송하리로다
3 귀인들을 의지하지 말며 도울 힘이
없는 인생도 의지하지 말지니
4 그의 호흡이 끊어지면 흙으로 돌아
가서 그 날에 그의 생각이 소멸하
리로다
5 야곱의 하나님을 자기의 도움으로
삼으며 야훼 자기 하나님에게 자기
의 소망을 두는 자는 복이 있도다
6 야훼는 천지와 바다와 그 중의 만
물을 지으시며 영원히 진실함을 지
키시며
7 억눌린 사람들을 위해 정의로 심
판하시며 주린 자들에게 먹을 것을
주시는 이시로다 야훼께서는 갇힌
자들에게 자유를 주시는도다
8 야훼께서 맹인들의 눈을 여시며 야
훼께서 비굴한 자들을 일으키시며
야훼께서 의인들을 사랑하시며
9 야훼께서 나그네들을 보호하시며
고아와 과부를 붙드시고 악인들의
길은 굽게 하시는도다
10 시온아 야훼는 영원히 다스리시고
네 하나님은 대대로 통치하시리로
다 할렐루야

147

할렐루야 우리 하나님을 찬양하
는 일이 선함이여 찬송하는 일이 아
름답고 마땅하도다
2 야훼께서 예루살렘을 세우시며 이
스라엘의 흩어진 자들을 모으시며
3 상심한 자들을 고치시며 그들의 상
처를 싸매시는도다
4 그가 별들의 수효를 세시고 그것들
을 다 이름대로 부르시는도다
5 우리 주는 위대하시며 능력이 많으
시며 그의 지혜가 무궁하시도다
6 야훼께서 겸손한 자들은 붙드시고
악인들은 땅에 엎드러뜨리시는도다
7 감사함으로 야훼께 노래하며 수금
으로 하나님께 찬양할지어다
8 그가 구름으로 하늘을 덮으시며 땅
을 위하여 비를 준비하시며 산에
풀이 자라게 하시며
9 들짐승과 우는 까마귀 새끼에게 먹
을 것을 주시는도다
10 야훼는 말의 힘이 세다 하여 기뻐
하지 아니하시며 사람의 다리가 억
세다 하여 기뻐하지 아니하시고
11 야훼는 자기를 경외하는 자들과 그
의 인자하심을 바라는 자들을 기뻐
하시는도다
12 예루살렘아 야훼를 찬송할지어다
시온아 네 하나님을 찬양할지어다

기록일 : . . .

13 그가 네 문빗장을 견고히 하시고
네 가운데에 있는 너의 자녀들에게
복을 주셨으며
14 네 경내를 평안하게 하시고 아름다
운 밀로 너를 배불리시며
15 그의 명령을 땅에 보내시니 그의
말씀이 속히 달리는도다
16 눈을 양털 같이 내리시며 서리를 재
같이 흩으시며
17 우박을 떡 부스러기 같이 뿌리시나
니 누가 능히 그의 추위를 감당하
리요
18 그의 말씀을 보내사 그것들을 녹이
시고 바람을 불게 하신즉 물이 흐
르는도다
19 그가 그의 말씀을 야곱에게 보이시
며 그의 율례와 규례를 이스라엘에
게 보이시는도다
20 그는 어느 민족에게도 이와 같이
행하지 아니하셨나니 그들은 그의
법도를 알지 못하였도다 할렐루야

148 할렐루야 하늘에서 야훼를 찬양
하며 높은 데서 그를 찬양할지어다
2 그의 모든 천사여 찬양하며 모든
군대여 그를 찬양할지어다
3 해와 달아 그를 찬양하며 밝은 별
들아 다 그를 찬양할지어다
4 하늘의 하늘도 그를 찬양하며 하
늘 위에 있는 물들도 그를 찬양할
지어다
5 그것들이 야훼의 이름을 찬양함은
그가 명령하시므로 지음을 받았음
이로다
6 그가 또 그것들을 영원히 세우시고
폐하지 못할 명령을 정하셨도다
7 너희 용들과 바다여 땅에서 야훼를
찬양하라
8 불과 우박과 눈과 안개와 그의 말
씀을 따르는 광풍이며
9 산들과 모든 작은 산과 과수와 모
든 백향목이며
10 짐승과 모든 가축과 기는 것과 나
는 새며
11 세상의 왕들과 모든 백성들과 고관
들과 땅의 모든 재판관들이며
12 총각과 처녀와 노인과 아이들아
13 야훼의 이름을 찬양할지어다 그의
이름이 홀로 높으시며 그의 영광이
땅과 하늘 위에 뛰어나심이로다
14 그가 그의 백성의 뿔을 높이셨으니
그는 모든 성도 곧 그를 가까이 하
는 백성 이스라엘 자손의 찬양 받
을 이시로다 할렐루야

149 할렐루야 새 노래로 야훼께 노래
하며 성도의 모임 가운데에서 찬양
할지어다
2 이스라엘은 자기를 지으신 이로 말
미암아 즐거워하며 시온의 주민은
그들의 왕으로 말미암아 즐거워할
지어다

기록일 : . . .

3 춤 추며 그의 이름을 찬양하며 소
고와 수금으로 그를 찬양할지어다
4 야훼께서는 자기 백성을 기뻐하시
며 겸손한 자를 구원으로 아름답게
하심이로다
5 성도들은 영광 중에 즐거워하며 그
들의 침상에서 기쁨으로 노래할지
어다
6 그들의 입에는 하나님에 대한 찬양
이 있고 그들의 손에는 두 날 가진
칼이 있도다
7 이것으로 뭇 나라에 보수하며 민족
들을 벌하며
8 그들의 왕들은 사슬로, 그들의 귀
인은 철고랑으로 결박하고
9 기록한 판결대로 그들에게 시행할
지로다 이런 영광은 그의 모든 성
도에게 있도다 할렐루야

150 할렐루야 그의 성소에서 하나님
을 찬양하며 그의 권능의 궁창에서
그를 찬양할지어다
2 그의 능하신 행동을 찬양하며 그의
지극히 위대하심을 따라 찬양할지
어다
3 나팔 소리로 찬양하며 비파와 수금
으로 찬양할지어다
4 소고 치며 춤 추어 찬양하며 현악
과 퉁소로 찬양할지어다
5 큰 소리 나는 제금으로 찬양하며
높은 소리 나는 제금으로 찬양할지
어다
6 호흡이 있는 자마다 야훼를 찬양할
지어다 할렐루야

기록일 : . . .

PROVERBS

잠언

저 자 　솔로몬 외

주 제 　하나님을 경외하는 것이 지식의 근본이며, 지혜롭고 올바른 삶이다.

기록목적 　하나님의 택한 백성이 영적, 도덕적, 사회적 삶의 모든 면에서 지녀야 할 규범과 법도를 가르침으로써 하나님께서 기뻐하시는 삶을 살게 하기 위하여 기록되었다.

기록배경 　〈윤리적 교훈〉

- 개인 윤리 : 겸손, 성적 순결, 근면, 성실, 정직, 말조심, 인내 등
- 사회 윤리 : 이웃 사랑, 친구 간의 사랑, 원수 사랑 등
- 가정 윤리 : 부모 공경, 자녀 양육, 사랑과 화목 등
- 경제 윤리 : 불의한 재물을 탐내지 말 것, 게으르지 말고 근면할 것 등
- 국가 윤리 : 정의 실현에 힘쓸 것, 왕을 경외할 것 등

〈신앙적 교훈〉

야훼를 경외하라

특 징

- 시가서 중에서도 지혜 문학에 속한다.
- 하나님의 참지혜를 가르쳐 줌으로써 참된 삶과 성공이 무엇인지를 알게 해 준다.
- 개인, 가정, 사회, 국가 내에서의 생활, 신앙 생활 등 삶의 모든 영역에서의 생활 원리와 행동 지침을 제시해 준다.
- 삶의 지침으로서 본서를 쉽게 기억하고 암기할 수 있도록 간결하고 함축적인 진술들로 되어 있다.
- 은유와 직유 같은 비유법, 비교법, 반복법 등 문학적 표현 방식이 두드러지게 사용되었다.

나의 기도

잠언

1 다윗의 아들 이스라엘 왕 솔로몬
의 잠언이라
2 이는 지혜와 훈계를 알게 하며 명
철의 말씀을 깨닫게 하며
3 지혜롭게, 공의롭게, 정의롭게, 정
직하게 행할 일에 대하여 훈계를
받게 하며
4 어리석은 자를 슬기롭게 하며 젊은
자에게 지식과 근신함을 주기 위한
것이니
5 지혜 있는 자는 듣고 학식이 더할
것이요 명철한 자는 지략을 얻을 것
이라
6 잠언과 비유와 지혜 있는 자의 말
과 그 오묘한 말을 깨달으리라
7 야훼를 경외하는 것이 지식의 근본
이거늘 미련한 자는 지혜와 훈계를
멸시하느니라
8 내 아들아 네 아비의 훈계를 들으
며 네 어미의 법을 떠나지 말라
9 이는 네 머리의 아름다운 관이요
네 목의 금 사슬이니라
10 내 아들아 악한 자가 너를 꾈지라
도 따르지 말라
11 그들이 네게 말하기를 우리와 함께
가자 우리가 가만히 엎드렸다가 사
람의 피를 흘리자 죄 없는 자를 까
닭 없이 숨어 기다리다가
12 스올 같이 그들을 산 채로 삼키며
무덤에 내려가는 자들 같이 통으로
삼키자
13 우리가 온갖 보화를 얻으며 빼앗은
것으로 우리 집을 채우리니
14 너는 우리와 함께 제비를 뽑고 우
리가 함께 전대 하나만 두자 할지
라도
15 내 아들아 그들과 함께 길에 다니
지 말라 네 발을 금하여 그 길을 밟
지 말라
16 대저 그 발은 악으로 달려가며 피
를 흘리는 데 빠름이니라
17 새가 보는 데서 그물을 치면 헛일이
겠거늘
18 그들이 가만히 엎드림은 자기의 피
를 흘릴 뿐이요 숨어 기다림은 자기
의 생명을 해할 뿐이니
19 이익을 탐하는 모든 자의 길은 다
이러하여 자기의 생명을 잃게 하느
니라
20 지혜가 길거리에서 부르며 광장에
서 소리를 높이며
21 시끄러운 길목에서 소리를 지르며
성문 어귀와 성중에서 그 소리를
발하여 이르되
22 너희 어리석은 자들은 어리석음을
좋아하며 거만한 자들은 거만을 기

기록일 : . . .

뻐하며 미련한 자들은 지식을 미워
하니 어느 때까지 하겠느냐
23 나의 책망을 듣고 돌이키라 보라
내가 나의 영을 너희에게 부어 주
며 내 말을 너희에게 보이리라
24 내가 불렀으나 너희가 듣기 싫어하
였고 내가 손을 폈으나 돌아보는
자가 없었고
25 도리어 나의 모든 교훈을 멸시하며
나의 책망을 받지 아니하였은즉
26 너희가 재앙을 만날 때에 내가 웃
을 것이며 너희에게 두려움이 임할
때에 내가 비웃으리라
27 너희의 두려움이 광풍 같이 임하겠
고 너희의 재앙이 폭풍 같이 이르
겠고 너희에게 근심과 슬픔이 임하
리니
28 그 때에 너희가 나를 부르리라 그
래도 내가 대답하지 아니하겠고 부
지런히 나를 찾으리라 그래도 나를
만나지 못하리니
29 대저 너희가 지식을 미워하며 야훼
경외하기를 즐거워하지 아니하며
30 나의 교훈을 받지 아니하고 나의
모든 책망을 업신여겼음이니라
31 그러므로 자기 행위의 열매를 먹으
며 자기 꾀에 배부르리라
32 어리석은 자의 퇴보는 자기를 죽이
며 미련한 자의 안일은 자기를 멸망
시키려니와
33 오직 내 말을 듣는 자는 평안히 살
며 재앙의 두려움이 없이 안전하
리라

2

내 아들아 네가 만일 나의 말을
받으며 나의 계명을 네게 간직하며
2 네 귀를 지혜에 기울이며 네 마음
을 명철에 두며
3 지식을 불러 구하며 명철을 얻으려
고 소리를 높이며
4 은을 구하는 것 같이 그것을 구하
며 감추어진 보배를 찾는 것 같이
그것을 찾으면
5 야훼 경외하기를 깨달으며 하나님
을 알게 되리니
6 대저 야훼는 지혜를 주시며 지식과
명철을 그 입에서 내심이며
7 그는 정직한 자를 위하여 완전한
지혜를 예비하시며 행실이 온전한
자에게 방패가 되시나니
8 대저 그는 정의의 길을 보호하시며
그의 성도들의 길을 보전하려 하심
이니라
9 그런즉 네가 공의와 정의와 정직
곧 모든 선한 길을 깨달을 것이라
10 곧 지혜가 네 마음에 들어가며 지
식이 네 영혼을 즐겁게 할 것이요
11 근신이 너를 지키며 명철이 너를 보
호하여
12 악한 자의 길과 패역을 말하는 자
에게서 건져 내리라

기록일 : . . .

13 이 무리는 정직한 길을 떠나 어두
운 길로 행하며
14 행악하기를 기뻐하며 악인의 패역
을 즐거워하나니
15 그 길은 구부러지고 그 행위는 패
역하니라
16 지혜가 또 너를 음녀에게서, 말로
호리는 이방 계집에게서 구원하리니
17 그는 젊은 시절의 짝을 버리며 그
의 하나님의 언약을 잊어버린 자라
18 그의 집은 사망으로, 그의 길은 스
올로 기울어졌나니
19 누구든지 그에게로 가는 자는 돌아
오지 못하며 또 생명 길을 얻지 못
하느니라
20 지혜가 너를 선한 자의 길로 행하
게 하며 또 의인의 길을 지키게 하
리니
21 대저 정직한 자는 땅에 거하며 완
전한 자는 땅에 남아 있으리라
22 그러나 악인은 땅에서 끊어지겠고
간사한 자는 땅에서 뽑히리라

3 내 아들아 나의 법을 잊어버리지
말고 네 마음으로 나의 명령을 지
키라
2 그리하면 그것이 네가 장수하여 많
은 해를 누리게 하며 평강을 더하
게 하리라
3 인자와 진리가 네게서 떠나지 말게
하고 그것을 네 목에 매며 네 마음
판에 새기라
4 그리하면 네가 하나님과 사람 앞에
서 은총과 귀중히 여김을 받으리라
5 너는 마음을 다하여 야훼를 신뢰하
고 네 명철을 의지하지 말라
6 너는 범사에 그를 인정하라 그리하
면 네 길을 지도하시리라
7 스스로 지혜롭게 여기지 말지어다
야훼를 경외하며 악을 떠날지어다
8 이것이 네 몸에 양약이 되어 네 골
수를 윤택하게 하리라
9 네 재물과 네 소산물의 처음 익은
열매로 야훼를 공경하라
10 그리하면 네 창고가 가득히 차고 네
포도즙 틀에 새 포도즙이 넘치리라
11 내 아들아 야훼의 징계를 경히 여기
지 말라 그 꾸지람을 싫어하지 말라
12 대저 야훼께서 그 사랑하시는 자
를 징계하시기를 마치 아비가 그
기뻐하는 아들을 징계함 같이 하
시느니라
13 지혜를 얻은 자와 명철을 얻은 자
는 복이 있나니
14 이는 지혜를 얻는 것이 은을 얻는
것보다 낫고 그 이익이 정금보다
나음이니라
15 지혜는 진주보다 귀하니 네가 사
모하는 모든 것으로도 이에 비교할
수 없도다
16 그의 오른손에는 장수가 있고 그의

기록일 : . . .

왼손에는 부귀가 있나니
17 그 길은 즐거운 길이요 그의 지름길
은 다 평강이니라
18 지혜는 그 얻은 자에게 생명 나무
라 지혜를 가진 자는 복되도다
19 야훼께서는 지혜로 땅에 터를 놓으
셨으며 명철로 하늘을 견고히 세우
셨고
20 그의 지식으로 깊은 바다를 갈라지
게 하셨으며 공중에서 이슬이 내리
게 하셨느니라
21 내 아들아 완전한 지혜와 근신을
지키고 이것들이 네 눈 앞에서 떠
나지 말게 하라
22 그리하면 그것이 네 영혼의 생명이
되며 네 목에 장식이 되리니
23 네가 네 길을 평안히 행하겠고 네
발이 거치지 아니하겠으며
24 네가 누울 때에 두려워하지 아니하
겠고 네가 누운즉 네 잠이 달리로다
25 너는 갑작스러운 두려움도 악인에
게 닥치는 멸망도 두려워하지 말라
26 대저 야훼는 네가 의지할 이시니라
네 발을 지켜 걸리지 않게 하시리라
27 네 손이 선을 베풀 힘이 있거든 마
땅히 받을 자에게 베풀기를 아끼지
말며
28 네게 있거든 이웃에게 이르기를 갔
다가 다시 오라 내일 주겠노라 하
지 말며
29 네 이웃이 네 곁에서 평안히 살거든
그를 해하려고 꾀하지 말며
30 사람이 네게 악을 행하지 아니하였
거든 까닭 없이 더불어 다투지 말며
31 포학한 자를 부러워하지 말며 그의
어떤 행위도 따르지 말라
32 대저 패역한 자는 야훼께서 미워하
시나 정직한 자에게는 그의 교통하
심이 있으며
33 악인의 집에는 야훼의 저주가 있거
니와 의인의 집에는 복이 있느니라
34 진실로 그는 거만한 자를 비웃으시
며 겸손한 자에게 은혜를 베푸시
나니
35 지혜로운 자는 영광을 기업으로 받
거니와 미련한 자의 영달함은 수치
가 되느니라

4

아들들아 아비의 훈계를 들으며
명철을 얻기에 주의하라
2 내가 선한 도리를 너희에게 전하노
니 내 법을 떠나지 말라
3 나도 내 아버지에게 아들이었으며
내 어머니 보기에 유약한 외아들이
었노라
4 아버지가 내게 가르쳐 이르기를 내
말을 네 마음에 두라 내 명령을 지
키라 그리하면 살리라
5 지혜를 얻으며 명철을 얻으라 내 입
의 말을 잊지 말며 어기지 말라
6 지혜를 버리지 말라 그가 너를 보

기록일 : . . .

호하리라 그를 사랑하라 그가 너를
지키리라
7 지혜가 제일이니 지혜를 얻으라 네
가 얻은 모든 것을 가지고 명철을
얻을지니라
8 그를 높이라 그리하면 그가 너를
높이 들리라 만일 그를 품으면 그
가 너를 영화롭게 하리라
9 그가 아름다운 관을 네 머리에 두
겠고 영화로운 면류관을 네게 주리
라 하셨느니라
10 내 아들아 들으라 내 말을 받으라
그리하면 네 생명의 해가 길리라
11 내가 지혜로운 길을 네게 가르쳤으
며 정직한 길로 너를 인도하였은즉
12 다닐 때에 네 걸음이 곤고하지 아
니하겠고 달려갈 때에 실족하지 아
니하리라
13 훈계를 굳게 잡아 놓치지 말고 지
키라 이것이 네 생명이니라
14 사악한 자의 길에 들어가지 말며
악인의 길로 다니지 말지어다
15 그의 길을 피하고 지나가지 말며
돌이켜 떠나갈지어다
16 그들은 악을 행하지 못하면 자지
못하며 사람을 넘어뜨리지 못하면
잠이 오지 아니하며
17 불의의 떡을 먹으며 강포의 술을
마심이니라
18 의인의 길은 돋는 햇살 같아서 크
게 빛나 한낮의 광명에 이르거니와
19 악인의 길은 어둠 같아서 그가 걸려
넘어져도 그것이 무엇인지 깨닫지
못하느니라
20 내 아들아 내 말에 주의하며 내가
말하는 것에 네 귀를 기울이라
21 그것을 네 눈에서 떠나게 하지 말
며 네 마음 속에 지키라
22 그것은 얻는 자에게 생명이 되며
그의 온 육체의 건강이 됨이니라
23 모든 지킬 만한 것 중에 더욱 네 마
음을 지키라 생명의 근원이 이에서
남이니라
24 구부러진 말을 네 입에서 버리며 비
뚤어진 말을 네 입술에서 멀리 하라
25 네 눈은 바로 보며 네 눈꺼풀은 네
앞을 곧게 살펴
26 네 발이 행할 길을 평탄하게 하며
네 모든 길을 든든히 하라
27 좌로나 우로나 치우치지 말고 네
발을 악에서 떠나게 하라

5 내 아들아 내 지혜에 주의하며 내
명철에 네 귀를 기울여서
2 근신을 지키며 네 입술로 지식을 지
키도록 하라
3 대저 음녀의 입술은 꿀을 떨어뜨리
며 그의 입은 기름보다 미끄러우나
4 나중은 쑥 같이 쓰고 두 날 가진 칼
같이 날카로우며
5 그의 발은 사지로 내려가며 그의

기록일 : . . .

걸음은 스올로 나아가나니
6 그는 생명의 평탄한 길을 찾지 못
하며 자기 길이 든든하지 못하여도
그것을 깨닫지 못하느니라
7 그런즉 아들들아 나에게 들으며 내
입의 말을 버리지 말고
8 네 길을 그에게서 멀리 하라 그의
집 문에도 가까이 가지 말라
9 두렵건대 네 존영이 남에게 잃어버
리게 되며 네 수한이 잔인한 자에
게 빼앗기게 될까 하노라
10 두렵건대 타인이 네 재물로 충족하
게 되며 네 수고한 것이 외인의 집
에 있게 될까 하노라
11 두렵건대 마지막에 이르러 네 몸, 네
육체가 쇠약할 때에 네가 한탄하여
12 말하기를 내가 어찌하여 훈계를 싫
어하며 내 마음이 꾸지람을 가벼이
여기고
13 내 선생의 목소리를 청종하지 아니
하며 나를 가르치는 이에게 귀를
기울이지 아니하였던고
14 많은 무리들이 모인 중에서 큰 악
에 빠지게 되었노라 하게 될까 염
려하노라
15 너는 네 우물에서 물을 마시며 네
샘에서 흐르는 물을 마시라
16 어찌하여 네 샘물을 집 밖으로 넘
치게 하며 네 도랑물을 거리로 흘
러가게 하겠느냐
17 그 물이 네게만 있게 하고 타인과
더불어 그것을 나누지 말라
18 네 샘으로 복되게 하라 네가 젊어
서 취한 아내를 즐거워하라
19 그는 사랑스러운 암사슴 같고 아름
다운 암노루 같으니 너는 그의 품
을 항상 족하게 여기며 그의 사랑
을 항상 연모하라
20 내 아들아 어찌하여 음녀를 연모하
겠으며 어찌하여 이방 계집의 가슴
을 안겠느냐
21 대저 사람의 길은 야훼의 눈 앞에
있나니 그가 그 사람의 모든 길을
평탄하게 하시느니라
22 악인은 자기의 악에 걸리며 그 죄
의 줄에 매이나니
23 그는 훈계를 받지 아니함으로 말미
암아 죽겠고 심히 미련함으로 말미
암아 혼미하게 되느니라

6 내 아들아 네가 만일 이웃을 위하
여 담보하며 타인을 위하여 보증하
였으면
2 네 입의 말로 네가 얽혔으며 네 입
의 말로 인하여 잡히게 되었느니라
3 내 아들아 네가 네 이웃의 손에 빠
졌은즉 이같이 하라 너는 곧 가서
겸손히 네 이웃에게 간구하여 스스
로 구원하되
4 네 눈을 잠들게 하지 말며 눈꺼풀
을 감기게 하지 말고

기록일 : . . .

5 노루가 사냥꾼의 손에서 벗어나는
것 같이, 새가 그물 치는 자의 손에
서 벗어나는 것 같이 스스로 구원
하라
6 게으른 자여 개미에게 가서 그가
하는 것을 보고 지혜를 얻으라
7 개미는 두령도 없고 감독자도 없고
통치자도 없으되
8 먹을 것을 여름 동안에 예비하며
추수 때에 양식을 모으느니라
9 게으른 자여 네가 어느 때까지 누
워 있겠느냐 네가 어느 때에 잠이
깨어 일어나겠느냐
10 좀더 자자, 좀더 졸자, 손을 모으고
좀더 누워 있자 하면
11 네 빈궁이 강도 같이 오며 네 곤핍
이 군사 같이 이르리라
12 불량하고 악한 자는 구부러진 말을
하고 다니며
13 눈짓을 하며 발로 뜻을 보이며 손
가락질을 하며
14 그의 마음에 패역을 품으며 항상
악을 꾀하여 다툼을 일으키는 자라
15 그러므로 그의 재앙이 갑자기 내
려 당장에 멸망하여 살릴 길이 없으
리라
16 야훼께서 미워하시는 것 곧 그의
마음에 싫어하시는 것이 예닐곱 가
지이니
17 곧 교만한 눈과 거짓된 혀와 무죄
한 자의 피를 흘리는 손과
18 악한 계교를 꾀하는 마음과 빨리
악으로 달려가는 발과
19 거짓을 말하는 망령된 증인과 및 형
제 사이를 이간하는 자이니라
20 내 아들아 네 아비의 명령을 지키며
네 어미의 법을 떠나지 말고
21 그것을 항상 네 마음에 새기며 네
목에 매라
22 그것이 네가 다닐 때에 너를 인도하
며 네가 잘 때에 너를 보호하며 네
가 깰 때에 너와 더불어 말하리니
23 대저 명령은 등불이요 법은 빛이요
훈계의 책망은 곧 생명의 길이라
24 이것이 너를 지켜 악한 여인에게,
이방 여인의 혀로 호리는 말에 빠
지지 않게 하리라
25 네 마음에 그의 아름다움을 탐하지
말며 그 눈꺼풀에 홀리지 말라
26 음녀로 말미암아 사람이 한 조각
떡만 남게 됨이며 음란한 여인은
귀한 생명을 사냥함이니라
27 사람이 불을 품에 품고서야 어찌
그의 옷이 타지 아니하겠으며
28 사람이 숯불을 밟고서야 어찌 그의
발이 데지 아니하겠느냐
29 남의 아내와 통간하는 자도 이와
같을 것이라 그를 만지는 자마다
벌을 면하지 못하리라
30 도둑이 만일 주릴 때에 배를 채우

기록일 : . . .

려고 도둑질하면 사람이 그를 멸시
하지는 아니하려니와
31 들키면 칠 배를 갚아야 하리니 심지
어 자기 집에 있는 것을 다 내주게
되리라
32 여인과 간음하는 자는 무지한 자라
이것을 행하는 자는 자기의 영혼을
망하게 하며
33 상함과 능욕을 받고 부끄러움을 씻
을 수 없게 되나니
34 남편이 투기로 분노하여 원수 갚는
날에 용서하지 아니하고
35 어떤 보상도 받지 아니하며 많은
선물을 줄지라도 듣지 아니하리라

7 내 아들아 내 말을 지키며 내 계
명을 간직하라
2 내 계명을 지켜 살며 내 법을 네 눈
동자처럼 지키라
3 이것을 네 손가락에 매며 이것을
네 마음판에 새기라
4 지혜에게 너는 내 누이라 하며 명철
에게 너는 내 친족이라 하라
5 그리하면 이것이 너를 지켜서 음녀
에게, 말로 호리는 이방 여인에게
빠지지 않게 하리라
6 내가 내 집 들창으로, 살창으로 내
다 보다가
7 어리석은 자 중에, 젊은이 가운데에
한 지혜 없는 자를 보았노라
8 그가 거리를 지나 음녀의 골목 모
퉁이로 가까이 하여 그의 집쪽으로
가는데
9 저물 때, 황혼 때, 깊은 밤 흑암 중
에라
10 그 때에 기생의 옷을 입은 간교한
여인이 그를 맞으니
11 이 여인은 떠들며 완악하며 그의
발이 집에 머물지 아니하여
12 어떤 때에는 거리, 어떤 때에는 광
장 또 모퉁이마다 서서 사람을 기
다리는 자라
13 그 여인이 그를 붙잡고 그에게 입
맞추며 부끄러움을 모르는 얼굴로
그에게 말하되
14 내가 화목제를 드려 서원한 것을
오늘 갚았노라
15 이러므로 내가 너를 맞으려고 나와
네 얼굴을 찾다가 너를 만났도다
16 내 침상에는 요와 애굽의 무늬 있
는 이불을 폈고
17 몰약과 침향과 계피를 뿌렸노라
18 오라 우리가 아침까지 흡족하게 서
로 사랑하며 사랑함으로 희락하자
19 남편은 집을 떠나 먼 길을 갔는데
20 은 주머니를 가졌은즉 보름 날에나
집에 돌아오리라 하여
21 여러 가지 고운 말로 유혹하며 입
술의 호리는 말로 꾀므로
22 젊은이가 곧 그를 따랐으니 소가
도수장으로 가는 것 같고 미련한

기록일 : . . .

자가 벌을 받으려고 쇠사슬에 매이
러 가는 것과 같도다
23 필경은 화살이 그 간을 뚫게 되리
라 새가 빨리 그물로 들어가되 그
의 생명을 잃어버릴 줄을 알지 못함
과 같으니라
24 이제 아들들아 내 말을 듣고 내 입
의 말에 주의하라
25 네 마음이 음녀의 길로 치우치지 말
며 그 길에 미혹되지 말지어다
26 대저 그가 많은 사람을 상하여 엎
드러지게 하였나니 그에게 죽은 자
가 허다하니라
27 그의 집은 스올의 길이라 사망의
방으로 내려가느니라

8

지혜가 부르지 아니하느냐 명철이
소리를 높이지 아니하느냐
2 그가 길 가의 높은 곳과 네거리에
서며
3 성문 곁과 문 어귀와 여러 출입하
는 문에서 불러 이르되
4 사람들아 내가 너희를 부르며 내가
인자들에게 소리를 높이노라
5 어리석은 자들아 너희는 명철할지
니라 미련한 자들아 너희는 마음이
밝을지니라
6 너희는 들을지어다 내가 가장 선한
것을 말하리라 내 입술을 열어 정직
을 내리라
7 내 입은 진리를 말하며 내 입술은
악을 미워하느니라
8 내 입의 말은 다 의로운즉 그 가운
데에 굽은 것과 패역한 것이 없나니
9 이는 다 총명 있는 자가 밝히 아는
바요 지식 얻은 자가 정직하게 여기
는 바니라
10 너희가 은을 받지 말고 나의 훈계
를 받으며 정금보다 지식을 얻으라
11 대저 지혜는 진주보다 나으므로 원
하는 모든 것을 이에 비교할 수 없
음이니라
12 나 지혜는 명철로 주소를 삼으며
지식과 근신을 찾아 얻나니
13 여호와를 경외하는 것은 악을 미워하
는 것이라 나는 교만과 거만과 악한
행실과 패역한 입을 미워하느니라
14 내게는 계략과 참 지식이 있으며 나
는 명철이라 내게 능력이 있으므로
15 나로 말미암아 왕들이 치리하며 방
백들이 공의를 세우며
16 나로 말미암아 재상과 존귀한 자
곧 모든 의로운 재판관들이 다스리
느니라
17 나를 사랑하는 자들이 나의 사랑을
입으며 나를 간절히 찾는 자가 나
를 만날 것이니라
18 부귀가 내게 있고 장구한 재물과
공의도 그러하니라
19 내 열매는 금이나 정금보다 나으며
내 소득은 순은보다 나으니라

기록일 : . . .

20 나는 정의로운 길로 행하며 공의로
운 길 가운데로 다니나니
21 이는 나를 사랑하는 자가 재물을
얻어서 그 곳간에 채우게 하려 함
이니라
22 야훼께서 그 조화의 시작 곧 태초
에 일하시기 전에 나를 가지셨으며
23 만세 전부터, 태초부터, 땅이 생기
기 전부터 내가 세움을 받았나니
24 아직 바다가 생기지 아니하였고 큰
샘들이 있기 전에 내가 이미 났으며
25 산이 세워지기 전에, 언덕이 생기기
전에 내가 이미 났으니
26 하나님이 아직 땅도, 들도, 세상
진토의 근원도 짓지 아니하셨을
때에라
27 그가 하늘을 지으시며 궁창을 해면
에 두르실 때에 내가 거기 있었고
28 그가 위로 구름 하늘을 견고하게 하
시며 바다의 샘들을 힘 있게 하시며
29 바다의 한계를 정하여 물이 명령을
거스르지 못하게 하시며 또 땅의
기초를 정하실 때에
30 내가 그 곁에 있어서 창조자가 되어
날마다 그의 기뻐하신 바가 되었으
며 항상 그 앞에서 즐거워하였으며
31 사람이 거처할 땅에서 즐거워하며
인자들을 기뻐하였느니라
32 아들들아 이제 내게 들으라 내 도
를 지키는 자가 복이 있느니라
33 훈계를 들어서 지혜를 얻으라 그것
을 버리지 말라
34 누구든지 내게 들으며 날마다 내
문 곁에서 기다리며 문설주 옆에서
기다리는 자는 복이 있나니
35 대저 나를 얻는 자는 생명을 얻고
야훼께 은총을 얻을 것임이니라
36 그러나 나를 잃는 자는 자기의 영
혼을 해하는 자라 나를 미워하는
자는 사망을 사랑하느니라

9 지혜가 그의 집을 짓고 일곱 기둥
을 다듬고
2 짐승을 잡으며 포도주를 혼합하여
상을 갖추고
3 자기의 여종을 보내어 성중 높은
곳에서 불러 이르기를
4 어리석은 자는 이리로 돌이키라 또
지혜 없는 자에게 이르기를
5 너는 와서 내 식물을 먹으며 내 혼
합한 포도주를 마시고
6 어리석음을 버리고 생명을 얻으라
명철의 길을 행하라 하느니라
7 거만한 자를 징계하는 자는 도리어
능욕을 받고 악인을 책망하는 자는
도리어 흠이 잡히느니라
8 거만한 자를 책망하지 말라 그가
너를 미워할까 두려우니라 지혜 있
는 자를 책망하라 그가 너를 사랑
하리라
9 지혜 있는 자에게 교훈을 더하라

기록일 : . . .

그가 더욱 지혜로워질 것이요 의로
운 사람을 가르치라 그의 학식이
더하리라
10 야훼를 경외하는 것이 지혜의 근본
이요 거룩하신 자를 아는 것이 명철
이니라
11 나 지혜로 말미암아 네 날이 많아
질 것이요 네 생명의 해가 네게 더
하리라
12 네가 만일 지혜로우면 그 지혜가
네게 유익할 것이나 네가 만일 거
만하면 너 홀로 해를 당하리라
13 미련한 여인이 떠들며 어리석어서
아무것도 알지 못하고
14 자기 집 문에 앉으며 성읍 높은 곳
에 있는 자리에 앉아서
15 자기 길을 바로 가는 행인들을 불
러 이르되
16 어리석은 자는 이리로 돌이키라 또
지혜 없는 자에게 이르기를
17 도둑질한 물이 달고 몰래 먹는 떡
이 맛이 있다 하는도다
18 오직 그 어리석은 자는 죽은 자들
이 거기 있는 것과 그의 객들이 스
올 깊은 곳에 있는 것을 알지 못하
느니라

10 솔로몬의 잠언이라 지혜로운 아
들은 아비를 기쁘게 하거니와 미련
한 아들은 어미의 근심이니라
2 불의의 재물은 무익하여도 공의는
죽음에서 건지느니라
3 야훼께서 의인의 영혼은 주리지 않
게 하시나 악인의 소욕은 물리치시
느니라
4 손을 게으르게 놀리는 자는 가난하
게 되고 손이 부지런한 자는 부하
게 되느니라
5 여름에 거두는 자는 지혜로운 아들
이나 추수 때에 자는 자는 부끄러
움을 끼치는 아들이니라
6 의인의 머리에는 복이 임하나 악인
의 입은 독을 머금었느니라
7 의인을 기념할 때에는 칭찬하거니
와 악인의 이름은 썩게 되느니라
8 마음이 지혜로운 자는 계명을 받거
니와 입이 미련한 자는 멸망하리라
9 바른 길로 행하는 자는 걸음이 평
안하려니와 굽은 길로 행하는 자는
드러나리라
10 눈짓하는 자는 근심을 끼치고 입이
미련한 자는 멸망하느니라
11 의인의 입은 생명의 샘이라도 악인
의 입은 독을 머금었느니라
12 미움은 다툼을 일으켜도 사랑은 모
든 허물을 가리느니라
13 명철한 자의 입술에는 지혜가 있어
도 지혜 없는 자의 등을 위하여는
채찍이 있느니라
14 지혜로운 자는 지식을 간직하거니
와 미련한 자의 입은 멸망에 가까

기록일 : . . .

우니라
15 부자의 재물은 그의 견고한 성이
요 가난한 자의 궁핍은 그의 멸망이
니라
16 의인의 수고는 생명에 이르고 악인
의 소득은 죄에 이르느니라
17 훈계를 지키는 자는 생명 길로 행
하여도 징계를 버리는 자는 그릇
가느니라
18 미움을 감추는 자는 거짓된 입술을
가진 자요 중상하는 자는 미련한
자이니라
19 말이 많으면 허물을 면하기 어려우
나 그 입술을 제어하는 자는 지혜
가 있느니라
20 의인의 혀는 순은과 같거니와 악인
의 마음은 가치가 적으니라
21 의인의 입술은 여러 사람을 교육하
나 미련한 자는 지식이 없어 죽느니
라
22 야훼께서 주시는 복은 사람을 부하
게 하고 근심을 겸하여 주지 아니
하시느니라
23 미련한 자는 행악으로 낙을 삼는
것 같이 명철한 자는 지혜로 낙을
삼느니라
24 악인에게는 그의 두려워하는 것이
임하거니와 의인은 그 원하는 것이
이루어지느니라
25 회오리바람이 지나가면 악인은 없어
져도 의인은 영원한 기초 같으니라
26 게으른 자는 그 부리는 사람에게
마치 이에 식초 같고 눈에 연기 같
으니라
27 야훼를 경외하면 장수하느니라 그
러나 악인의 수명은 짧아지느니라
28 의인의 소망은 즐거움을 이루어도
악인의 소망은 끊어지느니라
29 야훼의 도가 정직한 자에게는 산성
이요 행악하는 자에게는 멸망이니라
30 의인은 영영히 이동되지 아니하여
도 악인은 땅에 거하지 못하게 되
느니라
31 의인의 입은 지혜를 내어도 패역한
혀는 베임을 당할 것이니라
32 의인의 입술은 기쁘게 할 것을 알거
늘 악인의 입은 패역을 말하느니라
11 속이는 저울은 야훼께서 미워하
시나 공평한 추는 그가 기뻐하시느
니라
2 교만이 오면 욕도 오거니와 겸손한
자에게는 지혜가 있느니라
3 정직한 자의 성실은 자기를 인도하
거니와 사악한 자의 패역은 자기를
망하게 하느니라
4 재물은 진노하시는 날에 무익하나
공의는 죽음에서 건지느니라
5 완전한 자의 공의는 자기의 길을
곧게 하려니와 악한 자는 자기의
악으로 말미암아 넘어지리라

6 정직한 자의 공의는 자기를 건지려
니와 사악한 자는 자기의 악에 잡
히리라
7 악인은 죽을 때에 그 소망이 끊어지
나니 불의의 소망이 없어지느니라
8 의인은 환난에서 구원을 얻으나 악
인은 자기의 길로 가느니라
9 악인은 입으로 그의 이웃을 망하게
하여도 의인은 그의 지식으로 말미
암아 구원을 얻느니라
10 의인이 형통하면 성읍이 즐거워하고
악인이 패망하면 기뻐 외치느니라
11 성읍은 정직한 자의 축복으로 인하
여 진흥하고 악한 자의 입으로 말
미암아 무너지느니라
12 지혜 없는 자는 그의 이웃을 멸시
하나 명철한 자는 잠잠하느니라
13 두루 다니며 한담하는 자는 남의
비밀을 누설하나 마음이 신실한 자
는 그런 것을 숨기느니라
14 지략이 없으면 백성이 망하여도 지
략이 많으면 평안을 누리느니라
15 타인을 위하여 보증이 되는 자는
손해를 당하여도 보증이 되기를 싫
어하는 자는 평안하니라
16 유덕한 여자는 존영을 얻고 근면한
남자는 재물을 얻느니라
17 인자한 자는 자기의 영혼을 이롭게
하고 잔인한 자는 자기의 몸을 해
롭게 하느니라
18 악인의 삯은 허무하되 공의를 뿌린
자의 상은 확실하니라
19 공의를 굳게 지키는 자는 생명에
이르고 악을 따르는 자는 사망에
이르느니라
20 마음이 굽은 자는 야훼께 미움을
받아도 행위가 온전한 자는 그의
기뻐하심을 받느니라
21 악인은 피차 손을 잡을지라도 벌을
면하지 못할 것이나 의인의 자손은
구원을 얻으리라
22 아름다운 여인이 삼가지 아니하는
것은 마치 돼지 코에 금 고리 같으
니라
23 의인의 소원은 오직 선하나 악인의
소망은 진노를 이루느니라
24 흩어 구제하여도 더욱 부하게 되는
일이 있나니 과도히 아껴도 가난하
게 될 뿐이니라
25 구제를 좋아하는 자는 풍족하여질
것이요 남을 윤택하게 하는 자는
자기도 윤택하여지리라
26 곡식을 내놓지 아니하는 자는 백성
에게 저주를 받을 것이나 파는 자
는 그의 머리에 복이 임하리라
27 선을 간절히 구하는 자는 은총을
얻으려니와 악을 더듬어 찾는 자에
게는 악이 임하리라
28 자기의 재물을 의지하는 자는 패망
하려니와 의인은 푸른 잎사귀 같아

기록일 : . . .

서 번성하리라
29 자기 집을 해롭게 하는 자의 소득
은 바람이라 미련한 자는 마음이
지혜로운 자의 종이 되리라
30 의인의 열매는 생명 나무라 지혜로
운 자는 사람을 얻느니라
31 보라 의인이라도 이 세상에서 보응
을 받겠거든 하물며 악인과 죄인이
리요
12 훈계를 좋아하는 자는 지식을 좋
아하거니와 징계를 싫어하는 자는
짐승과 같으니라
2 선인은 야훼께 은총을 받으려니와
악을 꾀하는 자는 정죄하심을 받으
리라
3 사람이 악으로서 굳게 서지 못하거
니와 의인의 뿌리는 움직이지 아니
하느니라
4 어진 여인은 그 지아비의 면류관이
나 욕을 끼치는 여인은 그 지아비
의 뼈가 썩음 같게 하느니라
5 의인의 생각은 정직하여도 악인의
도모는 속임이니라
6 악인의 말은 사람을 엿보아 피를
흘리자 하는 것이거니와 정직한 자
의 입은 사람을 구원하느니라
7 악인은 엎드러져서 소멸되려니와
의인의 집은 서 있으리라
8 사람은 그 지혜대로 칭찬을 받으려
니와 마음이 굽은 자는 멸시를 받
으리라
9 비천히 여김을 받을지라도 종을 부
리는 자는 스스로 높은 체하고도
음식이 핍절한 자보다 나으니라
10 의인은 자기의 가축의 생명을 돌보
나 악인의 긍휼은 잔인이니라
11 자기의 토지를 경작하는 자는 먹을
것이 많거니와 방탕한 것을 따르는
자는 지혜가 없느니라
12 악인은 불의의 이익을 탐하나 의
인은 그 뿌리로 말미암아 결실하느
니라
13 악인은 입술의 허물로 말미암아 그
물에 걸려도 의인은 환난에서 벗어
나느니라
14 사람은 입의 열매로 말미암아 복록
에 족하며 그 손이 행하는 대로 자
기가 받느니라
15 미련한 자는 자기 행위를 바른 줄
로 여기나 지혜로운 자는 권고를
듣느니라
16 미련한 자는 당장 분노를 나타내
거니와 슬기로운 자는 수욕을 참
느니라
17 진리를 말하는 자는 의를 나타내어
도 거짓 증인은 속이는 말을 하느
니라
18 칼로 찌름 같이 함부로 말하는 자
가 있거니와 지혜로운 자의 혀는
양약과 같으니라

19 진실한 입술은 영원히 보존되거니
와 거짓 혀는 잠시 동안만 있을 뿐
이니라
20 악을 꾀하는 자의 마음에는 속임이
있고 화평을 의논하는 자에게는 희
락이 있느니라
21 의인에게는 어떤 재앙도 임하지 아
니하려니와 악인에게는 앙화가 가
득하리라
22 거짓 입술은 야훼께 미움을 받아도
진실하게 행하는 자는 그의 기뻐하
심을 받느니라
23 슬기로운 자는 지식을 감추어도 미
련한 자의 마음은 미련한 것을 전
파하느니라
24 부지런한 자의 손은 사람을 다스리
게 되어도 게으른 자는 부림을 받
느니라
25 근심이 사람의 마음에 있으면 그것
으로 번뇌하게 되나 선한 말은 그
것을 즐겁게 하느니라
26 의인은 그 이웃의 인도자가 되나 악
인의 소행은 자신을 미혹하느니라
27 게으른 자는 그 잡을 것도 사냥하
지 아니하나니 사람의 부귀는 부지
런한 것이니라
28 공의로운 길에 생명이 있나니 그 길
에는 사망이 없느니라
13 지혜로운 아들은 아비의 훈계를
들으나 거만한 자는 꾸지람을 즐겨
듣지 아니하느니라
2 사람은 입의 열매로 인하여 복록을
누리거니와 마음이 궤사한 자는 강
포를 당하느니라
3 입을 지키는 자는 자기의 생명을
보전하나 입술을 크게 벌리는 자에
게는 멸망이 오느니라
4 게으른 자는 마음으로 원하여도 얻
지 못하나 부지런한 자의 마음은
풍족함을 얻느니라
5 의인은 거짓말을 미워하나 악인은
행위가 흉악하여 부끄러운 데에 이
르느니라
6 공의는 행실이 정직한 자를 보호하
고 악은 죄인을 패망하게 하느니라
7 스스로 부한 체하여도 아무 것도
없는 자가 있고 스스로 가난한 체
하여도 재물이 많은 자가 있느니라
8 사람의 재물이 자기 생명의 속전일
수 있으나 가난한 자는 협박을 받
을 일이 없느니라
9 의인의 빛은 환하게 빛나고 악인의
등불은 꺼지느니라
10 교만에서는 다툼만 일어날 뿐이라
권면을 듣는 자는 지혜가 있느니라
11 망령되이 얻은 재물은 줄어가고 손
으로 모은 것은 늘어가느니라
12 소망이 더디 이루어지면 그것이 마
음을 상하게 하거니와 소원이 이루
어지는 것은 곧 생명 나무니라

기록일 : . . .

13 말씀을 멸시하는 자는 자기에게 패
망을 이루고 계명을 두려워하는 자
는 상을 받느니라
14 지혜 있는 자의 교훈은 생명의 샘
이니 사망의 그물에서 벗어나게 하
느니라
15 선한 지혜는 은혜를 베푸나 사악한
자의 길은 험하니라
16 무릇 슬기로운 자는 지식으로 행하
거니와 미련한 자는 자기의 미련한
것을 나타내느니라
17 악한 사자는 재앙에 빠져도 충성된
사신은 양약이 되느니라
18 훈계를 저버리는 자에게는 궁핍과
수욕이 이르거니와 경계를 받는 자
는 존영을 받느니라
19 소원을 성취하면 마음에 달아도 미
련한 자는 악에서 떠나기를 싫어하
느니라
20 지혜로운 자와 동행하면 지혜를 얻
고 미련한 자와 사귀면 해를 받느
니라
21 재앙은 죄인을 따르고 선한 보응은
의인에게 이르느니라
22 선인은 그 산업을 자자 손손에게
끼쳐도 죄인의 재물은 의인을 위하
여 쌓이느니라
23 가난한 자는 밭을 경작함으로 양식
이 많아지거니와 불의로 말미암아
가산을 탕진하는 자가 있느니라
24 매를 아끼는 자는 그의 자식을 미
워함이라 자식을 사랑하는 자는 근
실히 징계하느니라
25 의인은 포식하여도 악인의 배는 주
리느니라

14

지혜로운 여인은 자기 집을 세우
되 미련한 여인은 자기 손으로 그것
을 허느니라
2 정직하게 행하는 자는 야훼를 경외
하여도 패역하게 행하는 자는 야훼
를 경멸하느니라
3 미련한 자는 교만하여 입으로 매를
자청하고 지혜로운 자의 입술은 자
기를 보전하느니라
4 소가 없으면 구유는 깨끗하려니와
소의 힘으로 얻는 것이 많으니라
5 신실한 증인은 거짓말을 아니하여
도 거짓 증인은 거짓말을 뱉느니라
6 거만한 자는 지혜를 구하여도 얻지
못하거니와 명철한 자는 지식 얻기
가 쉬우니라
7 너는 미련한 자의 앞을 떠나라 그
입술에 지식 있음을 보지 못함이
니라
8 슬기로운 자의 지혜는 자기의 길을
아는 것이라도 미련한 자의 어리석
음은 속이는 것이니라
9 미련한 자는 죄를 심상히 여겨도 정
직한 자 중에는 은혜가 있느니라
10 마음의 고통은 자기가 알고 마음의

기록일 : . . .

즐거움은 타인이 참여하지 못하느
니라
11 악한 자의 집은 망하겠고 정직한
자의 장막은 흥하리라
12 어떤 길은 사람이 보기에 바르나
필경은 사망의 길이니라
13 웃을 때에도 마음에 슬픔이 있고
즐거움의 끝에도 근심이 있느니라
14 마음이 굽은 자는 자기 행위로 보
응이 가득하겠고 선한 사람도 자기
의 행위로 그러하리라
15 어리석은 자는 온갖 말을 믿으나
슬기로운 자는 자기의 행동을 삼가
느니라
16 지혜로운 자는 두려워하여 악을 떠
나나 어리석은 자는 방자하여 스스
로 믿느니라
17 노하기를 속히 하는 자는 어리석은
일을 행하고 악한 계교를 꾀하는
자는 미움을 받느니라
18 어리석은 자는 어리석음으로 기업
을 삼아도 슬기로운 자는 지식으로
면류관을 삼느니라
19 악인은 선인 앞에 엎드리고 불의한
자는 의인의 문에 엎드리느니라
20 가난한 자는 이웃에게도 미움을 받
게 되나 부요한 자는 친구가 많으
니라
21 이웃을 업신여기는 자는 죄를 범하
는 자요 빈곤한 자를 불쌍히 여기
는 자는 복이 있는 자니라
22 악을 도모하는 자는 잘못 가는 것
이 아니냐 선을 도모하는 자에게는
인자와 진리가 있으리라
23 모든 수고에는 이익이 있어도 입술
의 말은 궁핍을 이룰 뿐이니라
24 지혜로운 자의 재물은 그의 면류관
이요 미련한 자의 소유는 다만 미
련한 것이니라
25 진실한 증인은 사람의 생명을 구원
하여도 거짓말을 뱉는 사람은 속이
느니라
26 야훼를 경외하는 자에게는 견고한
의뢰가 있나니 그 자녀들에게 피난
처가 있으리라
27 야훼를 경외하는 것은 생명의 샘이
니 사망의 그물에서 벗어나게 하느
니라
28 백성이 많은 것은 왕의 영광이요
백성이 적은 것은 주권자의 패망이
니라
29 노하기를 더디 하는 자는 크게 명
철하여도 마음이 조급한 자는 어리
석음을 나타내느니라
30 평온한 마음은 육신의 생명이나 시
기는 뼈를 썩게 하느니라
31 가난한 사람을 학대하는 자는 그를
지으신 이를 멸시하는 자요 궁핍한
사람을 불쌍히 여기는 자는 주를
공경하는 자니라

기록일 : . . .

32 악인은 그의 환난에 엎드러져도
의인은 그의 죽음에도 소망이 있느
니라
33 지혜는 명철한 자의 마음에 머물거
니와 미련한 자의 속에 있는 것은
나타나느니라
34 공의는 나라를 영화롭게 하고 죄는
백성을 욕되게 하느니라
35 슬기롭게 행하는 신하는 왕에게 은
총을 입고 욕을 끼치는 신하는 그
의 진노를 당하느니라

15 유순한 대답은 분노를 쉬게 하여
도 과격한 말은 노를 격동하느니라
2 지혜 있는 자의 혀는 지식을 선히
베풀고 미련한 자의 입은 미련한 것
을 쏟느니라
3 야훼의 눈은 어디서든지 악인과 선
인을 감찰하시느니라
4 온순한 혀는 곧 생명 나무이지만 패
역한 혀는 마음을 상하게 하느니라
5 아비의 훈계를 업신여기는 자는 미
련한 자요 경계를 받는 자는 슬기
를 얻을 자니라
6 의인의 집에는 많은 보물이 있어도
악인의 소득은 고통이 되느니라
7 지혜로운 자의 입술은 지식을 전파
하여도 미련한 자의 마음은 정함이
없느니라
8 악인의 제사는 야훼께서 미워하셔
도 정직한 자의 기도는 그가 기뻐
하시느니라
9 악인의 길은 야훼께서 미워하셔도
공의를 따라가는 자는 그가 사랑하
시느니라
10 도를 배반하는 자는 엄한 징계를
받을 것이요 견책을 싫어하는 자는
죽을 것이니라
11 스올과 아바돈도 야훼의 앞에 드러
나거든 하물며 사람의 마음이리요
12 거만한 자는 견책 받기를 좋아하지
아니하며 지혜 있는 자에게로 가지
도 아니하느니라
13 마음의 즐거움은 얼굴을 빛나게 하
여도 마음의 근심은 심령을 상하게
하느니라
14 명철한 자의 마음은 지식을 요구하
고 미련한 자의 입은 미련한 것을
즐기느니라
15 고난 받는 자는 그 날이 다 험악하
나 마음이 즐거운 자는 항상 잔치
하느니라
16 가산이 적어도 야훼를 경외하는 것
이 크게 부하고 번뇌하는 것보다
나으니라
17 채소를 먹으며 서로 사랑하는 것이
살진 소를 먹으며 서로 미워하는 것
보다 나으니라
18 분을 쉽게 내는 자는 다툼을 일으
켜도 노하기를 더디 하는 자는 시비
를 그치게 하느니라

기록일 : . . .

19 게으른 자의 길은 가시 울타리 같
으나 정직한 자의 길은 대로니라
20 지혜로운 아들은 아비를 즐겁게 하
여도 미련한 자는 어미를 업신여기
느니라
21 무지한 자는 미련한 것을 즐겨 하여
도 명철한 자는 그 길을 바르게 하
느니라
22 의논이 없으면 경영이 무너지고 지
략이 많으면 경영이 성립하느니라
23 사람은 그 입의 대답으로 말미암아
기쁨을 얻나니 때에 맞는 말이 얼
마나 아름다운고
24 지혜로운 자는 위로 향한 생명 길
로 말미암음으로 그 아래에 있는
스올을 떠나게 되느니라
25 야훼는 교만한 자의 집을 허시며
과부의 지계를 정하시느니라
26 악한 꾀는 야훼께서 미워하시나 선
한 말은 정결하니라
27 이익을 탐하는 자는 자기 집을 해
롭게 하나 뇌물을 싫어하는 자는
살게 되느니라
28 의인의 마음은 대답할 말을 깊이
생각하여도 악인의 입은 악을 쏟느
니라
29 야훼는 악인을 멀리 하시고 의인의
기도를 들으시느니라
30 눈이 밝은 것은 마음을 기쁘게 하
고 좋은 기별은 뼈를 윤택하게 하
느니라
31 생명의 경계를 듣는 귀는 지혜로운
자 가운데에 있느니라
32 훈계 받기를 싫어하는 자는 자기의
영혼을 경히 여김이라 견책을 달게
받는 자는 지식을 얻느니라
33 야훼를 경외하는 것은 지혜의 훈계
라 겸손은 존귀의 길잡이니라

16 마음의 경영은 사람에게 있어도
말의 응답은 야훼께로부터 나오느
니라
2 사람의 행위가 자기 보기에는 모두
깨끗하여도 야훼는 심령을 감찰하
시느니라
3 너의 행사를 야훼께 맡기라 그리
하면 네가 경영하는 것이 이루어지
리라
4 야훼께서 온갖 것을 그 쓰임에 적
당하게 지으셨나니 악인도 악한 날
에 적당하게 하셨느니라
5 무릇 마음이 교만한 자를 야훼께서
미워하시나니 피차 손을 잡을지라
도 벌을 면하지 못하리라
6 인자와 진리로 인하여 죄악이 속하
게 되고 야훼를 경외함으로 말미암
아 악에서 떠나게 되느니라
7 사람의 행위가 야훼를 기쁘시게 하
면 그 사람의 원수라도 그와 더불
어 화목하게 하시느니라
8 적은 소득이 공의를 겸하면 많은 소

기록일 : . . .

득이 불의를 겸한 것보다 나으니라
9 사람이 마음으로 자기의 길을 계획
할지라도 그의 걸음을 인도하시는
이는 야훼시니라
10 하나님의 말씀이 왕의 입술에 있은
즉 재판할 때에 그의 입이 그르치
지 아니하리라
11 공평한 저울과 접시 저울은 야훼의
것이요 주머니 속의 저울추도 다
그가 지으신 것이니라
12 악을 행하는 것은 왕들이 미워할
바니 이는 그 보좌가 공의로 말미
암아 굳게 섬이니라
13 의로운 입술은 왕들이 기뻐하는 것
이요 정직하게 말하는 자는 그들의
사랑을 입느니라
14 왕의 진노는 죽음의 사자들과 같
아도 지혜로운 사람은 그것을 쉬게
하리라
15 왕의 희색은 생명을 뜻하나니 그의
은택이 늦은 비를 내리는 구름과
같으니라
16 지혜를 얻는 것이 금을 얻는 것보다
얼마나 나은고 명철을 얻는 것이 은
을 얻는 것보다 더욱 나으니라
17 악을 떠나는 것은 정직한 사람의
대로이니 자기의 길을 지키는 자는
자기의 영혼을 보전하느니라
18 교만은 패망의 선봉이요 거만한 마
음은 넘어짐의 앞잡이니라

19 겸손한 자와 함께 하여 마음을 낮
추는 것이 교만한 자와 함께 하여
탈취물을 나누는 것보다 나으니라
20 삼가 말씀에 주의하는 자는 좋은
것을 얻나니 야훼를 의지하는 자는
복이 있느니라
21 마음이 지혜로운 자는 명철하다 일
컬음을 받고 입이 선한 자는 남의
학식을 더하게 하느니라
22 명철한 자에게는 그 명철이 생명의
샘이 되거니와 미련한 자에게는 그
미련한 것이 징계가 되느니라
23 지혜로운 자의 마음은 그의 입을
슬기롭게 하고 또 그의 입술에 지
식을 더하느니라
24 선한 말은 꿀송이 같아서 마음에
달고 뼈에 양약이 되느니라
25 어떤 길은 사람이 보기에 바르나
필경은 사망의 길이니라
26 고되게 일하는 자는 식욕으로 말미
암아 애쓰나니 이는 그의 입이 자
기를 독촉함이니라
27 불량한 자는 악을 꾀하나니 그 입술
에는 맹렬한 불 같은 것이 있느니라
28 패역한 자는 다툼을 일으키고 말쟁
이는 친한 벗을 이간하느니라
29 강포한 사람은 그 이웃을 꾀어 좋
지 아니한 길로 인도하느니라
30 눈짓을 하는 자는 패역한 일을 도
모하며 입술을 닫는 자는 악한 일

을 이루느니라
31 백발은 영화의 면류관이라 공의로
운 길에서 얻으리라
32 노하기를 더디하는 자는 용사보다
낫고 자기의 마음을 다스리는 자는
성을 빼앗는 자보다 나으니라
33 제비는 사람이 뽑으나 모든 일을
작정하기는 야훼께 있느니라

17 마른 떡 한 조각만 있고도 화목
하는 것이 제육이 집에 가득하고도
다투는 것보다 나으니라
2 슬기로운 종은 부끄러운 짓을 하는
주인의 아들을 다스리겠고 또 형제
들 중에서 유업을 나누어 얻으리라
3 도가니는 은을, 풀무는 금을 연단
하거니와 야훼는 마음을 연단하시
느니라
4 악을 행하는 자는 사악한 입술이
하는 말을 잘 듣고 거짓말을 하는
자는 악한 혀가 하는 말에 귀를 기
울이느니라
5 가난한 자를 조롱하는 자는 그를
지으신 주를 멸시하는 자요 사람의
재앙을 기뻐하는 자는 형벌을 면하
지 못할 자니라
6 손자는 노인의 면류관이요 아비는
자식의 영화니라
7 지나친 말을 하는 것도 미련한 자
에게 합당하지 아니하거든 하물며
거짓말을 하는 것이 존귀한 자에게
합당하겠느냐
8 뇌물은 그 임자가 보기에 보석 같
은즉 그가 어디로 향하든지 형통하
게 하느니라
9 허물을 덮어 주는 자는 사랑을 구
하는 자요 그것을 거듭 말하는 자
는 친한 벗을 이간하는 자니라
10 한 마디 말로 총명한 자에게 충고하
는 것이 매 백 대로 미련한 자를 때
리는 것보다 더욱 깊이 박히느니라
11 악한 자는 반역만 힘쓰나니 그러므
로 그에게 잔인한 사자가 보냄을
받으리라
12 차라리 새끼 빼앗긴 암곰을 만날지
언정 미련한 일을 행하는 미련한 자
를 만나지 말 것이니라
13 누구든지 악으로 선을 갚으면 악이
그 집을 떠나지 아니하리라
14 다투는 시작은 둑에서 물이 새는
것 같은즉 싸움이 일어나기 전에 시
비를 그칠 것이니라
15 악인을 의롭다 하고 의인을 악하다
하는 이 두 사람은 다 야훼께 미움
을 받느니라
16 미련한 자는 무지하거늘 손에 값을
가지고 지혜를 사려 함은 어찜인고
17 친구는 사랑이 끊어지지 아니하고
형제는 위급한 때를 위하여 났느
니라
18 지혜 없는 자는 남의 손을 잡고 그

기록일 : . . .

의 이웃 앞에서 보증이 되느니라
19 다툼을 좋아하는 자는 죄과를 좋아
하는 자요 자기 문을 높이는 자는
파괴를 구하는 자니라
20 마음이 굽은 자는 복을 얻지 못하
고 혀가 패역한 자는 재앙에 빠지
느니라
21 미련한 자를 낳는 자는 근심을 당
하나니 미련한 자의 아비는 낙이 없
느니라
22 마음의 즐거움은 양약이라도 심령
의 근심은 뼈를 마르게 하느니라
23 악인은 사람의 품에서 뇌물을 받고
재판을 굽게 하느니라
24 지혜는 명철한 자 앞에 있거늘 미련
한 자는 눈을 땅 끝에 두느니라
25 미련한 아들은 그 아비의 근심이
되고 그 어미의 고통이 되느니라
26 의인을 벌하는 것과 귀인을 정직하
다고 때리는 것은 선하지 못하니라
27 말을 아끼는 자는 지식이 있고 성
품이 냉철한 자는 명철하니라
28 미련한 자라도 잠잠하면 지혜로운
자로 여겨지고 그의 입술을 닫으면
슬기로운 자로 여겨지느니라

18 무리에게서 스스로 갈라지는 자
는 자기 소욕을 따르는 자라 온갖
참 지혜를 배척하느니라
2 미련한 자는 명철을 기뻐하지 아니
하고 자기의 의사를 드러내기만 기
뻐하느니라
3 악한 자가 이를 때에는 멸시도 따
라오고 부끄러운 것이 이를 때에는
능욕도 함께 오느니라
4 명철한 사람의 입의 말은 깊은 물
과 같고 지혜의 샘은 솟구쳐 흐르
는 내와 같으니라
5 악인을 두둔하는 것과 재판할 때에
의인을 억울하게 하는 것이 선하지
아니하니라
6 미련한 자의 입술은 다툼을 일으키
고 그의 입은 매를 자청하느니라
7 미련한 자의 입은 그의 멸망이 되
고 그의 입술은 그의 영혼의 그물
이 되느니라
8 남의 말하기를 좋아하는 자의 말은
별식과 같아서 뱃속 깊은 데로 내
려가느니라
9 자기의 일을 게을리하는 자는 패가
하는 자의 형제니라
10 야훼의 이름은 견고한 망대라 의인
은 그리로 달려가서 안전함을 얻느
니라
11 부자의 재물은 그의 견고한 성이라
그가 높은 성벽 같이 여기느니라
12 사람의 마음의 교만은 멸망의 선봉
이요 겸손은 존귀의 길잡이니라
13 사연을 듣기 전에 대답하는 자는
미련하여 욕을 당하느니라
14 사람의 심령은 그의 병을 능히 이기

기록일 : . . .

려니와 심령이 상하면 그것을 누가
일으키겠느냐
15 명철한 자의 마음은 지식을 얻고
지혜로운 자의 귀는 지식을 구하느
니라
16 사람의 선물은 그의 길을 넓게 하
며 또 존귀한 자 앞으로 그를 인도
하느니라
17 송사에서는 먼저 온 사람의 말이
바른 것 같으나 그의 상대자가 와
서 밝히느니라
18 제비 뽑는 것은 다툼을 그치게 하
여 강한 자 사이에 해결하게 하느
니라
19 노엽게 한 형제와 화목하기가 견고
한 성을 취하기보다 어려운즉 이러
한 다툼은 산성 문빗장 같으니라
20 사람은 입에서 나오는 열매로 말미
암아 배부르게 되나니 곧 그의 입
술에서 나는 것으로 말미암아 만족
하게 되느니라
21 죽고 사는 것이 혀의 힘에 달렸나니
혀를 쓰기 좋아하는 자는 혀의 열
매를 먹으리라
22 아내를 얻는 자는 복을 얻고 야훼
께 은총을 받는 자니라
23 가난한 자는 간절한 말로 구하여도
부자는 엄한 말로 대답하느니라
24 많은 친구를 얻는 자는 해를 당하
게 되거니와 어떤 친구는 형제보다
친밀하니라

19 가난하여도 성실하게 행하는 자
는 입술이 패역하고 미련한 자보다
나으니라
2 지식 없는 소원은 선하지 못하고
발이 급한 사람은 잘못 가느니라
3 사람이 미련하므로 자기 길을 굽
게 하고 마음으로 야훼를 원망하느
니라
4 재물은 많은 친구를 더하게 하나
가난한즉 친구가 끊어지느니라
5 거짓 증인은 벌을 면하지 못할 것이
요 거짓말을 하는 자도 피하지 못
하리라
6 너그러운 사람에게는 은혜를 구하
는 자가 많고 선물 주기를 좋아하
는 자에게는 사람마다 친구가 되느
니라
7 가난한 자는 그의 형제들에게도 미
움을 받거든 하물며 친구야 그를
멀리 하지 아니하겠느냐 따라가며
말하려 할지라도 그들이 없어졌으
리라
8 지혜를 얻는 자는 자기 영혼을 사
랑하고 명철을 지키는 자는 복을
얻느니라
9 거짓 증인은 벌을 면하지 못할 것이
요 거짓말을 뱉는 자는 망할 것이
니라
10 미련한 자가 사치하는 것이 적당하

기록일 : . . .

지 못하거든 하물며 종이 방백을
다스림이랴
11 노하기를 더디 하는 것이 사람의
슬기요 허물을 용서하는 것이 자기
의 영광이니라
12 왕의 노함은 사자의 부르짖음 같고
그의 은택은 풀 위의 이슬 같으니라
13 미련한 아들은 그의 아비의 재앙이
요 다투는 아내는 이어 떨어지는
물방울이니라
14 집과 재물은 조상에게서 상속하거
니와 슬기로운 아내는 야훼께로서
말미암느니라
15 게으름이 사람으로 깊이 잠들게 하
나니 태만한 사람은 주릴 것이니라
16 계명을 지키는 자는 자기의 영혼을
지키거니와 자기의 행실을 삼가지
아니하는 자는 죽으리라
17 가난한 자를 불쌍히 여기는 것은
야훼께 꾸어 드리는 것이니 그의
선행을 그에게 갚아 주시리라
18 네가 네 아들에게 희망이 있은즉
그를 징계하되 죽일 마음은 두지
말지니라
19 노하기를 맹렬히 하는 자는 벌을
받을 것이라 네가 그를 건져 주면
다시 그런 일이 생기리라
20 너는 권고를 들으며 훈계를 받으라
그리하면 네가 필경은 지혜롭게 되
리라
21 사람의 마음에는 많은 계획이 있어
도 오직 야훼의 뜻만이 완전히 서
리라
22 사람은 자기의 인자함으로 남에게
사모함을 받느니라 가난한 자는 거
짓말하는 자보다 나으니라
23 야훼를 경외하는 것은 사람으로 생
명에 이르게 하는 것이라 경외하는
자는 족하게 지내고 재앙을 당하지
아니하느니라
24 게으른 자는 자기의 손을 그릇에
넣고서도 입으로 올리기를 괴로워
하느니라
25 거만한 자를 때리라 그리하면 어리
석은 자도 지혜를 얻으리라 명철한
자를 견책하라 그리하면 그가 지식
을 얻으리라
26 아비를 구박하고 어미를 쫓아내는
자는 부끄러움을 끼치며 능욕을 부
르는 자식이니라
27 내 아들아 지식의 말씀에서 떠나게
하는 교훈을 듣지 말지니라
28 망령된 증인은 정의를 업신여기고
악인의 입은 죄악을 삼키느니라
29 심판은 거만한 자를 위하여 예비된
것이요 채찍은 어리석은 자의 등을
위하여 예비된 것이니라

20

포도주는 거만하게 하는 것이요
독주는 떠들게 하는 것이라 이에
미혹되는 자마다 지혜가 없느니라

2 왕의 진노는 사자의 부르짖음 같으
니 그를 노하게 하는 것은 자기의
생명을 해하는 것이니라
3 다툼을 멀리 하는 것이 사람에게
영광이거늘 미련한 자마다 다툼을
일으키느니라
4 게으른 자는 가을에 밭 갈지 아니
하나니 그러므로 거둘 때에는 구걸
할지라도 얻지 못하리라
5 사람의 마음에 있는 모략은 깊은
물 같으니라 그럴지라도 명철한 사
람은 그것을 길어 내느니라
6 많은 사람이 각기 자기의 인자함을
자랑하나니 충성된 자를 누가 만날
수 있으랴
7 온전하게 행하는 자가 의인이라 그
의 후손에게 복이 있느니라
8 심판 자리에 앉은 왕은 그의 눈으
로 모든 악을 흩어지게 하느니라
9 내가 내 마음을 정하게 하였다 내
죄를 깨끗하게 하였다 할 자가 누
구냐
10 한결같지 않은 저울 추와 한결같지
않은 되는 다 여호와께서 미워하시느
니라
11 비록 아이라도 자기의 동작으로 자
기 품행이 청결한 여부와 정직한 여
부를 나타내느니라
12 듣는 귀와 보는 눈은 다 여호와께서
지으신 것이니라
13 너는 잠자기를 좋아하지 말라 네가
빈궁하게 될까 두려우니라 네 눈을
뜨라 그리하면 양식이 족하리라
14 물건을 사는 자가 좋지 못하다 좋
지 못하다 하다가 돌아간 후에는
자랑하느니라
15 세상에 금도 있고 진주도 많거니
와 지혜로운 입술이 더욱 귀한 보
배니라
16 타인을 위하여 보증 선 자의 옷을
취하라 외인들을 위하여 보증 선
자는 그의 몸을 볼모 잡을지니라
17 속이고 취한 음식물은 사람에게 맛
이 좋은 듯하나 후에는 그의 입에
모래가 가득하게 되리라
18 경영은 의논함으로 성취하나니 지
략을 베풀고 전쟁할지니라
19 두루 다니며 한담하는 자는 남의
비밀을 누설하나니 입술을 벌린 자
를 사귀지 말지니라
20 자기의 아비나 어미를 저주하는 자
는 그의 등불이 흑암 중에 꺼짐을
당하리라
21 처음에 속히 잡은 산업은 마침내
복이 되지 아니하느니라
22 너는 악을 갚겠다 말하지 말고 여
호와를 기다리라 그가 너를 구원하시
리라
23 한결같지 않은 저울 추는 여호와께서
미워하시는 것이요 속이는 저울은

기록일 : . . .

좋지 못한 것이니라
24 사람의 걸음은 야훼로 말미암나니
사람이 어찌 자기의 길을 알 수 있
으랴
25 함부로 이 물건은 거룩하다 하여
서원하고 그 후에 살피면 그것이
그 사람에게 덫이 되느니라
26 지혜로운 왕은 악인들을 키질하며
타작하는 바퀴를 그들 위에 굴리느
니라
27 사람의 영혼은 야훼의 등불이라 사
람의 깊은 속을 살피느니라
28 왕은 인자와 진리로 스스로 보호하
고 그의 왕위도 인자함으로 말미암
아 견고하니라
29 젊은 자의 영화는 그의 힘이요 늙
은 자의 아름다움은 백발이니라
30 상하게 때리는 것이 악을 없이하나
니 매는 사람 속에 깊이 들어가느
니라

21

왕의 마음이 야훼의 손에 있음이
마치 봇물과 같아서 그가 임의로
인도하시느니라
2 사람의 행위가 자기 보기에는 모두
정직하여도 야훼는 마음을 감찰하
시느니라
3 공의와 정의를 행하는 것은 제사
드리는 것보다 야훼께서 기쁘게 여
기시느니라
4 눈이 높은 것과 마음이 교만한 것
과 악인이 형통한 것은 다 죄니라
5 부지런한 자의 경영은 풍부함에 이
를 것이나 조급한 자는 궁핍함에
이를 따름이니라
6 속이는 말로 재물을 모으는 것은
죽음을 구하는 것이라 곧 불려다니
는 안개니라
7 악인의 강포는 자기를 소멸하나니
이는 정의를 행하기 싫어함이니라
8 죄를 크게 범한 자의 길은 심히 구
부러지고 깨끗한 자의 길은 곧으
니라
9 다투는 여인과 함께 큰 집에서 사
는 것보다 움막에서 사는 것이 나
으니라
10 악인의 마음은 남의 재앙을 원하나
니 그 이웃도 그 앞에서 은혜를 입
지 못하느니라
11 거만한 자가 벌을 받으면 어리석은
자도 지혜를 얻겠고 지혜로운 자가
교훈을 받으면 지식이 더하리라
12 의로우신 자는 악인의 집을 감찰하
시고 악인을 환난에 던지시느니라
13 귀를 막고 가난한 자가 부르짖는
소리를 듣지 아니하면 자기가 부르
짖을 때에도 들을 자가 없으리라
14 은밀한 선물은 노를 쉬게 하고 품
안의 뇌물은 맹렬한 분을 그치게
하느니라
15 정의를 행하는 것이 의인에게는 즐

거움이요 죄인에게는 패망이니라
16 명철의 길을 떠난 사람은 사망의
회중에 거하리라
17 연락을 좋아하는 자는 가난하게 되
고 술과 기름을 좋아하는 자는 부
하게 되지 못하느니라
18 악인은 의인의 속전이 되고 사악한
자는 정직한 자의 대신이 되느니라
19 다투며 성내는 여인과 함께 사는 것
보다 광야에서 사는 것이 나으니라
20 지혜 있는 자의 집에는 귀한 보배
와 기름이 있으나 미련한 자는 이것
을 다 삼켜 버리느니라
21 공의와 인자를 따라 구하는 자는
생명과 공의와 영광을 얻느니라
22 지혜로운 자는 용사의 성에 올라가
서 그 성이 의지하는 방벽을 허느
니라
23 입과 혀를 지키는 자는 자기의 영혼
을 환난에서 보전하느니라
24 무례하고 교만한 자를 이름하여 망
령된 자라 하나니 이는 넘치는 교
만으로 행함이니라
25 게으른 자의 욕망이 자기를 죽이나
니 이는 자기의 손으로 일하기를 싫
어함이니라
26 어떤 자는 종일토록 탐하기만 하나
의인은 아끼지 아니하고 베푸느니라
27 악인의 제물은 본래 가증하거든 하
물며 악한 뜻으로 드리는 것이랴
28 거짓 증인은 패망하려니와 확실히
들은 사람의 말은 힘이 있느니라
29 악인은 자기의 얼굴을 굳게 하나
정직한 자는 자기의 행위를 삼가느
니라
30 지혜로도 못하고, 명철로도 못하고
모략으로도 야훼를 당하지 못하느
니라
31 싸울 날을 위하여 마병을 예비하거
니와 이김은 야훼께 있느니라

22 많은 재물보다 명예를 택할 것이
요 은이나 금보다 은총을 더욱 택
할 것이니라
2 가난한 자와 부한 자가 함께 살거
니와 그 모두를 지으신 이는 야훼
시니라
3 슬기로운 자는 재앙을 보면 숨어
피하여도 어리석은 자는 나가다가
해를 받느니라
4 겸손과 야훼를 경외함의 보상은 재
물과 영광과 생명이니라
5 패역한 자의 길에는 가시와 올무가
있거니와 영혼을 지키는 자는 이를
멀리 하느니라
6 마땅히 행할 길을 아이에게 가르치
라 그리하면 늙어도 그것을 떠나지
아니하리라
7 부자는 가난한 자를 주관하고 빚진
자는 채주의 종이 되느니라
8 악을 뿌리는 자는 재앙을 거두리니

기록일 : . . .

그 분노의 기세가 쇠하리라
9 선한 눈을 가진 자는 복을 받으리
니 이는 양식을 가난한 자에게 줌
이니라
10 거만한 자를 쫓아내면 다툼이 쉬고
싸움과 수욕이 그치느니라
11 마음의 정결을 사모하는 자의 입술
에는 덕이 있으므로 임금이 그의 친
구가 되느니라
12 야훼의 눈은 지식 있는 사람을 지
키시나 사악한 사람의 말은 패하게
하시느니라
13 게으른 자는 말하기를 사자가 밖에
있은즉 내가 나가면 거리에서 찢기
겠다 하느니라
14 음녀의 입은 깊은 함정이라 야훼의
노를 당한 자는 거기 빠지리라
15 아이의 마음에는 미련한 것이 얽혔
으나 징계하는 채찍이 이를 멀리
쫓아내리라
16 이익을 얻으려고 가난한 자를 학대
하는 자와 부자에게 주는 자는 가
난하여질 뿐이니라
17 너는 귀를 기울여 지혜 있는 자의
말씀을 들으며 내 지식에 마음을
둘지어다
18 이것을 네 속에 보존하며 네 입술
위에 함께 있게 함이 아름다우니라
19 내가 네게 야훼를 의뢰하게 하려
하여 이것을 오늘 특별히 네게 알
게 하였노니
20 내가 모략과 지식의 아름다운 것을
너를 위해 기록하여
21 네가 진리의 확실한 말씀을 깨닫
게 하며 또 너를 보내는 자에게 진
리의 말씀으로 회답하게 하려 함이
아니냐
22 약한 자를 그가 약하다고 탈취하지
말며 곤고한 자를 성문에서 압제하
지 말라
23 대저 야훼께서 신원하여 주시고 또
그를 노략하는 자의 생명을 빼앗으
시리라
24 노를 품는 자와 사귀지 말며 울분
한 자와 동행하지 말지니
25 그의 행위를 본받아 네 영혼을 올
무에 빠뜨릴까 두려움이니라
26 너는 사람과 더불어 손을 잡지 말
며 남의 빚에 보증을 서지 말라
27 만일 갚을 것이 네게 없으면 네 누
운 침상도 빼앗길 것이라 네가 어
찌 그리하겠느냐
28 네 선조가 세운 옛 지계석을 옮기
지 말지니라
29 네가 자기의 일에 능숙한 사람을
보았느냐 이러한 사람은 왕 앞에
설 것이요 천한 자 앞에 서지 아니
하리라

23 네가 관원과 함께 앉아 음식을 먹
게 되거든 삼가 네 앞에 있는 자가

누구인지를 생각하며
2 네가 만일 음식을 탐하는 자이거든
네 목에 칼을 둘 것이니라
3 그의 맛있는 음식을 탐하지 말라
그것은 속이는 음식이니라
4 부자 되기에 애쓰지 말고 네 사사
로운 지혜를 버릴지어다
5 네가 어찌 허무한 것에 주목하겠
느냐 정녕히 재물은 스스로 날개를
내어 하늘을 나는 독수리처럼 날아
가리라
6 악한 눈이 있는 자의 음식을 먹지
말며 그의 맛있는 음식을 탐하지
말지어다
7 대저 그 마음의 생각이 어떠하면
그 위인도 그러한즉 그가 네게 먹
고 마시라 할지라도 그의 마음은
너와 함께 하지 아니함이라
8 네가 조금 먹은 것도 토하겠고 네
아름다운 말도 헛된 데로 돌아가
리라
9 미련한 자의 귀에 말하지 말지니 이
는 그가 네 지혜로운 말을 업신여
길 것임이니라
10 옛 지계석을 옮기지 말며 고아들의
밭을 침범하지 말지어다
11 대저 그들의 구속자는 강하시니 그
가 너를 대적하여 그들의 원한을
풀어 주시리라
12 훈계에 착심하며 지식의 말씀에 귀
를 기울이라
13 아이를 훈계하지 아니하려고 하지
말라 채찍으로 그를 때릴지라도 그
가 죽지 아니하리라
14 네가 그를 채찍으로 때리면 그의
영혼을 스올에서 구원하리라
15 내 아들아 만일 네 마음이 지혜로
우면 나 곧 내 마음이 즐겁겠고
16 만일 네 입술이 정직을 말하면 내
속이 유쾌하리라
17 네 마음으로 죄인의 형통을 부러워
하지 말고 항상 여호와를 경외하라
18 정녕히 네 장래가 있겠고 네 소망
이 끊어지지 아니하리라
19 내 아들아 너는 듣고 지혜를 얻어
네 마음을 바른 길로 인도할지니라
20 술을 즐겨 하는 자들과 고기를 탐
하는 자들과도 더불어 사귀지 말라
21 술 취하고 음식을 탐하는 자는 가난
하여질 것이요 잠 자기를 즐겨 하는
자는 해어진 옷을 입을 것임이니라
22 너를 낳은 아비에게 청종하고 네
늙은 어미를 경히 여기지 말지니라
23 진리를 사되 팔지는 말며 지혜와
훈계와 명철도 그리할지니라
24 의인의 아비는 크게 즐거울 것이요
지혜로운 자식을 낳은 자는 그로
말미암아 즐거울 것이니라
25 네 부모를 즐겁게 하며 너를 낳은
어미를 기쁘게 하라

기록일 : . . .

26 내 아들아 네 마음을 내게 주며 네
눈으로 내 길을 즐거워할지어다
27 대저 음녀는 깊은 구덩이요 이방 여
인은 좁은 함정이라
28 참으로 그는 강도 같이 매복하며
사람들 중에 사악한 자가 많아지게
하느니라
29 재앙이 뉘게 있느뇨 근심이 뉘게
있느뇨 분쟁이 뉘게 있느뇨 원망이
뉘게 있느뇨 까닭 없는 상처가 뉘
게 있느뇨 붉은 눈이 뉘게 있느뇨
30 술에 잠긴 자에게 있고 혼합한 술
을 구하러 다니는 자에게 있느니라
31 포도주는 붉고 잔에서 번쩍이며 순
하게 내려가나니 너는 그것을 보지
도 말지어다
32 그것이 마침내 뱀 같이 물 것이요
독사 같이 쏠 것이며
33 또 네 눈에는 괴이한 것이 보일 것
이요 네 마음은 구부러진 말을 할
것이며
34 너는 바다 가운데에 누운 자 같을 것
이요 돛대 위에 누운 자 같을 것이며
35 네가 스스로 말하기를 사람이 나를
때려도 나는 아프지 아니하고 나를
상하게 하여도 내게 감각이 없도다
내가 언제나 깰까 다시 술을 찾겠
다 하리라

24 너는 악인의 형통함을 부러워하
지 말며 그와 함께 있으려고 하지
도 말지어다
2 그들의 마음은 강포를 품고 그들의
입술은 재앙을 말함이니라
3 집은 지혜로 말미암아 건축되고 명
철로 말미암아 견고하게 되며
4 또 방들은 지식으로 말미암아 각종
귀하고 아름다운 보배로 채우게 되
느니라
5 지혜 있는 자는 강하고 지식 있는
자는 힘을 더하나니
6 너는 전략으로 싸우라 승리는 지략
이 많음에 있느니라
7 지혜는 너무 높아서 미련한 자가 미
치지 못할 것이므로 그는 성문에서
입을 열지 못하느니라
8 악행하기를 꾀하는 자를 일컬어 사
악한 자라 하느니라
9 미련한 자의 생각은 죄요 거만한
자는 사람에게 미움을 받느니라
10 네가 만일 환난 날에 낙담하면 네
힘이 미약함을 보임이니라
11 너는 사망으로 끌려가는 자를 건져
주며 살육을 당하게 된 자를 구원
하지 아니하려고 하지 말라
12 네가 말하기를 나는 그것을 알지
못하였노라 할지라도 마음을 저울
질 하시는 이가 어찌 통찰하지 못
하시겠으며 네 영혼을 지키시는 이
가 어찌 알지 못하시겠느냐 그가
각 사람의 행위대로 보응하시리라

기록일 : . . .

13 내 아들아 꿀을 먹으라 이것이 좋
으니라 송이꿀을 먹으라 이것이 네
입에 다니라
14 지혜가 네 영혼에게 이와 같은 줄
을 알라 이것을 얻으면 정녕히 네
장래가 있겠고 네 소망이 끊어지지
아니하리라
15 악한 자여 의인의 집을 엿보지 말며
그가 쉬는 처소를 헐지 말지니라
16 대저 의인은 일곱 번 넘어질지라도
다시 일어나려니와 악인은 재앙으
로 말미암아 엎드러지느니라
17 네 원수가 넘어질 때에 즐거워하지
말며 그가 엎드러질 때에 마음에
기뻐하지 말라
18 야훼께서 이것을 보시고 기뻐하지
아니하사 그의 진노를 그에게서 옮
기실까 두려우니라
19 너는 행악자들로 말미암아 분을 품
지 말며 악인의 형통함을 부러워하
지 말라
20 대저 행악자는 장래가 없겠고 악인
의 등불은 꺼지리라
21 내 아들아 야훼와 왕을 경외하고
반역자와 더불어 사귀지 말라
22 대저 그들의 재앙은 속히 임하리니
그 둘의 멸망을 누가 알랴
23 이것도 지혜로운 자들의 말씀이라
재판할 때에 낯을 보아 주는 것이
옳지 못하니라
24 악인에게 네가 옳다 하는 자는 백
성에게 저주를 받을 것이요 국민에
게 미움을 받으려니와
25 오직 그를 견책하는 자는 기쁨을 얻
을 것이요 또 좋은 복을 받으리라
26 적당한 말로 대답함은 입맞춤과 같
으니라
27 네 일을 밖에서 다스리며 너를 위
하여 밭에서 준비하고 그 후에 네
집을 세울지니라
28 너는 까닭 없이 네 이웃을 쳐서 증
인이 되지 말며 네 입술로 속이지
말지니라
29 너는 그가 내게 행함 같이 나도 그
에게 행하여 그가 행한 대로 그 사
람에게 갚겠다 말하지 말지니라
30 내가 게으른 자의 밭과 지혜 없는
자의 포도원을 지나며 본즉
31 가시덤불이 그 전부에 퍼졌으며 그
지면이 거친 풀로 덮였고 돌담이 무
너져 있기로
32 내가 보고 생각이 깊었고 내가 보
고 훈계를 받았노라
33 네가 좀더 자자, 좀더 졸자, 손을
모으고 좀더 누워 있자 하니
34 네 빈궁이 강도 같이 오며 네 곤핍
이 군사 같이 이르리라

25

이것도 솔로몬의 잠언이요 유다
왕 히스기야의 신하들이 편집한 것
이니라

기록일 : . . .

2 일을 숨기는 것은 하나님의 영화요
일을 살피는 것은 왕의 영화니라
3 하늘의 높음과 땅의 깊음 같이 왕
의 마음은 헤아릴 수 없느니라
4 은에서 찌꺼기를 제하라 그리하면
장색의 쓸 만한 그릇이 나올 것이요
5 왕 앞에서 악한 자를 제하라 그리
하면 그의 왕위가 의로 말미암아
견고히 서리라
6 왕 앞에서 스스로 높은 체하지 말
며 대인들의 자리에 서지 말라
7 이는 사람이 네게 이리로 올라오라
고 말하는 것이 네 눈에 보이는 귀
인 앞에서 저리로 내려가라고 말하
는 것보다 나음이니라
8 너는 서둘러 나가서 다투지 말라
마침내 네가 이웃에게서 욕을 보게
될 때에 네가 어찌할 줄을 알지 못
할까 두려우니라
9 너는 이웃과 다투거든 변론만 하고
남의 은밀한 일은 누설하지 말라
10 듣는 자가 너를 꾸짖을 터이요 또
네게 대한 악평이 네게서 떠나지
아니할까 두려우니라
11 경우에 합당한 말은 아로새긴 은
쟁반에 금 사과니라
12 슬기로운 자의 책망은 청종하는 귀
에 금 고리와 정금 장식이니라
13 충성된 사자는 그를 보낸 이에게
마치 추수하는 날에 얼음 냉수 같
아서 능히 그 주인의 마음을 시원
하게 하느니라
14 선물한다고 거짓 자랑하는 자는 비
없는 구름과 바람 같으니라
15 오래 참으면 관원도 설득할 수 있
나니 부드러운 혀는 뼈를 꺾느니라
16 너는 꿀을 보거든 족하리만큼 먹으
라 과식함으로 토할까 두려우니라
17 너는 이웃집에 자주 다니지 말라
그가 너를 싫어하며 미워할까 두려
우니라
18 자기의 이웃을 쳐서 거짓 증거하는
사람은 방망이요 칼이요 뾰족한 화
살이니라
19 환난 날에 진실하지 못한 자를 의
뢰하는 것은 부러진 이와 위골된
발 같으니라
20 마음이 상한 자에게 노래하는 것은
추운 날에 옷을 벗음 같고 소다 위
에 식초를 부음 같으니라
21 네 원수가 배고파하거든 음식을
먹이고 목말라하거든 물을 마시게
하라
22 그리 하는 것은 핀 숯을 그의 머리
에 놓는 것과 일반이요 야훼께서
네게 갚아 주시리라
23 북풍이 비를 일으킴 같이 참소하는
혀는 사람의 얼굴에 분을 일으키느
니라
24 다투는 여인과 함께 큰 집에서 사

는 것보다 움막에서 혼자 사는 것
이 나으니라
25 먼 땅에서 오는 좋은 기별은 목마
른 사람에게 냉수와 같으니라
26 의인이 악인 앞에 굴복하는 것은
우물이 흐려짐과 샘이 더러워짐과
같으니라
27 꿀을 많이 먹는 것이 좋지 못하고
자기의 영예를 구하는 것이 헛되
니라
28 자기의 마음을 제어하지 아니하는
자는 성읍이 무너지고 성벽이 없는
것과 같으니라

26
미련한 자에게는 영예가 적당하지
아니하니 마치 여름에 눈 오는 것과
추수 때에 비 오는 것 같으니라
2 까닭 없는 저주는 참새가 떠도는
것과 제비가 날아가는 것 같이 이
루어지지 아니하느니라
3 말에게는 채찍이요 나귀에게는 재
갈이요 미련한 자의 등에는 막대기
니라
4 미련한 자의 어리석은 것을 따라
대답하지 말라 두렵건대 너도 그와
같을까 하노라
5 미련한 자에게는 그의 어리석음을
따라 대답하라 두렵건대 그가 스스
로 지혜롭게 여길까 하노라
6 미련한 자 편에 기별하는 것은 자기
의 발을 베어 버림과 해를 받음과
같으니라
7 저는 자의 다리는 힘 없이 달렸나
니 미련한 자의 입의 잠언도 그러
하니라
8 미련한 자에게 영예를 주는 것은
돌을 물매에 매는 것과 같으니라
9 미련한 자의 입의 잠언은 술 취한
자가 손에 든 가시나무 같으니라
10 장인이 온갖 것을 만들지라도 미련
한 자를 고용하는 것은 지나가는
행인을 고용함과 같으니라
11 개가 그 토한 것을 도로 먹는 것 같
이 미련한 자는 그 미련한 것을 거
듭 행하느니라
12 네가 스스로 지혜롭게 여기는 자를
보느냐 그보다 미련한 자에게 오히
려 희망이 있느니라
13 게으른 자는 길에 사자가 있다 거
리에 사자가 있다 하느니라
14 문짝이 돌쩌귀를 따라서 도는 것 같
이 게으른 자는 침상에서 도느니라
15 게으른 자는 그 손을 그릇에 넣고도
입으로 올리기를 괴로워하느니라
16 게으른 자는 사리에 맞게 대답하는
사람 일곱보다 자기를 지혜롭게 여
기느니라
17 길로 지나가다가 자기와 상관 없는
다툼을 간섭하는 자는 개의 귀를
잡는 자와 같으니라
18 횃불을 던지며 화살을 쏘아서 사람

을 죽이는 미친 사람이 있나니
19 자기의 이웃을 속이고 말하기를 내
가 희롱하였노라 하는 자도 그러하
니라
20 나무가 다하면 불이 꺼지고 말쟁이
가 없어지면 다툼이 쉬느니라
21 숯불 위에 숯을 더하는 것과 타는
불에 나무를 더하는 것 같이 다툼을
좋아하는 자는 시비를 일으키느니라
22 남의 말 하기를 좋아하는 자의 말
은 별식과 같아서 뱃속 깊은 데로
내려가느니라
23 온유한 입술에 악한 마음은 낮은
은을 입힌 토기니라
24 원수는 입술로는 꾸미고 속으로는
속임을 품나니
25 그 말이 좋을지라도 믿지 말 것은
그 마음에 일곱 가지 가증한 것이
있음이니라
26 속임으로 그 미움을 감출지라도 그
의 악이 회중 앞에 드러나리라
27 함정을 파는 자는 그것에 빠질 것
이요 돌을 굴리는 자는 도리어 그
것에 치이리라
28 거짓말 하는 자는 자기가 해한 자
를 미워하고 아첨하는 입은 패망을
일으키느니라

27 너는 내일 일을 자랑하지 말라 하
루 동안에 무슨 일이 일어날는지
네가 알 수 없음이니라
2 타인이 너를 칭찬하게 하고 네 입
으로는 하지 말며 외인이 너를 칭찬
하게 하고 네 입술로는 하지 말지
니라
3 돌은 무겁고 모래도 가볍지 아니하
거니와 미련한 자의 분노는 이 둘
보다 무거우니라
4 분은 잔인하고 노는 창수 같거니와
투기 앞에야 누가 서리요
5 면책은 숨은 사랑보다 나으니라
6 친구의 아픈 책망은 충직으로 말미
암는 것이나 원수의 잦은 입맞춤은
거짓에서 난 것이니라
7 배부른 자는 꿀이라도 싫어하고 주
린 자에게는 쓴 것이라도 다니라
8 고향을 떠나 유리하는 사람은 보금
자리를 떠나 떠도는 새와 같으니라
9 기름과 향이 사람의 마음을 즐겁게
하나니 친구의 충성된 권고가 이와
같이 아름다우니라
10 네 친구와 네 아비의 친구를 버리지
말며 네 환난 날에 형제의 집에 들
어가지 말지어다 가까운 이웃이 먼
형제보다 나으니라
11 내 아들아 지혜를 얻고 내 마음을
기쁘게 하라 그리하면 나를 비방하
는 자에게 내가 대답할 수 있으리라
12 슬기로운 자는 재앙을 보면 숨어
피하여도 어리석은 자들은 나아가다
가 해를 받느니라

기록일 : . . .

13 타인을 위하여 보증 선 자의 옷을
취하라 외인들을 위하여 보증 선
자는 그의 몸을 볼모 잡을지니라
14 이른 아침에 큰 소리로 자기 이웃
을 축복하면 도리어 저주 같이 여기
게 되리라
15 다투는 여자는 비 오는 날에 이어
떨어지는 물방울이라
16 그를 제어하기가 바람을 제어하는
것 같고 오른손으로 기름을 움키는
것 같으니라
17 철이 철을 날카롭게 하는 것 같이
사람이 그의 친구의 얼굴을 빛나게
하느니라
18 무화과나무를 지키는 자는 그 과
실을 먹고 자기 주인에게 시중드는
자는 영화를 얻느니라
19 물에 비치면 얼굴이 서로 같은 것 같
이 사람의 마음도 서로 비치느니라
20 스올과 아바돈은 만족함이 없고 사
람의 눈도 만족함이 없느니라
21 도가니로 은을, 풀무로 금을, 칭찬
으로 사람을 단련하느니라
22 미련한 자를 곡물과 함께 절구에
넣고 공이로 찧을지라도 그의 미련
은 벗겨지지 아니하느니라
23 네 양 떼의 형편을 부지런히 살피며
네 소 떼에게 마음을 두라
24 대저 재물은 영원히 있지 못하나니
면류관이 어찌 대대에 있으랴
25 풀을 벤 후에는 새로 움이 돋나니
산에서 꼴을 거둘 것이니라
26 어린 양의 털은 네 옷이 되며 염소
는 밭을 사는 값이 되며
27 염소의 젖은 넉넉하여 너와 네 집의
음식이 되며 네 여종의 먹을 것이
되느니라

28 악인은 쫓아오는 자가 없어도 도
망하나 의인은 사자 같이 담대하
니라
2 나라는 죄가 있으면 주관자가 많아
져도 명철과 지식 있는 사람으로 말
미암아 장구하게 되느니라
3 가난한 자를 학대하는 가난한 자는
곡식을 남기지 아니하는 폭우 같으
니라
4 율법을 버린 자는 악인을 칭찬하나
율법을 지키는 자는 악인을 대적하
느니라
5 악인은 정의를 깨닫지 못하나 야훼
를 찾는 자는 모든 것을 깨닫느니라
6 가난하여도 성실하게 행하는 자는
부유하면서 굽게 행하는 자보다 나
으니라
7 율법을 지키는 자는 지혜로운 아들
이요 음식을 탐하는 자와 사귀는
자는 아비를 욕되게 하는 자니라
8 중한 변리로 자기 재산을 늘이는
것은 가난한 사람을 불쌍히 여기는
자를 위해 그 재산을 저축하는 것

기록일 : . . .

이니라
9 사람이 귀를 돌려 율법을 듣지 아
니하면 그의 기도도 가증하니라
10 정직한 자를 악한 길로 유인하는
자는 스스로 자기 함정에 빠져도
성실한 자는 복을 받느니라
11 부자는 자기를 지혜롭게 여기나 가
난해도 명철한 자는 자기를 살펴
아느니라
12 의인이 득의하면 큰 영화가 있고
악인이 일어나면 사람이 숨느니라
13 자기의 죄를 숨기는 자는 형통하지
못하나 죄를 자복하고 버리는 자는
불쌍히 여김을 받으리라
14 항상 경외하는 자는 복되거니와 마
음을 완악하게 하는 자는 재앙에
빠지리라
15 가난한 백성을 압제하는 악한 관원
은 부르짖는 사자와 주린 곰 같으
니라
16 무지한 치리자는 포학을 크게 행하
거니와 탐욕을 미워하는 자는 장수
하리라
17 사람의 피를 흘린 자는 함정으로
달려갈 것이니 그를 막지 말지니라
18 성실하게 행하는 자는 구원을 받을
것이나 굽은 길로 행하는 자는 곧
넘어지리라
19 자기의 토지를 경작하는 자는 먹을
것이 많으려니와 방탕을 따르는 자
는 궁핍함이 많으리라
20 충성된 자는 복이 많아도 속히 부
하고자 하는 자는 형벌을 면하지
못하리라
21 사람의 낯을 보아 주는 것이 좋지
못하고 한 조각 떡으로 말미암아
사람이 범법하는 것도 그러하니라
22 악한 눈이 있는 자는 재물을 얻기
에만 급하고 빈궁이 자기에게로 임
할 줄은 알지 못하느니라
23 사람을 경책하는 자는 혀로 아첨하
는 자보다 나중에 더욱 사랑을 받
느니라
24 부모의 물건을 도둑질하고서도 죄
가 아니라 하는 자는 멸망 받게 하
는 자의 동류니라
25 욕심이 많은 자는 다툼을 일으키나
야훼를 의지하는 자는 풍족하게 되
느니라
26 자기의 마음을 믿는 자는 미련한
자요 지혜롭게 행하는 자는 구원을
얻을 자니라
27 가난한 자를 구제하는 자는 궁핍하
지 아니하려니와 못 본 체하는 자
에게는 저주가 크리라
28 악인이 일어나면 사람이 숨고 그가
멸망하면 의인이 많아지느니라
29 자주 책망을 받으면서도 목이 곧
은 사람은 갑자기 패망을 당하고
피하지 못하리라

2 의인이 많아지면 백성이 즐거워하
고 악인이 권세를 잡으면 백성이
탄식하느니라
3 지혜를 사모하는 자는 아비를 즐겁
게 하여도 창기와 사귀는 자는 재
물을 잃느니라
4 왕은 정의로 나라를 견고하게 하나
뇌물을 억지로 내게 하는 자는 나
라를 멸망시키느니라
5 이웃에게 아첨하는 것은 그의 발
앞에 그물을 치는 것이니라
6 악인이 범죄하는 것은 스스로 올무
가 되게 하는 것이나 의인은 노래
하고 기뻐하느니라
7 의인은 가난한 자의 사정을 알아 주
나 악인은 알아 줄 지식이 없느니라
8 거만한 자는 성읍을 요란하게 하여
도 슬기로운 자는 노를 그치게 하
느니라
9 지혜로운 자와 미련한 자가 다투면
지혜로운 자가 노하든지 웃든지 그
다툼은 그침이 없느니라
10 피 흘리기를 좋아하는 자는 온전한
자를 미워하고 정직한 자의 생명을
찾느니라
11 어리석은 자는 자기의 노를 다 드
러내어도 지혜로운 자는 그것을 억
제하느니라
12 관원이 거짓말을 들으면 그의 하인
들은 다 악하게 되느니라

13 가난한 자와 포학한 자가 섞여 살
거니와 야훼께서는 그 모두의 눈에
빛을 주시느니라
14 왕이 가난한 자를 성실히 신원하면
그의 왕위가 영원히 견고하리라
15 채찍과 꾸지람이 지혜를 주거늘 임
의로 행하게 버려 둔 자식은 어미
를 욕되게 하느니라
16 악인이 많아지면 죄도 많아지나니
의인은 그들의 망함을 보리라
17 네 자식을 징계하라 그리하면 그가
너를 평안하게 하겠고 또 네 마음
에 기쁨을 주리라
18 묵시가 없으면 백성이 방자히 행하
거니와 율법을 지키는 자는 복이 있
느니라
19 종은 말로만 하면 고치지 아니하나
니 이는 그가 알고도 따르지 아니
함이니라
20 네가 말이 조급한 사람을 보느냐
그보다 미련한 자에게 오히려 희망
이 있느니라
21 종을 어렸을 때부터 곱게 양육하면
그가 나중에는 자식인 체하리라
22 노하는 자는 다툼을 일으키고 성내
는 자는 범죄함이 많으니라
23 사람이 교만하면 낮아지게 되겠고
마음이 겸손하면 영예를 얻으리라
24 도둑과 짝하는 자는 자기의 영혼을
미워하는 자라 그는 저주를 들어도

진술하지 아니하느니라
25 사람을 두려워하면 올무에 걸리게
되거니와 야훼를 의지하는 자는 안
전하리라
26 주권자에게 은혜를 구하는 자가 많
으나 사람의 일의 작정은 야훼께로
말미암느니라
27 불의한 자는 의인에게 미움을 받고
바르게 행하는 자는 악인에게 미움
을 받느니라

30

이 말씀은 야게의 아들 아굴의 잠
언이니 그가 이디엘 곧 이디엘과 우
갈에게 이른 것이니라
2 나는 다른 사람에게 비하면 짐승이
라 내게는 사람의 총명이 있지 아
니하니라
3 나는 지혜를 배우지 못하였고 또 거
룩하신 자를 아는 지식이 없거니와
4 하늘에 올라갔다가 내려온 자가 누
구인지, 바람을 그 장중에 모은 자
가 누구인지, 물을 옷에 싼 자가 누
구인지, 땅의 모든 끝을 정한 자가
누구인지, 그의 이름이 무엇인지,
그의 아들의 이름이 무엇인지 너는
아느냐
5 하나님의 말씀은 다 순전하며 하
나님은 그를 의지하는 자의 방패
시니라
6 너는 그의 말씀에 더하지 말라 그
가 너를 책망하시겠고 너는 거짓말
하는 자가 될까 두려우니라
7 내가 두 가지 일을 주께 구하였사
오니 내가 죽기 전에 내게 거절하지
마시옵소서
8 곧 헛된 것과 거짓말을 내게서 멀리
하옵시며 나를 가난하게도 마옵시
고 부하게도 마옵시고 오직 필요한
양식으로 나를 먹이시옵소서
9 혹 내가 배불러서 하나님을 모른다
야훼가 누구냐 할까 하오며 혹 내
가 가난하여 도둑질하고 내 하나님
의 이름을 욕되게 할까 두려워함이
니이다
10 너는 종을 그의 상전에게 비방하지
말라 그가 너를 저주하겠고 너는
죄책을 당할까 두려우니라
11 아비를 저주하며 어미를 축복하지
아니하는 무리가 있느니라
12 스스로 깨끗한 자로 여기면서도 자
기의 더러운 것을 씻지 아니하는
무리가 있느니라
13 눈이 심히 높으며 눈꺼풀이 높이
들린 무리가 있느니라
14 앞니는 장검 같고 어금니는 군도
같아서 가난한 자를 땅에서 삼키며
궁핍한 자를 사람 중에서 삼키는
무리가 있느니라
15 거머리에게는 두 딸이 있어 다오
다오 하느니라 족한 줄을 알지 못
하여 족하다 하지 아니하는 것 서넛

이 있나니
16 곧 스올과 아이 배지 못하는 태와
물로 채울 수 없는 땅과 족하다 하
지 아니하는 불이니라
17 아비를 조롱하며 어미 순종하기를
싫어하는 자의 눈은 골짜기의 까마
귀에게 쪼이고 독수리 새끼에게 먹
히리라
18 내가 심히 기이히 여기고도 깨닫지
못하는 것 서넛이 있나니
19 곧 공중에 날아다니는 독수리의
자취와 반석 위로 기어 다니는 뱀
의 자취와 바다로 지나다니는 배
의 자취와 남자가 여자와 함께 한
자취며
20 음녀의 자취도 그러하니라 그가 먹
고 그의 입을 씻음 같이 말하기를
내가 악을 행하지 아니하였다 하느
니라
21 세상을 진동시키며 세상이 견딜 수
없게 하는 것 서넛이 있나니
22 곧 종이 임금된 것과 미련한 자가
음식으로 배부른 것과
23 미움 받는 여자가 시집 간 것과 여
종이 주모를 이은 것이니라
24 땅에 작고도 가장 지혜로운 것 넷
이 있나니
25 곧 힘이 없는 종류로되 먹을 것을
여름에 준비하는 개미와
26 약한 종류로되 집을 바위 사이에
짓는 사반과
27 임금이 없으되 다 떼를 지어 나아
가는 메뚜기와
28 손에 잡힐 만하여도 왕궁에 있는
도마뱀이니라
29 잘 걸으며 위풍 있게 다니는 것 서
넛이 있나니
30 곧 짐승 중에 가장 강하여 아무 짐
승 앞에서도 물러가지 아니하는 사
자와
31 사냥개와 숫염소와 및 당할 수 없
는 왕이니라
32 만일 네가 미련하여 스스로 높은
체하였거나 혹 악한 일을 도모하였
거든 네 손으로 입을 막으라
33 대저 젖을 저으면 엉긴 젖이 되고
코를 비틀면 피가 나는 것 같이 노
를 격동하면 다툼이 남이니라

31

르무엘 왕이 말씀한 바 곧 그의
어머니가 그를 훈계한 잠언이라
2 내 아들아 내가 무엇을 말하랴 내
태에서 난 아들아 내가 무엇을 말
하랴 서원대로 얻은 아들아 내가
무엇을 말하랴
3 네 힘을 여자들에게 쓰지 말며 왕
들을 멸망시키는 일을 행하지 말지
어다
4 르무엘아 포도주를 마시는 것이 왕
들에게 마땅하지 아니하고 왕들에
게 마땅하지 아니하며 독주를 찾는

기록일 : . . .

것이 주권자들에게 마땅하지 않도다
5 술을 마시다가 법을 잊어버리고 모
든 곤고한 자들의 송사를 굽게 할
까 두려우니라
6 독주는 죽게 된 자에게, 포도주는
마음에 근심하는 자에게 줄지어다
7 그는 마시고 자기의 빈궁한 것을
잊어버리겠고 다시 자기의 고통을
기억하지 아니하리라
8 너는 말 못하는 자와 모든 고독한
자의 송사를 위하여 입을 열지니라
9 너는 입을 열어 공의로 재판하여
곤고한 자와 궁핍한 자를 신원할지
니라
10 누가 현숙한 여인을 찾아 얻겠느냐
그의 값은 진주보다 더 하니라
11 그런 자의 남편의 마음은 그를 믿나
니 산업이 핍절하지 아니하겠으며
12 그런 자는 살아 있는 동안에 그의
남편에게 선을 행하고 악을 행하지
아니하느니라
13 그는 양털과 삼을 구하여 부지런히
손으로 일하며
14 상인의 배와 같아서 먼 데서 양식
을 가져 오며
15 밤이 새기 전에 일어나서 자기 집안
사람들에게 음식을 나누어 주며 여
종들에게 일을 정하여 맡기며
16 밭을 살펴 보고 사며 자기의 손으로
번 것을 가지고 포도원을 일구며
17 힘 있게 허리를 묶으며 자기의 팔을
강하게 하며
18 자기의 장사가 잘 되는 줄을 깨닫
고 밤에 등불을 끄지 아니하며
19 손으로 솜뭉치를 들고 손가락으로
가락을 잡으며
20 그는 곤고한 자에게 손을 펴며 궁
핍한 자를 위하여 손을 내밀며
21 자기 집 사람들은 다 홍색 옷을 입
었으므로 눈이 와도 그는 자기 집
사람들을 위하여 염려하지 아니하며
22 그는 자기를 위하여 아름다운 이불
을 지으며 세마포와 자색 옷을 입
으며
23 그의 남편은 그 땅의 장로들과 함
께 성문에 앉으며 사람들의 인정을
받으며
24 그는 베로 옷을 지어 팔며 띠를 만
들어 상인들에게 맡기며
25 능력과 존귀로 옷을 삼고 후일을
웃으며
26 입을 열어 지혜를 베풀며 그의 혀로
인애의 법을 말하며
27 자기의 집안 일을 보살피고 게을리
얻은 양식을 먹지 아니하나니
28 그의 자식들은 일어나 감사하며 그
의 남편은 칭찬하기를
29 덕행 있는 여자가 많으나 그대는
모든 여자보다 뛰어나다 하느니라
30 고운 것도 거짓되고 아름다운 것도

기록일 : . . .

헛되나 오직 야훼를 경외하는 여자
는 칭찬을 받을 것이라
31 그 손의 열매가 그에게로 돌아갈
것이요 그 행한 일로 말미암아 성
문에서 칭찬을 받으리라

기록일 : . . .

ECCLESIASTES

전도서

저 자 솔로몬

주 제 하나님을 떠난 삶은 무의미하다.

기록목적 하나님 없는 인생은 헛되고 무익하다는 것과 하나님만이 인생에게 참된 가치와 영원한 생명을 주시는 분이라는 것을 명백히 밝힘으로써, 사람들로 하여금 하나님을 경외케 하기 위해서 기록되었다.

기록배경 솔로몬의 '아가'는 청년기에, '잠언'은 중년기에 지어진 데 비해, 본서는 노년기통치 말기, 주전 935년경에 쓰였다. 본서에서 솔로몬은 인생을 되돌아보면서 정욕과 우상 숭배로 허비한 삶에 대한 성찰을 하고 있다. 따라서 다소 비관적이고 어두운 색채가 책 전체에 드리워져 있다. 그러나 그 가운데 하나님을 위해 사는 삶이야말로 참만족의 삶임을 고백하는 지혜자의 원숙한 지혜가 담겨 있다.

특 징
- 구약 성경 분류법에 따르면, 본서는 시가서 중 지혜 문학에 속한다.
- 서술 방식은 '나'라는 일인칭 대명사를 사용한 독백 형식이다. 또한 인생 전반을 되돌아보는 '회고적 관점'을 취했다.
- '인생'이란 주제를 철학적으로 다루고 있다.
- 우회적 방법을 통해 독자들을 설득하고 있다. 즉, 인생의 염세적이고 비관적인 면을 강조하는 가운데, 결국 하나님을 떠난 인생은 불확실하며 무의미하다는 것을 보여 준다. 이로써 사람들로 하여금 하나님 중심의 삶으로 돌아오도록 하고 있다.

나의 기도

전도서

1 다윗의 아들 예루살렘 왕 전도자
의 말씀이라
2 전도자가 이르되 헛되고 헛되며 헛
되고 헛되니 모든 것이 헛되도다
3 해 아래에서 수고하는 모든 수고가
사람에게 무엇이 유익한가
4 한 세대는 가고 한 세대는 오되 땅
은 영원히 있도다
5 해는 뜨고 해는 지되 그 떴던 곳으
로 빨리 돌아가고
6 바람은 남으로 불다가 북으로 돌아
가며 이리 돌며 저리 돌아 바람은
그 불던 곳으로 돌아가고
7 모든 강물은 다 바다로 흐르되 바
다를 채우지 못하며 강물은 어느
곳으로 흐르든지 그리로 연하여 흐
르느니라
8 모든 만물이 피곤하다는 것을 사람
이 말로 다 말할 수는 없나니 눈은
보아도 족함이 없고 귀는 들어도
가득 차지 아니하도다
9 이미 있던 것이 후에 다시 있겠고
이미 한 일을 후에 다시 할지라 해
아래에는 새 것이 없나니
10 무엇을 가리켜 이르기를 보라 이것
이 새 것이라 할 것이 있으랴 우리
가 있기 오래 전 세대들에도 이미
있었느니라
11 이전 세대들이 기억됨이 없으니 장
래 세대도 그 후 세대들과 함께 기
억됨이 없으리라
12 나 전도자는 예루살렘에서 이스라
엘 왕이 되어
13 마음을 다하며 지혜를 써서 하늘
아래에서 행하는 모든 일을 연구하
며 살핀즉 이는 괴로운 것이니 하나
님이 인생들에게 주사 수고하게 하
신 것이라
14 내가 해 아래에서 행하는 모든 일
을 보았노라 보라 모두 다 헛되어
바람을 잡으려는 것이로다
15 구부러진 것도 곧게 할 수 없고 모
자란 것도 셀 수 없도다
16 내가 내 마음 속으로 말하여 이르
기를 보라 내가 크게 되고 지혜를
더 많이 얻었으므로 나보다 먼저
예루살렘에 있던 모든 사람들보다
낫다 하였나니 내 마음이 지혜와
지식을 많이 만나 보았음이로다
17 내가 다시 지혜를 알고자 하며 미
친 것들과 미련한 것들을 알고
자 하여 마음을 썼으나 이것도 바
람을 잡으려는 것인 줄을 깨달았
도다
18 지혜가 많으면 번뇌도 많으니 지식
을 더하는 자는 근심을 더하느니라

기록일 : . . .

2 나는 내 마음에 이르기를 자, 내
가 시험삼아 너를 즐겁게 하리니 너
는 낙을 누리라 하였으나 보라 이
것도 헛되도다
2 내가 웃음에 관하여 말하여 이르기
를 그것은 미친 것이라 하였고 희락
에 대하여 이르기를 이것이 무슨 소
용이 있는가 하였노라
3 내가 내 마음으로 깊이 생각하기
를 내가 어떻게 하여야 내 마음을
지혜로 다스리면서 술로 내 육신을
즐겁게 할까 또 내가 어떻게 하여
야 천하의 인생들이 그들의 인생을
살아가는 동안 어떤 것이 선한 일
인지를 알아볼 때까지 내 어리석음
을 꼭 붙잡아 둘까 하여
4 나의 사업을 크게 하였노라 내가
나를 위하여 집들을 짓고 포도원을
일구며
5 여러 동산과 과원을 만들고 그 가
운데에 각종 과목을 심었으며
6 나를 위하여 수목을 기르는 삼림에
물을 주기 위하여 못들을 팠으며
7 남녀 노비들을 사기도 하였고 나를
위하여 집에서 종들을 낳기도 하였
으며 나보다 먼저 예루살렘에 있던
모든 자들보다도 내가 소와 양 떼
의 소유를 더 많이 가졌으며
8 은 금과 왕들이 소유한 보배와 여
러 지방의 보배를 나를 위하여 쌓
고 또 노래하는 남녀들과 인생들이
기뻐하는 처첩들을 많이 두었노라
9 내가 이같이 창성하여 나보다 먼
저 예루살렘에 있던 모든 자들보
다 더 창성하니 내 지혜도 내게 여
전하도다
10 무엇이든지 내 눈이 원하는 것을
내가 금하지 아니하며 무엇이든지
내 마음이 즐거워하는 것을 내가
막지 아니하였으니 이는 나의 모든
수고를 내 마음이 기뻐하였음이라
이것이 나의 모든 수고로 말미암아
얻은 몫이로다
11 그 후에 내가 생각해 본즉 내 손으
로 한 모든 일과 내가 수고한 모든
것이 다 헛되어 바람을 잡는 것이며
해 아래에서 무익한 것이로다
12 내가 돌이켜 지혜와 망령됨과 어리
석음을 보았나니 왕 뒤에 오는 자
는 무슨 일을 행할까 이미 행한 지
오래 전의 일일 뿐이리라
13 내가 보니 지혜가 우매보다 뛰어남
이 빛이 어둠보다 뛰어남 같도다
14 지혜자는 그의 눈이 그의 머리 속에
있고 우매자는 어둠 속에 다니지만
그들 모두가 당하는 일이 모두 같으
리라는 것을 나도 깨달아 알았도다
15 내가 내 마음속으로 이르기를 우매
자가 당한 것을 나도 당하리니 내
게 지혜가 있었다 한들 내게 무슨

기록일 : . . .

유익이 있으리요 하였도다 이에 내
가 내 마음속으로 이르기를 이것도
헛되도다 하였도다
16 지혜자도 우매자와 함께 영원하도
록 기억함을 얻지 못하나니 후일에
는 모두 다 잊어버린 지 오랠 것임
이라 오호라 지혜자의 죽음이 우매
자의 죽음과 일반이로다
17 이러므로 내가 사는 것을 미워하였
노니 이는 해 아래에서 하는 일이
내게 괴로움이요 모두 다 헛되어 바
람을 잡으려는 것이기 때문이로다
18 내가 해 아래에서 내가 한 모든 수
고를 미워하였노니 이는 내 뒤를
이을 이에게 남겨 주게 됨이라
19 그 사람이 지혜자일지, 우매자일지
야 누가 알랴마는 내가 해 아래에
서 내 지혜를 다하여 수고한 모든
결과를 그가 다 관리하리니 이것도
헛되도다
20 이러므로 내가 해 아래에서 한 모
든 수고에 대하여 내가 내 마음에
실망하였도다
21 어떤 사람은 그 지혜와 지식과 재
주를 다하여 수고하였어도 그가 얻
은 것을 수고하지 아니한 자에게
그의 몫으로 넘겨 주리니 이것도 헛
된 것이며 큰 악이로다
22 사람이 해 아래에서 행하는 모든
수고와 마음에 애쓰는 것이 무슨
소득이 있으랴
23 일평생에 근심하며 수고하는 것이
슬픔뿐이라 그의 마음이 밤에도 쉬
지 못하나니 이것도 헛되도다
24 사람이 먹고 마시며 수고하는 것보
다 그의 마음을 더 기쁘게 하는 것
은 없나니 내가 이것도 본즉 하나
님의 손에서 나오는 것이로다
25 아, 먹고 즐기는 일을 누가 나보다
더 해 보았으랴
26 하나님은 그가 기뻐하시는 자에게
는 지혜와 지식과 희락을 주시나
죄인에게는 노고를 주시고 그가 모
아 쌓게 하사 하나님을 기뻐하는
자에게 그가 주게 하시지만 이것도
헛되어 바람을 잡는 것이로다

3 범사에 기한이 있고 천하 만사가
다 때가 있나니
2 날 때가 있고 죽을 때가 있으며 심
을 때가 있고 심은 것을 뽑을 때가
있으며
3 죽일 때가 있고 치료할 때가 있으
며 헐 때가 있고 세울 때가 있으며
4 울 때가 있고 웃을 때가 있으며 슬
퍼할 때가 있고 춤출 때가 있으며
5 돌을 던져 버릴 때가 있고 돌을 거
둘 때가 있으며 안을 때가 있고 안
는 일을 멀리 할 때가 있으며
6 찾을 때가 있고 잃을 때가 있으며
지킬 때가 있고 버릴 때가 있으며

기록일 : . . .

7 찢을 때가 있고 꿰맬 때가 있으며
잠잠할 때가 있고 말할 때가 있으며
8 사랑할 때가 있고 미워할 때가 있
으며 전쟁할 때가 있고 평화할 때
가 있느니라
9 일하는 자가 그의 수고로 말미암아
무슨 이익이 있으랴
10 하나님이 인생들에게 노고를 주사
애쓰게 하신 것을 내가 보았노라
11 하나님이 모든 것을 지으시되 때를
따라 아름답게 하셨고 또 사람들에
게는 영원을 사모하는 마음을 주셨
느니라 그러나 하나님이 하시는 일
의 시종을 사람으로 측량할 수 없
게 하셨도다
12 사람들이 사는 동안에 기뻐하며 선
을 행하는 것보다 더 나은 것이 없
는 줄을 내가 알았고
13 사람마다 먹고 마시는 것과 수고함
으로 낙을 누리는 그것이 하나님의
선물인 줄도 또한 알았도다
14 하나님께서 행하시는 모든 것은 영
원히 있을 것이라 그 위에 더 할 수
도 없고 그것에서 덜 할 수도 없나
니 하나님이 이같이 행하심은 사람
들이 그의 앞에서 경외하게 하려
하심인 줄을 내가 알았도다
15 이제 있는 것이 옛적에 있었고 장래
에 있을 것도 옛적에 있었나니 하나
님은 이미 지난 것을 다시 찾으시느
니라
16 또 내가 해 아래에서 보건대 재판
하는 곳 거기에도 악이 있고 정의를
행하는 곳 거기에도 악이 있도다
17 내가 내 마음속으로 이르기를 의인
과 악인을 하나님이 심판하시리니
이는 모든 소망하는 일과 모든 행
사에 때가 있음이라 하였으며
18 내가 내 마음속으로 이르기를 인생
들의 일에 대하여 하나님이 그들을
시험하시리니 그들이 자기가 짐승
과 다름이 없는 줄을 깨닫게 하려
하심이라 하였노라
19 인생이 당하는 일을 짐승도 당하나
니 그들이 당하는 일이 일반이라 다
동일한 호흡이 있어서 짐승이 죽음
같이 사람도 죽으니 사람이 짐승보
다 뛰어남이 없음은 모든 것이 헛
됨이로다
20 다 흙으로 말미암았으므로 다 흙으
로 돌아가나니 다 한 곳으로 가거
니와
21 인생들의 혼은 위로 올라가고 짐승
의 혼은 아래 곧 땅으로 내려가는
줄을 누가 알랴
22 그러므로 나는 사람이 자기 일에 즐
거워하는 것보다 더 나은 것이 없음
을 보았나니 이는 그것이 그의 몫이
기 때문이라 아, 그의 뒤에 일어날
일이 무엇인지를 보게 하려고 그를

기록일 : . . .

도로 데리고 올 자가 누구이랴

4

내가 다시 해 아래에서 행하는 모
든 학대를 살펴 보았도다 보라 학
대 받는 자들의 눈물이로다 그들에
게 위로자가 없도다 그들을 학대
하는 자들의 손에는 권세가 있으나
그들에게는 위로자가 없도다
2 그러므로 나는 아직 살아 있는 산
자들보다 죽은 지 오랜 죽은 자들
을 더 복되다 하였으며
3 이 둘보다도 아직 출생하지 아니하
여 해 아래에서 행하는 악한 일을
보지 못한 자가 더 복되다 하였노라
4 내가 또 본즉 사람이 모든 수고와
모든 재주로 말미암아 이웃에게 시
기를 받으니 이것도 헛되어 바람을
잡는 것이로다
5 우매자는 팔짱을 끼고 있으면서 자
기의 몸만 축내는도다
6 두 손에 가득하고 수고하며 바람을
잡는 것보다 한 손에만 가득하고
평온함이 더 나으니라
7 내가 또 다시 해 아래에서 헛된 것
을 보았도다
8 어떤 사람은 아들도 없고 형제도
없이 홀로 있으나 그의 모든 수고
에는 끝이 없도다 또 비록 그의 눈
은 부요를 족하게 여기지 아니하면
서 이르기를 내가 누구를 위하여는
이같이 수고하고 나를 위하여는 행
복을 누리지 못하게 하는가 하여도
이것도 헛되어 불행한 노고로다
9 두 사람이 한 사람보다 나음은 그
들이 수고함으로 좋은 상을 얻을
것임이라
10 혹시 그들이 넘어지면 하나가 그 동
무를 붙들어 일으키려니와 홀로 있
어 넘어지고 붙들어 일으킬 자가 없
는 자에게는 화가 있으리라
11 또 두 사람이 함께 누우면 따뜻하
거니와 한 사람이면 어찌 따뜻하랴
12 한 사람이면 패하겠거니와 두 사람
이면 맞설 수 있나니 세 겹 줄은 쉽
게 끊어지지 아니하느니라
13 가난하여도 지혜로운 젊은이가 늙
고 둔하여 경고를 더 받을 줄 모르
는 왕보다 나으니
14 그는 자기의 나라에서 가난하게 태
어났을지라도 감옥에서 나와 왕이
되었음이니라
15 내가 본즉 해 아래에서 다니는 인
생들이 왕의 다음 자리에 있다가
왕을 대신하여 일어난 젊은이와 함
께 있고
16 그의 치리를 받는 모든 백성들이
무수하였을지라도 후에 오는 자들
은 그를 기뻐하지 아니하리니 이것
도 헛되어 바람을 잡는 것이로다

5

너는 하나님의 집에 들어갈 때
에 네 발을 삼갈지어다 가까이 하

기록일 : . . .

여 말씀을 듣는 것이 우매한 자들
이 제물 드리는 것보다 나으니 그
들은 악을 행하면서도 깨닫지 못
함이니라
2 너는 하나님 앞에서 함부로 입을
열지 말며 급한 마음으로 말을 내
지 말라 하나님은 하늘에 계시고
너는 땅에 있음이니라 그런즉 마땅
히 말을 적게 할 것이라
3 걱정이 많으면 꿈이 생기고 말이 많
으면 우매한 자의 소리가 나타나느
니라
4 네가 하나님께 서원하였거든 갚기
를 더디게 하지 말라 하나님은 우
매한 자들을 기뻐하지 아니하시나
니 서원한 것을 갚으라
5 서원하고 갚지 아니하는 것보다 서
원하지 아니하는 것이 더 나으니
6 네 입으로 네 육체가 범죄하게 하
지 말라 사자 앞에서 내가 서원한
것이 실수라고 말하지 말라 어찌
하나님께서 네 목소리로 말미암아
진노하사 네 손으로 한 것을 멸하
시게 하랴
7 꿈이 많으면 헛된 일들이 많아지고
말이 많아도 그러하니 오직 너는
하나님을 경외할지니라
8 너는 어느 지방에서든지 빈민을 학
대하는 것과 정의와 공의를 짓밟는
것을 볼지라도 그것을 이상히 여기
지 말라 높은 자는 더 높은 자가 감
찰하고 또 그들보다 더 높은 자들
도 있음이니라
9 땅의 소산물은 모든 사람을 위하여
있나니 왕도 밭의 소산을 받느니라
10 은을 사랑하는 자는 은으로 만족
하지 못하고 풍요를 사랑하는 자는
소득으로 만족하지 아니하나니 이
것도 헛되도다
11 재산이 많아지면 먹는 자들도 많아
지나니 그 소유주들은 눈으로 보는
것 외에 무엇이 유익하랴
12 노동자는 먹는 것이 많든지 적든지
잠을 달게 자거니와 부자는 그 부
요함 때문에 자지 못하느니라
13 내가 해 아래에서 큰 폐단 되는 일
이 있는 것을 보았나니 곧 소유주
가 재물을 자기에게 해가 되도록
소유하는 것이라
14 그 재물이 재난을 당할 때 없어지
나니 비록 아들은 낳았으나 그 손
에 아무것도 없느니라
15 그가 모태에서 벌거벗고 나왔은즉
그가 나온 대로 돌아가고 수고하여
얻은 것을 아무것도 자기 손에 가
지고 가지 못하리니
16 이것도 큰 불행이라 어떻게 왔든지
그대로 가리니 바람을 잡는 수고가
그에게 무엇이 유익하랴
17 일평생을 어두운 데에서 먹으며 많

기록일 : . . .

은 근심과 질병과 분노가 그에게
있느니라
18 사람이 하나님께서 그에게 주신 바
그 일평생에 먹고 마시며 해 아래
에서 하는 모든 수고 중에서 낙을
보는 것이 선하고 아름다움을 내가
보았나니 그것이 그의 몫이로다
19 또한 어떤 사람에게든지 하나님이
재물과 부요를 그에게 주사 능히
누리게 하시며 제 몫을 받아 수고
함으로 즐거워하게 하신 것은 하나
님의 선물이라
20 그는 자기의 생명의 날을 깊이 생
각하지 아니하리니 이는 하나님이
그의 마음에 기뻐하는 것으로 응답
하심이니라

6

내가 해 아래에서 한 가지 불행한
일이 있는 것을 보았나니 이는 사람
의 마음을 무겁게 하는 것이라
2 어떤 사람은 그의 영혼이 바라는
모든 소원에 부족함이 없어 재물과
부요와 존귀를 하나님께 받았으나
하나님께서 그가 그것을 누리도록
허락하지 아니하셨으므로 다른 사
람이 누리나니 이것도 헛되어 악한
병이로다
3 사람이 비록 백 명의 자녀를 낳고
또 장수하여 사는 날이 많을지라도
그의 영혼은 그러한 행복으로 만족
하지 못하고 또 그가 안장되지 못
하면 나는 이르기를 낙태된 자가
그보다는 낫다 하나니
4 낙태된 자는 헛되이 왔다가 어두운
중에 가매 그의 이름이 어둠에 덮
이니
5 햇빛도 보지 못하고 또 그것을 알
지도 못하나 이가 그보다 더 평안
함이라
6 그가 비록 천 년의 갑절을 산다 할
지라도 행복을 보지 못하면 마침내
다 한 곳으로 돌아가는 것뿐이 아
니냐
7 사람의 수고는 다 자기의 입을 위함
이나 그 식욕은 채울 수 없느니라
8 지혜자가 우매자보다 나은 것이 무
엇이냐 살아 있는 자들 앞에서 행
할 줄을 아는 가난한 자에게는 무
슨 유익이 있는가
9 눈으로 보는 것이 마음으로 공상
하는 것보다 나으나 이것도 헛되어
바람을 잡는 것이로다
10 이미 있는 것은 무엇이든지 오래 전
부터 그의 이름이 이미 불린 바 되
었으며 사람이 무엇인지도 이미 안
바 되었나니 자기보다 강한 자와는
능히 다툴 수 없느니라
11 헛된 것을 더하게 하는 많은 일들
이 있나니 그것들이 사람에게 무슨
유익이 있으랴
12 헛된 생명의 모든 날을 그림자 같

기록일 : . . .

이 보내는 일평생에 사람에게 무엇
이 낙인지를 누가 알며 그 후에 해
아래에서 무슨 일이 있을 것을 누
가 능히 그에게 고하리요

7

좋은 이름이 좋은 기름보다 낫고
죽는 날이 출생하는 날보다 나으며
2 초상집에 가는 것이 잔칫집에 가는
것보다 나으니 모든 사람의 끝이
이와 같이 됨이라 산 자는 이것을
그의 마음에 둘지어다
3 슬픔이 웃음보다 나음은 얼굴에 근
심하는 것이 마음에 유익하기 때문
이니라
4 지혜자의 마음은 초상집에 있으되
우매한 자의 마음은 혼인집에 있느
니라
5 지혜로운 사람의 책망을 듣는 것이
우매한 자들의 노래를 듣는 것보다
나으니라
6 우매한 자들의 웃음 소리는 솥 밑
에서 가시나무가 타는 소리 같으니
이것도 헛되니라
7 탐욕이 지혜자를 우매하게 하고
뇌물이 사람의 명철을 망하게 하
느니라
8 일의 끝이 시작보다 낫고 참는 마
음이 교만한 마음보다 나으니
9 급한 마음으로 노를 발하지 말라
노는 우매한 자들의 품에 머무름이
니라
10 옛날이 오늘보다 나은 것이 어찜이
냐 하지 말라 이렇게 묻는 것은 지
혜가 아니니라
11 지혜는 유산 같이 아름답고 햇빛을
보는 자에게 유익이 되도다
12 지혜의 그늘 아래에 있음은 돈의
그늘 아래에 있음과 같으나, 지혜
에 관한 지식이 더 유익함은 지혜가
그 지혜 있는 자를 살리기 때문이
니라
13 하나님께서 행하시는 일을 보라 하
나님께서 굽게 하신 것을 누가 능
히 곧게 하겠느냐
14 형통한 날에는 기뻐하고 곤고한 날
에는 되돌아 보아라 이 두 가지를
하나님이 병행하게 하사 사람이 그
의 장래 일을 능히 헤아려 알지 못
하게 하셨느니라
15 내 허무한 날을 사는 동안 내가 그
모든 일을 살펴 보았더니 자기의
의로움에도 불구하고 멸망하는 의
인이 있고 자기의 악행에도 불구하
고 장수하는 악인이 있으니
16 지나치게 의인이 되지도 말며 지나
치게 지혜자도 되지 말라 어찌하여
스스로 패망하게 하겠느냐
17 지나치게 악인이 되지도 말며 지나
치게 우매한 자도 되지 말라 어찌
하여 기한 전에 죽으려고 하느냐
18 너는 이것도 잡으며 저것에서도 네

기록일 : . . .

손을 놓지 아니하는 것이 좋으니
하나님을 경외하는 자는 이 모든
일에서 벗어날 것임이니라
19 지혜가 지혜자를 성읍 가운데에 있
는 열 명의 권력자들보다 더 능력이
있게 하느니라
20 선을 행하고 전혀 죄를 범하지 아
니하는 의인은 세상에 없기 때문이
로다
21 또한 사람들이 하는 모든 말에 네
마음을 두지 말라 그리하면 네 종
이 너를 저주하는 것을 듣지 아니하
리라
22 너도 가끔 사람을 저주하였다는 것
을 네 마음도 알고 있느니라
23 내가 이 모든 것을 지혜로 시험하
며 스스로 이르기를 내가 지혜자가
되리라 하였으나 지혜가 나를 멀리
하였도다
24 이미 있는 것은 멀고 또 깊고 깊도
다 누가 능히 통달하랴
25 내가 돌이켜 전심으로 지혜와 명철
을 살피고 연구하여 악한 것이 얼마
나 어리석은 것이요 어리석은 것이
얼마나 미친 것인 줄을 알고자 하였
더니
26 마음은 올무와 그물 같고 손은 포
승 같은 여인은 사망보다 더 쓰다
는 사실을 내가 알아내었도다 그러
므로 하나님을 기쁘게 하는 자는
그 여인을 피하려니와 죄인은 그 여
인에게 붙잡히리로다
27 전도자가 이르되 보라 내가 낱낱이
살펴 그 이치를 연구하여 이것을 깨
달았노라
28 내 마음이 계속 찾아 보았으나 아
직도 찾지 못한 것이 이것이라 천
사람 가운데서 한 사람을 내가 찾
았으나 이 모든 사람들 중에서 여
자는 한 사람도 찾지 못하였느니라
29 내가 깨달은 것은 오직 이것이라
곧 하나님은 사람을 정직하게 지으
셨으나 사람이 많은 꾀들을 낸 것
이니라

8

누가 지혜자와 같으며 누가 사물
의 이치를 아는 자이냐 사람의 지
혜는 그의 얼굴에 광채가 나게 하
나니 그의 얼굴의 사나운 것이 변
하느니라
2 내가 권하노라 왕의 명령을 지키라
이미 하나님을 가리켜 맹세하였음
이니라
3 왕 앞에서 물러가기를 급하게 하지
말며 악한 것을 일삼지 말라 왕은
자기가 하고자 하는 것을 다 행함
이니라
4 왕의 말은 권능이 있나니 누가 그
에게 이르기를 왕께서 무엇을 하시
나이까 할 수 있으랴
5 명령을 지키는 자는 불행을 알지

기록일 : . . .

못하리라 지혜자의 마음은 때와 판
단을 분변하나니
6 무슨 일에든지 때와 판단이 있으
므로 사람에게 임하는 화가 심함
이니라
7 사람이 장래 일을 알지 못하나니
장래 일을 가르칠 자가 누구이랴
8 바람을 주장하여 바람을 움직이게
할 사람도 없고 죽는 날을 주장할
사람도 없으며 전쟁할 때를 모면할
사람도 없으니 악이 그의 주민들을
건져낼 수는 없느니라
9 내가 이 모든 것들을 보고 해 아래
에서 행하는 모든 일을 마음에 두
고 살핀즉 사람이 사람을 주장하여
해롭게 하는 때가 있도다
10 그런 후에 내가 본즉 악인들은 장사
지낸 바 되어 거룩한 곳을 떠나 그
들이 그렇게 행한 성읍 안에서 잊어
버린 바 되었으니 이것도 헛되도다
11 악한 일에 관한 징벌이 속히 실행되
지 아니하므로 인생들이 악을 행하
는 데에 마음이 담대하도다
12 죄인은 백 번이나 악을 행하고도
장수하거니와 또한 내가 아노니 하
나님을 경외하여 그를 경외하는 자
들은 잘 될 것이요
13 악인은 잘 되지 못하며 장수하지
못하고 그 날이 그림자와 같으리니
이는 하나님을 경외하지 아니함이
니라
14 세상에서 행해지는 헛된 일이 있나
니 곧 악인들의 행위에 따라 벌을
받는 의인들도 있고 의인들의 행위
에 따라 상을 받는 악인들도 있다
는 것이라 내가 이르노니 이것도 헛
되도다
15 이에 내가 희락을 찬양하노니 이는
사람이 먹고 마시고 즐거워하는 것
보다 더 나은 것이 해 아래에는 없
음이라 하나님이 사람을 해 아래에
서 살게 하신 날 동안 수고하는 일
중에 그러한 일이 그와 함께 있을
것이니라
16 내가 마음을 다하여 지혜를 알고자
하며 세상에서 행해지는 일을 보았
는데 밤낮으로 자지 못하는 자도
있도다
17 또 내가 하나님의 모든 행사를 살
펴 보니 해 아래에서 행해지는 일
을 사람이 능히 알아낼 수 없도다
사람이 아무리 애써 알아보려고 할
지라도 능히 알지 못하나니 비록 지
혜자가 아노라 할지라도 능히 알아
내지 못하리로다

9

이 모든 것을 내가 마음에 두고
이 모든 것을 살펴 본즉 의인들이
나 지혜자들이나 그들의 행위나 모
두 다 하나님의 손 안에 있으니 사
랑을 받을는지 미움을 받을는지 사

기록일 : . . .

람이 알지 못하는 것은 모두 그들
의 미래의 일들임이니라
2 모든 사람에게 임하는 그 모든 것
이 일반이라 의인과 악인, 선한 자
와 깨끗한 자와 깨끗하지 아니한
자, 제사를 드리는 자와 제사를 드
리지 아니하는 자에게 일어나는 일
들이 모두 일반이니 선인과 죄인,
맹세하는 자와 맹세하기를 무서워
하는 자가 일반이로다
3 모든 사람의 결국은 일반이라 이것
은 해 아래에서 행해지는 모든 일
중의 악한 것이니 곧 인생의 마음
에는 악이 가득하여 그들의 평생에
미친 마음을 품고 있다가 후에는
죽은 자들에게로 돌아가는 것이라
4 모든 산 자들 중에 들어 있는 자에
게는 누구나 소망이 있음은 산 개
가 죽은 사자보다 낫기 때문이니라
5 산 자들은 죽을 줄을 알되 죽은 자
들은 아무것도 모르며 그들이 다시
는 상을 받지 못하는 것은 그들의
이름이 잊어버린 바 됨이니라
6 그들의 사랑과 미움과 시기도 없어
진 지 오래이니 해 아래에서 행하
는 모든 일 중에서 그들에게 돌아
갈 몫은 영원히 없느니라
7 너는 가서 기쁨으로 네 음식물을
먹고 즐거운 마음으로 네 포도주를
마실지어다 이는 하나님이 네가 하
는 일들을 벌써 기쁘게 받으셨음이
니라
8 네 의복을 항상 희게 하며 네 머리
에 향 기름을 그치지 아니하도록
할지니라
9 네 헛된 평생의 모든 날 곧 하나님
이 해 아래에서 네게 주신 모든 헛
된 날에 네가 사랑하는 아내와 함
께 즐겁게 살지어다 그것이 네가
평생에 해 아래에서 수고하고 얻은
네 몫이니라
10 네 손이 일을 얻는 대로 힘을 다하
여 할지어다 네가 장차 들어갈 스
올에는 일도 없고 계획도 없고 지
식도 없고 지혜도 없음이니라
11 내가 다시 해 아래에서 보니 빠른
경주자들이라고 선착하는 것이 아
니며 용사들이라고 전쟁에 승리하
는 것이 아니며 지혜자들이라고 음
식물을 얻는 것도 아니며 명철자들
이라고 재물을 얻는 것도 아니며 지
식인들이라고 은총을 입는 것이 아
니니 이는 시기와 기회는 그들 모두
에게 임함이니라
12 분명히 사람은 자기의 시기도 알지
못하나니 물고기들이 재난의 그물
에 걸리고 새들이 올무에 걸림 같이
인생들도 재앙의 날이 그들에게 홀
연히 임하면 거기에 걸리느니라
13 내가 또 해 아래에서 지혜를 보고

기록일 : . . .

내가 크게 여긴 것이 이러하니
14 곧 작고 인구가 많지 아니한 어떤
성읍에 큰 왕이 와서 그것을 에워싸
고 큰 흉벽을 쌓고 치고자 할 때에
15 그 성읍 가운데에 가난한 지혜자가
있어서 그의 지혜로 그 성읍을 건진
그것이라 그러나 그 가난한 자를
기억하는 사람이 없었도다
16 그러므로 내가 이르기를 지혜가 힘
보다 나으나 가난한 자의 지혜가
멸시를 받고 그의 말들을 사람들이
듣지 아니한다 하였노라
17 조용히 들리는 지혜자들의 말들이
우매한 자들을 다스리는 자의 호령
보다 나으니라
18 지혜가 무기보다 나으니라 그러나
죄인 한 사람이 많은 선을 무너지
게 하느니라

10 죽은 파리들이 향기름을 악취가
나게 만드는 것 같이 적은 우매가
지혜와 존귀를 난처하게 만드느니라
2 지혜자의 마음은 오른쪽에 있고 우
매자의 마음은 왼쪽에 있느니라
3 우매한 자는 길을 갈 때에도 지혜
가 부족하여 각 사람에게 자기가
우매함을 말하느니라
4 주권자가 네게 분을 일으키거든 너
는 네 자리를 떠나지 말라 공손함
이 큰 허물을 용서 받게 하느니라
5 내가 해 아래에서 한 가지 재난을
보았노니 곧 주권자에게서 나오는
허물이라
6 우매한 자가 크게 높은 지위들을 얻
고 부자들이 낮은 지위에 앉는도다
7 또 내가 보았노니 종들은 말을 타
고 고관들은 종들처럼 땅에 걸어
다니는도다
8 함정을 파는 자는 거기에 빠질 것
이요 담을 허는 자는 뱀에게 물리
리라
9 돌들을 떠내는 자는 그로 말미암아
상할 것이요 나무들을 쪼개는 자는
그로 말미암아 위험을 당하리라
10 철 연장이 무디어졌는데도 날을 갈
지 아니하면 힘이 더 드느니라 오직
지혜는 성공하기에 유익하니라
11 주술을 베풀기 전에 뱀에게 물렸으
면 술객은 소용이 없느니라
12 지혜자의 입의 말들은 은혜로우나
우매자의 입술들은 자기를 삼키나니
13 그의 입의 말들의 시작은 우매요
그의 입의 결말들은 심히 미친 것이
니라
14 우매한 자는 말을 많이 하거니와
사람은 장래 일을 알지 못하나니
나중에 일어날 일을 누가 그에게
알리리요
15 우매한 자들의 수고는 자신을 피곤
하게 할 뿐이라 그들은 성읍에 들
어갈 줄도 알지 못함이니라

기록일 : . . .

16 왕은 어리고 대신들은 아침부터 잔
치하는 나라여 네게 화가 있도다
17 왕은 귀족들의 아들이요 대신들은
취하지 아니하고 기력을 보하려고
정한 때에 먹는 나라여 네게 복이
있도다
18 게으른즉 서까래가 내려앉고 손을
놓은즉 집이 새느니라
19 잔치는 희락을 위하여 베푸는 것이
요 포도주는 생명을 기쁘게 하는
것이나 돈은 범사에 이용되느니라
20 심중에라도 왕을 저주하지 말며 침
실에서라도 부자를 저주하지 말라
공중의 새가 그 소리를 전하고 날
짐승이 그 일을 전파할 것임이니라
11 너는 네 떡을 물 위에 던져라 여
러 날 후에 도로 찾으리라
2 일곱에게나 여덟에게 나눠 줄지어
다 무슨 재앙이 땅에 임할는지 네
가 알지 못함이니라
3 구름에 비가 가득하면 땅에 쏟아지
며 나무가 남으로나 북으로나 쓰러
지면 그 쓰러진 곳에 그냥 있으리라
4 풍세를 살펴보는 자는 파종하지 못
할 것이요 구름만 바라보는 자는
거두지 못하리라
5 바람의 길이 어떠함과 아이 밴 자
의 태에서 뼈가 어떻게 자라는지
를 네가 알지 못함 같이 만사를 성
취하시는 하나님의 일을 네가 알지
못하느니라
6 너는 아침에 씨를 뿌리고 저녁에도
손을 놓지 말라 이것이 잘 될는지,
저것이 잘 될는지, 혹 둘이 다 잘
될는지 알지 못함이니라
7 빛은 실로 아름다운 것이라 눈으로
해를 보는 것이 즐거운 일이로다
8 사람이 여러 해를 살면 항상 즐거
워할지로다 그러나 캄캄한 날들이
많으리니 그 날들을 생각할지로다
다가올 일은 다 헛되도다
9 청년이여 네 어린 때를 즐거워하며
네 청년의 날들을 마음에 기뻐하
여 마음에 원하는 길들과 네 눈이
보는 대로 행하라 그러나 하나님이
이 모든 일로 말미암아 너를 심판
하실 줄 알라
10 그런즉 근심이 네 마음에서 떠나게
하며 악이 네 몸에서 물러가게 하
라 어릴 때와 검은 머리의 시절이
다 헛되니라
12 너는 청년의 때에 너의 창조주를
기억하라 곧 곤고한 날이 이르기 전
에, 나는 아무 낙이 없다고 할 해들
이 가깝기 전에
2 해와 빛과 달과 별들이 어둡기 전
에, 비 뒤에 구름이 다시 일어나기
전에 그리하라
3 그런 날에는 집을 지키는 자들이
떨 것이며 힘 있는 자들이 구부러질

기록일 : . . .

것이며 맷돌질 하는 자들이 적으므
로 그칠 것이며 창들로 내다 보는
자가 어두워질 것이며
4 길거리 문들이 닫혀질 것이며 맷돌
소리가 적어질 것이며 새의 소리로
말미암아 일어날 것이며 음악하는
여자들은 다 쇠하여질 것이며
5 또한 그런 자들은 높은 곳을 두려
워할 것이며 길에서는 놀랄 것이며
살구나무가 꽃이 필 것이며 메뚜기
도 짐이 될 것이며 정욕이 그치리니
이는 사람이 자기의 영원한 집으로
돌아가고 조문객들이 거리로 왕래
하게 됨이니라
6 은 줄이 풀리고 금 그릇이 깨지고
항아리가 샘 곁에서 깨지고 바퀴가
우물 위에서 깨지고
7 흙은 여전히 땅으로 돌아가고 영은
그것을 주신 하나님께로 돌아가기
전에 기억하라
8 전도자가 이르되 헛되고 헛되도다
모든 것이 헛되도다
9 전도자는 지혜자이어서 여전히 백
성에게 지식을 가르쳤고 또 깊이 생
각하고 연구하여 잠언을 많이 지었
으며
10 전도자는 힘써 아름다운 말들을 구
하였나니 진리의 말씀들을 정직하
게 기록하였느니라
11 지혜자들의 말씀들은 찌르는 채찍
들 같고 회중의 스승들의 말씀들은
잘 박힌 못 같으니 다 한 목자가 주
신 바이니라
12 내 아들아 또 이것들로부터 경계를
받으라 많은 책들을 짓는 것은 끝
이 없고 많이 공부하는 것은 몸을
피곤하게 하느니라
13 일의 결국을 다 들었으니 하나님을
경외하고 그의 명령들을 지킬지어
다 이것이 모든 사람의 본분이니라
14 하나님은 모든 행위와 모든 은밀한
일을 선악 간에 심판하시리라

기록일 : . . .

SONG OF SONGS

아가

저 자 솔로몬

주 제 그리스도와 교회성도와의 사랑

기록목적 솔로몬과 술람미 여인과의 사랑을 통해 이스라엘 백성을 향한 하나님의 사랑을 보여 주며, 나아가 그리스도와 교회와의 사랑을 보여 주기 위함이다.

기록배경 〈문자적 해석〉
솔로몬과 아름다운 시골 처녀와의 사랑 노래를 수집한 것으로 해석한다. 이 해석은 종교적 교훈을 무시한다.

〈우의적 해석〉
이스라엘의 역사상에 보이신 그 택한 백성에 대한 하나님의 사랑을 솔로몬하나님과 술람미 여인이스라엘을 등장시켜 표현한 것으로 해석한다. 이 해석은 유대인들의 전통적 해석 방법이다.

〈모형적 해석〉
솔로몬과 술람미 여인의 사랑이 역사적 사실임을 인정하고, 이를 장차 있을 신약 시대의 그리스도와 교회의 사랑을 예표하는 것으로 해석한다. 이 해석은 본서에 대한 기독교의 전통적 해석 방법이다.

특 징
- 지금까지 기록된 사랑의 노래 중 가장 아름답고 훌륭한 것으로 평가된다.
- 이스라엘의 5대 절기 때 회당에서 낭독되었던 다섯 권의 성경룻기, 에스더, 아가, 전도서, 예레미야 애가 중 하나로, 유월절에 낭독되었다.
- 성경 중 신랑과 신부의 사랑을 다룬 유일한 책이자, 장차 임하실 그리스도와 교회성도와의 사랑과 연합을 예표한 책이다.
- 죄나 신앙 문제에 관한 언급이 전혀 없다.
- 8:6을 제외하고는 하나님에 관한 직접적인 언급이 없다.

나의 기도

아가

1 솔로몬의 아가라
2 내게 입맞추기를 원하니 네 사랑
이 포도주보다 나음이로구나
3 네 기름이 향기로워 아름답고 네
이름이 쏟은 향기름 같으므로 처녀
들이 너를 사랑하는구나
4 왕이 나를 그의 방으로 이끌어 들
이시니 너는 나를 인도하라 우리가
너를 따라 달려가리라 우리가 너로
말미암아 기뻐하며 즐거워하니 네
사랑이 포도주보다 더 진함이라 처
녀들이 너를 사랑함이 마땅하니라
5 예루살렘 딸들아 내가 비록 검으나
아름다우니 게달의 장막 같을지라
도 솔로몬의 휘장과도 같구나
6 내가 햇볕에 쬐어서 거무스름할지
라도 흘겨보지 말 것은 내 어머니의
아들들이 나에게 노하여 포도원지
기로 삼았음이라 나의 포도원을 내
가 지키지 못하였구나
7 내 마음으로 사랑하는 자야 네가
양 치는 곳과 정오에 쉬게 하는 곳
을 내게 말하라 내가 네 친구의 양
떼 곁에서 어찌 얼굴을 가린 자 같
이 되랴
8 여인 중에 어여쁜 자야 네가 알지
못하겠거든 양 떼의 발자취를 따라
목자들의 장막 곁에서 너의 염소
새끼를 먹일지니라
9 내 사랑아 내가 너를 바로의 병거
의 준마에 비하였구나
10 네 두 뺨은 땋은 머리털로, 네 목은
구슬 꿰미로 아름답구나
11 우리가 너를 위하여 금 사슬에 은
을 박아 만들리라
12 왕이 침상에 앉았을 때에 나의 나
도 기름이 향기를 뿜어냈구나
13 나의 사랑하는 자는 내 품 가운데
몰약 향주머니요
14 나의 사랑하는 자는 내게 엔게디
포도원의 고벨화 송이로구나
15 내 사랑아 너는 어여쁘고 어여쁘다
네 눈이 비둘기 같구나
16 나의 사랑하는 자야 너는 어여쁘고
화창하다 우리의 침상은 푸르고
17 우리 집은 백향목 들보, 잣나무 서
까래로구나

2 나는 사론의 수선화요 골짜기의
백합화로다
2 여자들 중에 내 사랑은 가시나무
가운데 백합화 같도다
3 남자들 중에 나의 사랑하는 자는
수풀 가운데 사과나무 같구나 내가
그 그늘에 앉아서 심히 기뻐하였고
그 열매는 내 입에 달았도다
4 그가 나를 인도하여 잔칫집에 들어

기록일 : . . .

갔으니 그 사랑은 내 위에 깃발이
로구나
5 너희는 건포도로 내 힘을 돕고 사
과로 나를 시원하게 하라 내가 사
랑하므로 병이 생겼음이라
6 그가 왼팔로 내 머리를 고이고 오
른팔로 나를 안는구나
7 예루살렘 딸들아 내가 노루와 들
사슴을 두고 너희에게 부탁한다 내
사랑이 원하기 전에는 흔들지 말고
깨우지 말지니라
8 내 사랑하는 자의 목소리로구나 보
라 그가 산에서 달리고 작은 산을
빨리 넘어오는구나
9 내 사랑하는 자는 노루와도 같고
어린 사슴과도 같아서 우리 벽 뒤
에 서서 창으로 들여다보며 창살
틈으로 엿보는구나
10 나의 사랑하는 자가 내게 말하여
이르기를 나의 사랑, 내 어여쁜 자
야 일어나서 함께 가자
11 겨울도 지나고 비도 그쳤고
12 지면에는 꽃이 피고 새가 노래할
때가 이르렀는데 비둘기의 소리가
우리 땅에 들리는구나
13 무화과나무에는 푸른 열매가 익었
고 포도나무는 꽃을 피워 향기를
토하는구나 나의 사랑, 나의 어여
쁜 자야 일어나서 함께 가자
14 바위 틈 낭떠러지 은밀한 곳에 있
는 나의 비둘기야 내가 네 얼굴을
보게 하라 네 소리를 듣게 하라 네
소리는 부드럽고 네 얼굴은 아름답
구나
15 우리를 위하여 여우 곧 포도원을
허는 작은 여우를 잡으라 우리의
포도원에 꽃이 피었음이라
16 내 사랑하는 자는 내게 속하였고
나는 그에게 속하였도다 그가 백합
화 가운데에서 양 떼를 먹이는구나
17 내 사랑하는 자야 날이 저물고 그
림자가 사라지기 전에 돌아와서 베
데르 산의 노루와 어린 사슴 같을
지라

3 내가 밤에 침상에서 마음으로 사
랑하는 자를 찾았노라 찾아도 찾아
내지 못하였노라
2 이에 내가 일어나서 성 안을 돌아
다니며 마음에 사랑하는 자를 거리
에서나 큰 길에서나 찾으리라 하고
찾으나 만나지 못하였노라
3 성 안을 순찰하는 자들을 만나서
묻기를 내 마음으로 사랑하는 자를
너희가 보았느냐 하고
4 그들을 지나치자마자 마음에 사랑하
는 자를 만나서 그를 붙잡고 내 어
머니 집으로, 나를 잉태한 이의 방으
로 가기까지 놓지 아니하였노라
5 예루살렘 딸들아 내가 노루와 들
사슴을 두고 너희에게 부탁한다 사

기록일 : . . .

랑하는 자가 원하기 전에는 흔들지
말고 깨우지 말지니라
6 몰약과 유향과 상인의 여러 가지 향
품으로 향내 풍기며 연기 기둥처럼
거친 들에서 오는 자가 누구인가
7 볼지어다 솔로몬의 가마라 이스라
엘 용사 중 육십 명이 둘러쌌는데
8 다 칼을 잡고 싸움에 익숙한 사람
들이라 밤의 두려움으로 말미암아
각기 허리에 칼을 찼느니라
9 솔로몬 왕이 레바논 나무로 자기의
가마를 만들었는데
10 그 기둥은 은이요 바닥은 금이요 자
리는 자색 깔개라 그 안에는 예루
살렘 딸들의 사랑이 엮어져 있구나
11 시온의 딸들아 나와서 솔로몬 왕을
보라 혼인날 마음이 기쁠 때에 그
의 어머니가 씌운 왕관이 그 머리
에 있구나

4 내 사랑 너는 어여쁘고도 어여쁘
다 너울 속에 있는 네 눈이 비둘기
같고 네 머리털은 길르앗 산 기슭
에 누운 염소 떼 같구나
2 네 이는 목욕장에서 나오는 털 깎
인 암양 곧 새끼 없는 것은 하나도
없이 각각 쌍태를 낳은 양 같구나
3 네 입술은 홍색 실 같고 네 입은 어
여쁘고 너울 속의 네 뺨은 석류 한
쪽 같구나
4 네 목은 무기를 두려고 건축한 다
윗의 망대 곧 방패 천 개, 용사의
모든 방패가 달린 망대 같고
5 네 두 유방은 백합화 가운데서 꼴
을 먹는 쌍태 어린 사슴 같구나
6 날이 저물고 그림자가 사라지기 전
에 내가 몰약 산과 유향의 작은 산
으로 가리라
7 나의 사랑 너는 어여쁘고 아무 흠
이 없구나
8 내 신부야 너는 레바논에서부터 나
와 함께 하고 레바논에서부터 나와
함께 가자 아마나와 스닐과 헤르몬
꼭대기에서 사자 굴과 표범 산에서
내려오너라
9 내 누이, 내 신부야 네가 내 마음을
빼앗았구나 네 눈으로 한 번 보는
것과 네 목의 구슬 한 꿰미로 내 마
음을 빼앗았구나
10 내 누이, 내 신부야 네 사랑이 어찌
그리 아름다운지 네 사랑은 포도주
보다 진하고 네 기름의 향기는 각
양 향품보다 향기롭구나
11 내 신부야 네 입술에서는 꿀 방울
이 떨어지고 네 혀 밑에는 꿀과 젖
이 있고 네 의복의 향기는 레바논
의 향기 같구나
12 내 누이, 내 신부는 잠근 동산이요
덮은 우물이요 봉한 샘이로구나
13 네게서 나는 것은 석류나무와 각
종 아름다운 과수와 고벨화와 나도

풀과
14 나도와 번홍화와 창포와 계수와 각
종 유향목과 몰약과 침향과 모든
귀한 향품이요
15 너는 동산의 샘이요 생수의 우물이
요 레바논에서부터 흐르는 시내로
구나
16 북풍아 일어나라 남풍아 오라 나의
동산에 불어서 향기를 날리라 나의
사랑하는 자가 그 동산에 들어가서
그 아름다운 열매 먹기를 원하노라

5

내 누이, 내 신부야 내가 내 동산
에 들어와서 나의 몰약과 향 재료
를 거두고 나의 꿀송이와 꿀을 먹
고 내 포도주와 내 우유를 마셨으
니 나의 친구들아 먹으라 나의 사
랑하는 사람들아 많이 마시라
2 내가 잘지라도 마음은 깨었는데 나
의 사랑하는 자의 소리가 들리는구
나 문을 두드려 이르기를 나의 누
이, 나의 사랑, 나의 비둘기, 나의
완전한 자야 문을 열어 다오 내 머
리에는 이슬이, 내 머리털에는 밤이
슬이 가득하였다 하는구나
3 내가 옷을 벗었으니 어찌 다시 입
겠으며 내가 발을 씻었으니 어찌
다시 더럽히랴마는
4 내 사랑하는 자가 문틈으로 손을
들이밀매 내 마음이 움직여서
5 일어나 내 사랑하는 자를 위하여
문을 열 때 몰약이 내 손에서, 몰
약의 즙이 내 손가락에서 문빗장에
떨어지는구나
6 내가 내 사랑하는 자를 위하여 문
을 열었으나 그는 벌써 물러갔네
그가 말할 때에 내 혼이 나갔구나
내가 그를 찾아도 못 만났고 불러
도 응답이 없었노라
7 성 안을 순찰하는 자들이 나를 만
나매 나를 쳐서 상하게 하였고 성
벽을 파수하는 자들이 나의 겉옷을
벗겨 가졌도다
8 예루살렘 딸들아 너희에게 내가 부
탁한다 너희가 내 사랑하는 자를
만나거든 내가 사랑하므로 병이 났
다고 하려무나
9 여자들 가운데에 어여쁜 자야 너의
사랑하는 자가 남의 사랑하는 자보
다 나은 것이 무엇인가 너의 사랑
하는 자가 남의 사랑하는 자보다
나은 것이 무엇이기에 이같이 우리
에게 부탁하는가
10 내 사랑하는 자는 희고도 붉어 많
은 사람 가운데에 뛰어나구나
11 머리는 순금 같고 머리털은 고불고
불하고 까마귀 같이 검구나
12 눈은 시냇가의 비둘기 같은데 우
유로 씻은 듯하고 아름답게도 박혔
구나
13 뺨은 향기로운 꽃밭 같고 향기로운

기록일 : . . .

풀언덕과도 같고 입술은 백합화 같
고 몰약의 즙이 뚝뚝 떨어지는구나
14 손은 황옥을 물린 황금 노리개 같
고 몸은 아로새긴 상아에 청옥을
입힌 듯하구나
15 다리는 순금 받침에 세운 화반석
기둥 같고 생김새는 레바논 같으며
백향목처럼 보기 좋고
16 입은 심히 달콤하니 그 전체가 사
랑스럽구나 예루살렘 딸들아 이는
내 사랑하는 자요 나의 친구로다

6 여자들 가운데에서 어여쁜 자야
네 사랑하는 자가 어디로 갔는가
네 사랑하는 자가 어디로 돌아갔는
가 우리가 너와 함께 찾으리라
2 내 사랑하는 자가 자기 동산으로
내려가 향기로운 꽃밭에 이르러서
동산 가운데에서 양 떼를 먹이며
백합화를 꺾는구나
3 나는 내 사랑하는 자에게 속하였고
내 사랑하는 자는 내게 속하였으며
그가 백합화 가운데에서 그 양 떼
를 먹이는도다
4 내 사랑아 너는 디르사 같이 어여
쁘고, 예루살렘 같이 곱고, 깃발을
세운 군대 같이 당당하구나
5 네 눈이 나를 놀라게 하니 돌이켜
나를 보지 말라 네 머리털은 길르
앗 산 기슭에 누운 염소 떼 같고
6 네 이는 목욕하고 나오는 암양 떼
같으니 쌍태를 가졌으며 새끼 없는
것은 하나도 없구나
7 너울 속의 네 뺨은 석류 한 쪽 같구나
8 왕비가 육십 명이요 후궁이 팔십 명
이요 시녀가 무수하되
9 내 비둘기, 내 완전한 자는 하나뿐
이로구나 그는 그의 어머니의 외딸
이요 그 낳은 자가 귀중하게 여기
는 자로구나 여자들이 그를 보고
복된 자라 하고 왕비와 후궁들도
그를 칭찬하는구나
10 아침 빛 같이 뚜렷하고 달 같이 아
름답고 해 같이 맑고 깃발을 세운
군대 같이 당당한 여자가 누구인가
11 골짜기의 푸른 초목을 보려고 포도
나무가 순이 났는가 석류나무가 꽃
이 피었는가 알려고 내가 호도 동
산으로 내려갔을 때에
12 부지중에 내 마음이 나를 내 귀한
백성의 수레 가운데에 이르게 하였
구나
13 돌아오고 돌아오라 술람미 여자야
돌아오고 돌아오라 우리가 너를 보
게 하라 너희가 어찌하여 마하나임
에서 춤추는 것을 보는 것처럼 술
람미 여자를 보려느냐

7 귀한 자의 딸아 신을 신은 네 발
이 어찌 그리 아름다운가 네 넓적
다리는 둥글어서 숙련공의 손이 만
든 구슬 꿰미 같구나

기록일 : . . .

2 배꼽은 섞은 포도주를 가득히 부은
둥근 잔 같고 허리는 백합화로 두
른 밀단 같구나
3 두 유방은 암사슴의 쌍태 새끼 같고
4 목은 상아 망대 같구나 눈은 헤스
본 바드랍빔 문 곁에 있는 연못 같
고 코는 다메섹을 향한 레바논 망
대 같구나
5 머리는 갈멜 산 같고 드리운 머리털
은 자주 빛이 있으니 왕이 그 머리
카락에 매이었구나
6 사랑아 네가 어찌 그리 아름다운
지, 어찌 그리 화창한지 즐겁게 하
는구나
7 네 키는 종려나무 같고 네 유방은
그 열매송이 같구나
8 내가 말하기를 종려나무에 올라가
서 그 가지를 잡으리라 하였나니
네 유방은 포도송이 같고 네 콧김
은 사과 냄새 같고
9 네 입은 좋은 포도주 같을 것이니
라 이 포도주는 내 사랑하는 자를
위하여 미끄럽게 흘러내려서 자는
자의 입을 움직이게 하느니라
10 나는 내 사랑하는 자에게 속하였도
다 그가 나를 사모하는구나
11 내 사랑하는 자야 우리가 함께 들
로 가서 동네에서 유숙하자
12 우리가 일찍이 일어나서 포도원으
로 가서 포도 움이 돋았는지, 꽃술
이 퍼졌는지, 석류 꽃이 피었는지
보자 거기에서 내가 내 사랑을 네
게 주리라
13 합환채가 향기를 뿜어내고 우리의
문 앞에는 여러 가지 귀한 열매가
새 것, 묵은 것으로 마련되었구나
내가 내 사랑하는 자 너를 위하여
쌓아 둔 것이로다

8 네가 내 어머니의 젖을 먹은 오
라비 같았더라면 내가 밖에서 너를
만날 때에 입을 맞추어도 나를 업
신여길 자가 없었을 것이라
2 내가 너를 이끌어 내 어머니 집에
들이고 네게서 교훈을 받았으리라
나는 향기로운 술 곧 석류즙으로
네게 마시게 하겠고
3 너는 왼팔로는 내 머리를 고이고
오른손으로는 나를 안았으리라
4 예루살렘 딸들아 내가 너희에게 부
탁한다 내 사랑하는 자가 원하기 전
에는 흔들지 말며 깨우지 말지니라
5 그의 사랑하는 자를 의지하고 거친
들에서 올라오는 여자가 누구인가
너로 말미암아 네 어머니가 고생한
곳 너를 낳은 자가 애쓴 그 곳 사과
나무 아래에서 내가 너를 깨웠노라
6 너는 나를 도장 같이 마음에 품고
도장 같이 팔에 두라 사랑은 죽음
같이 강하고 질투는 스올 같이 잔
인하며 불길 같이 일어나니 그 기세

기록일 : . . .

가 야훼의 불과 같으니라
7 많은 물도 이 사랑을 끄지 못하겠
고 홍수라도 삼키지 못하나니 사람
이 그의 온 가산을 다 주고 사랑과
바꾸려 할지라도 오히려 멸시를 받
으리라
8 우리에게 있는 작은 누이는 아직도
유방이 없구나 그가 청혼을 받는
날에는 우리가 그를 위하여 무엇을
할까
9 그가 성벽이라면 우리는 은 망대를
그 위에 세울 것이요 그가 문이라
면 우리는 백향목 판자로 두르리라
10 나는 성벽이요 내 유방은 망대 같
으니 그러므로 나는 그가 보기에
화평을 얻은 자 같구나
11 솔로몬이 바알하몬에 포도원이 있
어 지키는 자들에게 맡겨 두고 그
들로 각기 그 열매로 말미암아 은
천을 바치게 하였구나
12 솔로몬 너는 천을 얻겠고 열매를 지
키는 자도 이백을 얻으려니와 내게
속한 내 포도원은 내 앞에 있구나
13 너 동산에 거주하는 자야 친구들이
네 소리에 귀를 기울이니 내가 듣
게 하려무나
14 내 사랑하는 자야 너는 빨리 달리
라 향기로운 산 위에 있는 노루와
도 같고 어린 사슴과도 같아라

기록일 : . . .

구약 6 : 욥기 - 아가

성령님과 함께 쓰는

은혜로운 필사성경 6

초판 1쇄 인쇄 2020년 5월 06일
초판 1쇄 발행 2020년 5월 27일

편 집 인 김호성
발 행 처 서울말씀사
출판등록 제2016-000172호
주 소 서울시 영등포구 은행로 55, 나동 9층
전 화 02) 846-9222
팩 스 02) 846-9225

MERCIFUL WRITING BIBLE